L'universalisation des missions pentecôtistes en Afrique

Le mouvement missionnaire émergent au sein des Assemblées de Dieu d'Afrique

Travaux issus de la Consultation des missions pentecôtistes
organisée par
la Commission de l'Action missionnaire
de l'Alliance des Assemblées de Dieu d'Afrique
en collaboration avec
Acts in Africa Initiative

Limuru, Kenya
28-29 avril 2011

Éditeurs
Denzil R. Miller
Enson Lwesya

L'universalisation des missions pentecôtistes en Afrique : le mouvement missionnaire émergent au sein des Assemblées de Dieu d'Afrique. © 2014 Acts in Africa Initiative. Tous droits réservés. Aucune partie de ce livre ne peut être reproduite, emmagasinée dans un système de stockage d'informations ou transmise sous quelque forme que ce soit — électronique, mécanique, par photocopie, enregistrement ou de quelque autre façon — sans la permission écrite des titulaires des droits d'auteur, sauf pour de brefs passages utilisés à des fins de critique ou de revue dans des magazines ou des journaux.

Notices individuelles de copyright
   « Implanter des églises parmi les peuples non-atteints » © Dick Brogden
   « Réponse à l'article de Dick Brogden » © Uchechukwu Ama
   « Analyse de l'article de Dick Brogden » © Andrew Mkwaila
   « L'universalisation de la Pentecôte en Afrique » © Denzil R. Miller
   « Réponse à l'article de Denzil R. Miller » © Lazarus Chakwera
   « Le mentorat missionnel » © Antonio Pedrozo et Brad Walz
   « Réponse à l'article de Pedrozo et Walz » © Enson Mbilikile Lwesya
   « Tensions au cœur de la mission » © William Kirsch
   « Réponse à l'article de William Kirsch » © Douglas Lowenberg

Données de catalogage avant publication de la Bibliothèque du Congrès (en anglais)
Miller, Denzil R., éditeur, 1946—
Lwesya, Enson Mbilikile, éditeur, 1967—
L'universalisation des missions pentecôtistes en Afrique : le mouvement missionnaire émergent au sein des Assemblées de Dieu d'Afrique /
Denzil R. Miller et Enson Mbilikile Lwesya

   1. Missions   2. Pentecôtistes   3. Afrique

ISBN 978-0-9882487-5-5

Imprimé aux États-Unis d'Amérique
2014 - AIA Publications, Springfield, Missouri, États-Unis

Table des matières

Introduction.. 5

Communiqué officiel 7

1. Implanter des églises parmi les peuples non-atteints : Quel type de partenariat devons-nous établir pour atteindre ces PNA ?
   Dick Brogden.. 11

2. Réponse à l'article de Dick Brogden
   Uchechukwu Ama... 41

3. Analyse de l'article de Dick Brogden
   Andrew Mkwaila..65

4. L'universalisation de la Pentecôte en Afrique : Quelle dynamique adopter pour mettre en valeur la Pentecôte et la mission en Afrique et au-delà ?
   Denzil R. Miller 69

5. Réponse à l'article de Denzil R. Miller
   Lazarus Chakwera... 89

6. Le mentorat missionnel : Comment les Églises nationales aux projets missionnaires performants et solides peuvent-elles encadrer celles qui n'en ont pas ?
   Antonio Pedrozo et Brad Walz 93

7. Réponse à l'article de Pedrozo de Walz
   Enson Mbilikile Lwesya...123

8. Les tensions au cœur de la mission : les systèmes de formation théologique et les ministères de compassion au sein des missions africaines
   William Kirsch.. 139

9. Réponse à l'article de William Kirsch
   Douglas Lowenberg 175

Appendices

    Appendice 1 : Résolution appelant à la création de la « Décennie
        de la Pentecôte » 193

    Appendice 2 : Quelques faits marquants de Vision 5:9 195

    Appendice 3 : Déclaration sur la coopération en Amérique latine 197

    Appendice 4 : Ensemble dans la mission : Séminaire de formation
        intensif pour les dirigeants missionnels 199

    Appendice 5 : Les catégories de missionnaires : Pays latin, 2010 201

    Appendice 6 : La Miséricorde et la Justice dans l'Ancien Testament 203

    Appendice 7 : Lettre d'accompagnement de la résolution
        appelant à la création de la Commission de l'Action
        missionnaire de l'AADA 205

    Appendice 8 : Résolution appelant à la création de la
        Commission de l'Action missionnaire de l'AADA 207

    Appendice 9 : Constitution de la Commission de l'Action
        missionnaire de l'Alliance des Assemblées de Dieu d'Afrique 211

    Appendice 10 : Liste des participants à la Consultation des
        missions Pentecôtistes 215

Collaborateurs 217

Autres ouvrages de la Décennie de la Pentecôte 221

Introduction

Dieu appelle Son Église — y compris l'Église d'Afrique — à prendre part de manière active à Sa mission dans le but de racheter l'humanité déchue. Nous avons été appelés à nous joindre à Lui pour inciter tous les peuples de toutes les nations à reconnaître et à accepter l'œuvre finie de Christ sur la croix. Ainsi donc, le mandat missionnaire, tel qu'il est clairement énoncé dans les Écritures, est au cœur de toutes les activités de l'Église ici-bas. L'Histoire nous a cependant montré que le travail missionnaire n'a jamais été tâche facile et qu'il avait un prix. Il existe, il faut en convenir, de nombreuses raisons, toutes aussi légitimes les unes que les autres, qui expliquent pourquoi l'Église en Afrique a tant de difficultés à mener à bien son travail d'évangélisation auprès de toutes les nations. Recevoir un enseignement qui porte sur les défis que rencontre l'action missionnaire en Afrique nous serait plus que profitable car il est essentiel de nous intéresser à ce sujet en profondeur. Ce faisant, nous devons dépasser la simple énumération des points faibles de l'Afrique et l'apologie de ses craintes. Nous devons plutôt chercher des réponses pratiques aux défis auxquels nous sommes confrontés. Et c'est précisément dans ce but que ce livre a été rédigé.

Les travaux publiés dans ce livre ont d'abord été présentés lors d'une Consultation historique des missions pentecôtistes qui s'est tenue les 28 et 29 février 2011 à Limuru, au Kenya. Cette réunion a été organisée sous les auspices de la Commission de l'Action missionnaire (CAM), organisation constituante de l'Alliance des Assemblées de Dieu d'Afrique (AADA), qui lui a accordée son autorité. L'AADA a solennellement attribué à la CAM la responsabilité de mener à bien, par quelque moyen que ce soit, le mandat missionnaire du Seigneur. Ce qui explique pourquoi, de par son essence même, la CAM repose principalement sur les ressources humaines, intellectuelles et financières de ses membres.

Nous remercions chacun des intervenants et participants ayant pris part à cette Consultation. Je suis sincèrement reconnaissant du travail qu'ont mené les dirigeants du Comité exécutif de l'AADA et de l'incroyable collaboration qui existe entre l'Action missionnaires des Assemblées de Dieu (États-Unis) et ses organisations constituantes qui travaillent avec nous en Afrique tandis que nous nous efforçons véritablement d'être le sel et la lumière de la terre. Je tiens tout particulièrement à remercier le docteur Denzil R. Miller, directeur de l'action *Acts in Africa Initiative* avec qui nous avons débattu autour des objectifs et des fondements de cette Consultation des missions pentecôtistes 2011. Enfin, toute notre reconnaissance va aux représentants régionaux de la CAM qui nous ont apporté leur soutien dans ce projet tandis qu'ensemble, nous cherchons à éveiller le zèle missionnaire qui sommeille dans nos régions respectives et à devenir des catalyseurs de Dieu chargés de raviver une avancée missionnaire organisée susceptible d'avoir un impact réel sur les générations à venir.

Notre plus grand désir au cours de ce rassemblement était d'entendre la voix de l'Esprit nous parler de Ses stratégies pour mener à bien le travail missionnaire. Nous voulions également répondre à la question : « Comment mener ce travail ensemble ? » Durant ce bref moment de partage, nous nous sommes efforcés d'ouvrir nos esprits et nos cœurs afin de permettre au Seigneur de la moisson de mettre en évidence les suppositions incorrectes du passé tout en nous incitant à collaborer tous ensemble et à annoncer l'Évangile à toutes les nations avant le retour de notre Seigneur qui ne saurait tarder. Nous sommes convaincus que le Seigneur se servira de ce livre comme Il s'est servi de cette Consultation pour faciliter la réalisation de la *misso Dei* en Afrique et partout dans le monde.

Enson Mbilikile Lwesya, D.Min.
Président
Commission de l'Action missionnaire de l'AADA

Communiqué officiel
Consultation des missions pentecôtistes
Commission de l'Action missionnaire
Alliance des Assemblées de Dieu d'Afrique
Limuru, Kenya

[Note : Ce communiqué a été adopté à l'unanimité par les délégués présents lors de la Consultation du 29 avril 2911. Pour une liste des participants à la Consultation, consultez l'Appendice 10.]

Nous, représentants des diverses églises et organisations membres de la famille des Assemblées de Dieu lors de la Consultation des missions pentecôtistes organisée par la Commission de l'Action missionnaire de l'Alliance des Assemblées de Dieu d'Afrique, qui s'est tenue les 28 et 29 avril 2011 à Limuru, au Kenya, avons assisté à la lecture et aux débats autour des articles savants suivants :

1. « Implanter des églises parmi les peuples non-atteints : Quel type de partenariat devons-nous établir pour atteindre ces PNA ? » du pasteur Dick Brogden (suivi d'une réponse du pasteur Uche Ama) ;
2. « L'universalisation de la Pentecôte en Afrique : Quelle dynamique adopter pour mettre en valeur la Pentecôte et la mission en Afrique et au-delà ? » du Dr Denzil R. Miller (suivi d'une réponse du Dr Lazarus Chakwera) ;
3. « Le mentorat missionnel : Comment les Églises nationales aux projets missionnaires performants et solides peuvent-elles encadrer celles qui n'en ont pas ? » du pasteur Antonio Pedorzo (suivi d'une réponse du Dr Enson Lwesya) ;
4. « Les tensions au cœur de la mission : les systèmes de formation théologique et les ministères de compassion au sein des missions africaines » du Dr William Kirsch (suivi d'une réponse du Dr Doug Lowenburg).

Après avoir délibéré sur ces articles, ainsi que sur les débats qui ont suivi, nous avons rédigé ce communiqué officiel, résumé des propositions et allégations qui en ont découlé, et qui stipule que :

1. La Consultation des missions pentecôtistes a, de fait, répondu à certaines questions importantes concernant le travail d'évangélisation du continent africain en ce vingt-et-unième siècle. Ces questions sont d'autant plus pertinentes en cette Décennie de la Pentecôte que prône l'AADA (2010-2020) ;

2. Les travaux et les débats ont mis en lumière certains besoins pressants relatifs aux progrès effectués dans le domaine de la mission grâce à notre collaboration au sein des Assemblées de Dieu d'Afrique au cours de cette décennie capitale ; entre autres :

    a. La nécessité de se concentrer sur l'évangélisation de l'Afrique à l'aide de stratégies et sans plus attendre, en se focalisant à la fois sur les peuples islamiques non-atteints d'Afrique du Nord et plus largement sur le monde arabe et sur les autres peuples non-atteints d'Afrique subsaharienne et du bassin de l'océan Indien ;
    b. La nécessité de créer une base de données d'informations concernant les peuples non-atteints mentionnés ci-dessus, à laquelle auront accès les Églises nationales membres. Ce projet doit s'inscrire dans la durée ;
    c. La nécessité de développer des partenariats stratégiques à travers le continent entre les Églises nationales affiliées à l'Alliance des Assemblées de Dieu ;
    d. La nécessité de développer un réseau de prière ciblé qui se concentre sur les peuples non-atteints d'Afrique et d'allier cette action locale au projet mondial de prière de la *World Assemblies of God Fellowship* (WAGF) ;
    e. La nécessité d'établir un système de mentorat missionnaire entre nos Églises nationales afin de renforcer et de bâtir des compétences au sein des Églises nationales des Assemblées de Dieu d'Afrique ;
    f. La nécessité d'offrir à ces ministères de compassion un modèle entièrement conforme à la Bible et voué à la mission, tout en gardant les yeux rivés sur la principale mission de l'Église qui est d'amener les âmes perdues à Christ.

Afin de poursuivre la tâche de la *missio Dei* qui est en cours, les membres de la Consultation déclarent ce qui suit :

1. Que l'action de la Décennie de la Pentecôte (2010-2020) proclamée par l'Alliance des Assemblées de Dieu d'Afrique lors de l'assemblée générale quadriennale à Johannesburg, en Afrique du Sud, en 2009, a été unanimement applaudie par l'ensemble de nos Églises nationales.
2. Qu'afin de préparer le terrain à la plus importante des avancées évangéliques et missionnaires de l'histoire des Assemblées de Dieu d'Afrique, chacune de nos Églises nationales cherche à répandre la Pentecôte et les actions missionnaires à travers l'ensemble de leurs églises et parmi tous leurs membres, conformément aux objectifs fixés pour la Décennie de la Pentecôte.
3. Que la CAM/AADA prône le mandat mondial de la grande mission et qu'en conséquence, elle approuve, encourage et soutienne les projets d'évangélisation du monde musulman arabe et non-arabe. S'il est vrai que nous sommes convaincus que le monde musulman représente le plus grand défi de l'Église, il n'en demeure pas moins que nous encourageons les Églises nationales à redoubler d'effort pour toucher tous les peuples d'Afrique non-atteints.
4. Que les Assemblées de Dieu d'Afrique agissent sans plus tarder pour développer des réseaux de prière à l'échelle locale, régionale et nationale en collaboration avec le Projet mondial de prière des Assemblées de Dieu.
5. Que l'AADA favorise la mise en place d'un mentorat missionnaire entre les Églises nationales des Assemblées de Dieu proposant des programmes missionnaires élaborés et les Églises nationales dont les programmes missionnaires émergent à peine et produisent encore peu.
Que le mandat des Assemblées de Dieu d'Afrique, qui a pour objectif de communiquer l'Évangile à tous les peuples avant le retour imminent de Christ (Matthieu 24.14), ait recours à un ministère de compassion fondé sur la Bible ; et, en outre, que soit élaborée une théologie biblique contextualisée de ce ministère de compassion afin de façonner et de soutenir ce ministère.

Texte adopté le 29 avril 2011

Implanter des églises parmi les peuples non-atteints : Quel type de partenariat devons-nous établir pour atteindre ces PNA ?

DICK BROGDEN

ORIGINES

De tout temps, les pentecôtistes se vantent d'être guidés par l'Esprit. Nous aimons dire cela parfois, même lorsque ce sont les circonstances qui y sont pour beaucoup. Dans les années 1930, la plupart des missionnaires américains empruntaient les voies navigables pour se rendre sur les terrains de mission. Pendant la Seconde Guerre mondiale, les Allemands ont commencé à torpiller la flotte alliée de l'Atlantique tandis que le Japon envahissait la plupart des pays bordant le Pacifique. La seule région encore sûre était l'Amérique latine ; c'est donc en Amérique centrale et en Amérique du Sud que la plupart des missionnaires américains furent envoyés dans les années 1930 et 1940. Ces missionnaires ont travaillé dur pour fonder des églises autochtones, se heurtant à de nombreuses difficultés et résistances. Ces missionnaires itinérants ont fait part de leur témoignage et de leurs difficultés aux églises américaines, invitant leurs membres à donner, à prier et à se joindre à eux. Beaucoup ont répondu à cette invitation, et l'Amérique latine est devenue le champ de mission le plus peuplé de missionnaires. S'agissait-il ici de l'Esprit, des circonstances ou bien d'une extraordinaire association des deux ?

Le rôle que jouent les données et les chiffres pour déterminer un appel missionnaire est loin de faire l'unanimité parmi les pentecôtistes[1]. Cela s'explique par plusieurs raisons, dont l'une se comprend parfaitement : la recherche missionnaire menée parmi les peuples non-atteints a malheureusement conduit parfois à de la missiologie dirigeante et à adopter une approche de la mission trop pragmatique. Vinoth Ramachandra nous prévient qu'en raison du lien de cause à effet qui existe entre missiologie dirigeante et capitalisme, l'Église occidentale se retrouve dépouillée de sa voix prophétique[2]. À la fin des années 1990, à Khartoum, au Soudan, Luis Bush et le Mouvement *AD2000* ont pris la ville d'assaut à la recherche d'églises prêtes à parrainer des peuples non-atteints du Soudan. S'ensuivit alors une réunion vite expédiée entre dirigeants d'églises au cours de laquelle des mains se levèrent pour assurer que certains peuples seraient pris en main ; une liste fut ensuite tapée sur ordinateur, la réunion fut ajournée et Bush se rua vers une autre réunion dans un autre pays et rien de tout ce qui avait été dit ne fut mis en œuvre pour atteindre les peuples non-atteints. D'autres ont parfois eu recours à des cartes, à des statistiques et à des plans échelonnés sur plusieurs années qui ont engendré beaucoup d'agitation mais qui, au final, n'ont débouché que sur un mince filet de lumière, si ce n'est sur l'obscurité la plus totale. Certains dirigeants pentecôtistes portent un regard de méfiance sur ces dernières méthodes tapageuses et soulignent que l'essor spectaculaire de l'Église pentecôtiste mondiale est non planifié, orchestré par Dieu, et non par les hommes, et se passe de chiffres et d'études.

En 2011, cependant, les données concernant les peuples non-atteints ont scrupuleusement été contrôlées, améliorées et recoupées. Trois grands organismes de recherches, *The World Christian Encyclopedia, the International Mission Board of the Southern Baptists* et *the AD 2000 and Beyond Movement*, collaborent entre eux et avec d'autres, comme *SIL International* et sa publication *Ethnologue*, pour fournir des données exactes sur l'emplacement et l'identité des peuples non-atteints. Comme Alan Johnson le dit si justement : « Nous ne pouvons faire semblant d'ignorer ce que nous connaissons[3]. » Nous considérons comme répréhensible la réserve des pentecôtistes à l'égard des données et du rôle qu'elles jouent pour déterminer l'appel et l'envoi des missionnaires. Pour beaucoup, c'est de la pure méfiance.

Résister aux chiffres et aux données revient, en définitive, à résister au Saint-Esprit. Aujourd'hui, le Saint-Esprit nous demande de ne pas ignorer la réalité selon laquelle il existe encore des milliers de peuples dans le monde qui n'ont pas suffisamment accès à l'Évangile. Certains peuples[4] n'ont pas encore été atteints (il y a bien des personnes qui rendent témoignage, mais la percée missiologique[5] dont parle Ralph Winter ne s'est pas encore produite) et d'autres sont ce que nous appellerions « non-engagés »[6] (ils n'ont personne à leurs côtés, ni missionnaires, ni Bible, ni église, ni chrétien autochtone).

Ainsi, les missions de la Pentecôte et leurs dirigeants sont parfois sceptiques face aux chiffres et aux études qui mettent le doigt sur le problème de la répartition. Alors que l'Évangile devrait couvrir l'ensemble du globe, nos missionnaires, nos prières et notre argent ont tendance à se limiter aux endroits où se trouvent le plus de chrétiens. Les musulmans, les hindous et les bouddhistes représentent la moitié de la population mondiale, soit trois milliards de personnes. Parmi ces trois milliards, 86 % (plus de deux milliards) n'ont aucun accès aux églises ni même à une relation chrétienne. Par ailleurs, 97 % des fonds et des activités missionnaires proviennent de chrétiens et sont destinés à des chrétiens[7]. Que Dieu nous pardonne d'éprouver tant de crainte à nous développer. N'accusons pas le Saint-Esprit d'être responsable de cette répartition disproportionnelle des missionnaires. Personne n'oserait prétendre ouvertement que Dieu aime certains pays et peuples plus que d'autres, pourtant c'est ce que nous insinuons lorsque nous justifions l'état actuel des choses en disant que c'est le Saint-Esprit qui nous dirige. S'il existe un manque de présence missionnaire parmi certains peuples et groupes religieux, ce n'est certainement ni le souhait ni la faute de notre Dieu, Père de tout l'univers. Dieu nous donne le courage de croire que le Saint-Esprit en mission peut avoir recours à des données précises afin de révéler Sa volonté pour Son peuple missionnaire.

Le succès que rencontre le travail missionnaire de la famille des Assemblées de Dieu dans le monde nous a conduits à nous poser les mauvaises questions. Nous nous demandons souvent : « Quel travail l'Église accomplit-elle dans le monde, et comment fêter cela ? » Aujourd'hui encore, en cette onzième heure pressante, le Seigneur de la moisson laisse les quatre-vingt-dix-neuf brebis pour aller chercher celle qui s'est égarée. Voici une question plus pertinente qui pourrait servir de référence à notre travail : « Où l'Église n'existe-t-elle pas encore, et qu'allons-nous faire pour remédier à cela ? » Engageons-nous à devenir un peuple missionnaire guidé par l'Esprit et par des données exactes.

Alors que le Saint-Esprit nous aide à comprendre les temps, les peuples et les religions du monde et à nous débattre avec ce que nous devrions faire, nous avons tôt fait de réaliser combien « O Seigneur, la mer des peuples est si vaste et notre embarcation pour la mission est si petite ». Nous réalisons également que, jusqu'à présent, notre travail n'est tout au plus que symbolique. Le Saint-Esprit est l'Esprit de la vérité, et n'ayons pas peur d'admettre que nos Assemblées de Dieu d'Afrique sont loin d'avoir répondu aux attentes de notre Seigneur en ce qui concerne le travail missionnaire auprès des peuples non-atteints. Immenses sont notre potentiel et nos espoirs, maigre est le travail que nous avons réalisé. Il y a plus de dix ans de cela, je faisais partie de l'Institut de la Onzième Heure [*Eleventh Hour Institute*] à Lilongwe, au Malawi. Depuis, de nombreuses autres organisations ont été fondées. On tient de nombreux propos impressionnants pour, au final, aboutir à pas grand-chose. Les missionnaires que nous avons envoyés sont allés travailler avec d'autres églises déjà établies ou dans des pays qui comptent une population chrétienne assez importante, et ne sont soit pas restés longtemps sur place, soit se sont découragés et leur travail s'est révélé inefficace. Nous avons eu à faire face à des obstacles d'ordre financier et pratique qui nous ont mis les bâtons dans les roues. Nous avons eu à faire face à des tensions d'ordre relationnel et spirituel qui nous ont fait trébucher. Des forces démoniaques nous ont attaqués et découragés. Aujourd'hui, nous nous trouvons à la croisée des chemins : soit nous trébucherons et nous renoncerons, soit nous essuierons le sang qui coule de notre nez et retournerons au combat, armés de sagesse, de courage et plus forts encore de par nos blessures.

L'immense cœur missionnaire de Dieu ne nous donne pas le droit de voir petit. L'Esprit infini de Dieu refuse que l'on s'apitoie sur soi-même. Nous sommes couverts de sang, mais nous nous tenons invaincus devant la tâche à accomplir ; nous nous accrochons à nos quelques ressources et à la grande mission de Dieu. Comment continuer à nous accrocher ? En gardant notre cœur ouvert au monde entier même si c'est à un peuple en particulier que nous nous intéressons.

Tout en étant conscient de l'amour de Dieu pour le monde, je propose à tous ici présents, ainsi qu'à la famille de l'AADA, de répartir notre travail en étapes stratégiques que le Seigneur nous aidera à distinguer et à mettre en œuvre. Jésus Lui-même, qui vouait une passion à chaque tribu, chaque langue et chaque nation, s'est limité à un appel en particulier, celui de la « brebis perdue d'Israël[8] ». Le fait de reconnaître que nous faisons partie du peuple missionnaire mondial de Dieu et que nous ne sommes pas tenus de faire tout ce que nous pourrions faire nous permet de nous concentrer sur une cible spécifique. L'Afrique ne compte qu'une minorité de peuples hindous et bouddhistes ; en revanche, on dénombre plus de 300 millions de musulmans sur notre continent. Je conseille à l'assemblée ici présente de concentrer tous ses efforts sur les pays qui ne comptent que peu ou aucune église autochtone et dont la population est en majorité musulmane. En outre, je recommande de porter, en premier lieu, notre attention sur les musulmans d'Afrique du Nord qui n'ont pas encore été atteints. Je conseille de partir sur cette première étape, signe de notre obéissance à notre mandat qui est d'annoncer l'Évangile dans le monde entier. Je vous propose donc d'adopter une stratégie qui cible, tour à tour, les peuples musulmans non-atteints ou non-engagés situés dans les régions suivantes :

NIVEAU 1 : Peuples musulmans d'Afrique du Nord et de la Somalie (la Mauritanie, le Maroc, l'Algérie, la Tunisie, la Lybie, l'Égypte[9], la Somalie et le nord du Soudan)
NIVEAU 2 : Peuples musulmans du Golfe d'Arabie (l'Arabie Saoudite, le Yémen, Oman, les Émirats arabes unis, le royaume de Bahreïn et le Koweït)
NIVEAU 3 : Peuples musulmans du Moyen-Orient (la Palestine, le Liban, la Jordanie, la Syrie et l'Irak)
NIVEAU 4 : Peuples musulmans de l'Asie centrale[10] et de la Turquie (l'Iran, l'Afghanistan, le Pakistan, le Bangladesh et le nord de l'Inde)
NIVEAU 5 : Peuples musulmans d'Asie (l'Indonésie, la Malaisie, l'ouest de la Chine et le sud des Philippines)
NIVEAU 6 : Diaspora de peuples musulmans en Occident[11] (la France, l'Angleterre et l'Allemagne)

Quand, par la grâce de Dieu, nous aurons des équipes missionnaires qui œuvrent à l'implantation d'églises dans chacun des pays cités ci-dessus, nous nous réunirons de nouveau pour élargir notre périmètre. Engageons-nous à être un peuple missionnaire qui partage la passion de Dieu pour le monde entier tout en Le laissant nous guider dans nos priorités et dans le déroulement des événements. Concentrons-nous avant tout sur les peuples musulmans non-engagés comme la Mauritanie, le Maroc, l'Algérie, la Tunisie, l'Égypte, le nord du Soudan et la Somalie.

PARTENARIAT

Cet article se penche donc sur l'idée d'un partenariat actif que nous pourrions créer pour atteindre les peuples d'Afrique de l'Est non-atteints. Je démontre, dans mon introduction, que, pour pouvoir être efficaces, nous devons avoir conscience de l'époque à laquelle nous vivons et demander à l'Esprit de nous guider vers un point spécifique et bien ciblé en vue d'établir un partenariat commun. Nous n'aurons aucun impact si nos objectifs restent trop larges et trop flous. Nos objectifs doivent donc être clairs, ciblés, stratégiques, adoptés et acceptés de tous dans un esprit de sacrifice. J'exhorte cette assemblée ici présente à cibler en priorité les peuples musulmans de la Mauritanie, du Maroc, de l'Algérie, de la Tunisie, de l'Égypte, du nord du Soudan et de la Somalie. Le reste de l'article propose des moyens pratiques d'établir des partenariats efficaces à l'égard de ces peuples. Les principes adoptés se veulent suffisamment larges pour pouvoir s'appliquer à tout projet au sein des peuples d'Afrique.

Partenaires dans la prière

La *Sudan Interior Mission* [La Mission intérieure du Soudan], qui a ouvert ses portes au Nigéria à l'époque coloniale lorsque l'Afrique subsaharienne était grossièrement désignée comme le « Soudan », a une devise à la fois simple et merveilleuse : « Par la prière. » Le seul moyen de développer une collaboration efficace dans le but d'atteindre les peuples non-atteints d'Afrique et d'ailleurs est de se tenir tous ensemble dans la prière. Nos dirigeants devraient s'en inspirer :

> Le leadership apostolique est tout à fait essentiel au démarrage et au maintien des mouvements d'implantation d'églises. Ces fondations de base apostoliques rassemblent les gens dans la prière, en encouragent d'autres au moyen d'une vision, perçoivent comment doter et responsabiliser les membres du

corps de Christ pour les envoyer ensuite sur le terrain. Ce sont des dirigeants catalyseurs pour qui mener une église ne suffit pas. Ils veulent à tout prix poser de nouvelles bases sur lesquelles d'autres bâtiront une église[12].

Je propose donc à la CAM/AADA de faire de chaque vendredi un jour de prière et de jeûne pour les peuples non-atteints, d'encourager chaque église membre de l'AADA à tenir, à midi, une réunion de prière pour les peuples non-atteints. (De nombreuses églises ont déjà instauré cette tradition sous la forme du rassemblement de prière du *Jumu'ah* pour les musulmans, que l'on pourra poursuivre et développer en collaboration avec le ministère *Global Initiative*[13], anciennement appelé *Center for Ministry to Muslims*, de l'Action missionnaire des Assemblées de Dieu.) Je propose également la mise en place d'un coordinateur de prière dont la fonction à plein temps consistera à rédiger un bulletin de prière hebdomadaire envoyé et diffusé ensuite par courrier postal ou électronique, à organiser des séminaires de prière dans chaque pays membre de l'AADA, à trouver et à habiliter un coordinateur de prière dans chaque pays membre de l'AADA qui encourage sans cesse les autres à prier, et à diriger des retraites consacrées à la prière tournée vers les pays et les peuples ciblés.

Engageons-nous à être un peuple missionnaire qui se réunit dans la prière et qui n'a de cesse de prier pour les peuples non-atteints. Consacrons la journée du vendredi à la prière et au jeûne dans toutes nos églises. Et nommons un coordinateur de prière membre de la CAM/AADA dont le rôle principal sera de parcourir la région et d'encourager les fidèles à prier pour les peuples musulmans d'Afrique.

Partenaires dans la collaboration

Notre identité pentecôtiste doit se montrer à la fois humble et sans complexe. Certains missiologues parlent de ces cent dernières années comme du « siècle pentecôtiste. » Selon certains théologiens, la chrétienté se divise en trois branches principales : le catholicisme, le protestantisme/l'évangélisme et le pentecôtisme. Bien trop grand pour rentrer dans nos schémas humains, le Saint-Esprit a déferlé lors de la première (pentecôtisme classique), la seconde (renouveau charismatique) et la troisième vagues. Ainsi, aujourd'hui, l'Église par-delà le monde, et ce, de manière progressive, accepte et fait l'éloge du mouvement pentecôtiste. Le mouvement pentecôtiste a contribué, de manière discrète, à l'apologie de la proclamation. Les pentecôtistes, qui avaient peu de moyens financiers, ont fait en sorte que l'Évangile reste centré sur Christ et investi de l'Esprit. À leurs tout premiers débuts, les pentecôtistes n'avaient pas les moyens de diriger des programmes à grande échelle ni d'investir dans des mesures sociales internationales. Ils préféraient plutôt se concentrer sur le fondement même de l'Évangile : ce que Dieu a accompli en Christ. Ray Bakke le dit en ces termes :

> L'Évangile de Jésus-Christ n'est pas un conseil, mais une bonne nouvelle. Une différence fondamentale entre Ann Landers et Jésus-Christ, c'est qu'Ann apporte des conseils alors que Jésus nous apporte de bonnes nouvelles. L'Évangile de Jésus chamboule tout à l'intérieur de nos propres prisons, qu'elles soient personnelles, familiales, communautaires ou nationales. L'Évangile ne conseille jamais ; il ne s'agit pas non plus d'un programme, mais d'une bonne nouvelle !... L'Esprit nous donne le pouvoir de changer complètement et réellement... Nous usons de condescendance lorsque nous conseillons les pauvres. Mais Jésus ne nous donne aucun conseil ; Il ne nous donne que de bonnes nouvelles[14].

Dans la même lignée, Robert Webber ajoute ceci :

> L'action sociale est un aspect essentiel du travail de l'Église dans le monde — travailler pour la paix et la justice, s'occuper des pauvres, des veuves, des orphelins, des laissés-pour-compte et des marginaux découle d'une foi véritable. Mais ces actions doivent être l'incarnation de la pleine nature de Dieu et non une religion chrétienne qui s'adapte aux doctrines occidentales du progrès et de l'utopie[15].

John Scott, qui est à l'origine de la Déclaration de Lausanne de 1974, explique que même si l'évangélisation et l'investissement sociopolitique font partie des devoirs chrétiens, « se réconcilier avec les hommes ne veut pas dire se réconcilier avec Dieu, de même qu'il ne faut pas confondre action sociale avec évangélisation ou libération politique avec salut[16] ».

Les pentecôtistes ont toujours œuvré socialement sans jamais perdre leur passion pour les âmes ni leur envie de justice qui sera pleinement accomplie au retour de Jésus. Nous avons remporté une première bataille qui était de nous faire accepter par la majorité, certes, mais nous devons garder le cap sur notre objectif qui est de prêcher sans changer les règles du jeu pour satisfaire une approche égocentrique du royaume de Dieu ou de Sa mission. Maintenant plus que jamais, nous devons agir au nom de la Pentecôte. Les autres organismes missionnaires veulent collaborer avec nous *en raison de* notre statut de pentecôtistes. Ils viennent dans nos écoles et assistent à nos séminaires ; ils nous invitent à prendre part à leurs réunions de conseil *en raison de* qui nous sommes. L'heure n'est pas à la demi-mesure ; l'heure n'est pas à la rétractation vis-à-vis du Saint-Esprit. Aujourd'hui plus que jamais, le monde a besoin de missionnaires pentecôtistes. On a besoin de nous car nous avons une vision précise des réalités spirituelles. Nous comprenons l'esprit de l'islam, et nous savons comment mettre au défi cet esprit mauvais en prenant exemple sur notre Seigneur et sur Ses apôtres qui ont, eux même, détruit tous les esprits mauvais. On retrouve cette même idée à travers l'histoire de l'Église :

> Les archives montrent que lorsque les chercheurs (on les appelait ainsi) s'engageaient à suivre le catéchuménat, la première question qu'on leur posait était la suivante : « Renoncez-vous à pratiquer de faux cultes ? » Cette déclaration se déroulait au vu et au su de tous, face à l'assemblée, avant de pouvoir être admis au catéchisme et entamer ainsi le processus qui rendrait la personne conforme à l'image de Christ. À cause de cette déclaration (qui était de renoncer à pratiquer de faux cultes), on disait que les chrétiens étaient des athées et des anarchistes subversifs qui cherchaient à renverser le gouvernement de Rome. Ce qui explique pourquoi ils furent persécutés[17].

Maintenant plus que jamais, le monde a besoin et réclame l'aide des missionnaires pentecôtistes. Mais attention à ne pas commettre l'une de ces deux erreurs : être si honorés d'être tant sollicités que nos pratiques pentecôtistes en pâtissent, ou bien être si fiers que l'on ait besoin de nous que nous refusons de collaborer avec l'ensemble du corps de Christ.

Nous devons veiller à ne tomber dans aucun de ces pièges et nous devons, plus que jamais, faire preuve d'humilité et œuvrer dans un esprit pentecôtiste (en prenant appui sur la puissance du Saint-Esprit pour rendre témoignage). À vrai dire, nous avons tout autant besoin de l'ensemble du corps de Christ que celui-ci a besoin de nous. Il nous reste encore beaucoup à apprendre, beaucoup d'endroits à découvrir. Nous ne pouvons nous permettre de nous montrer ne serait-ce qu'un tant soit peu vaniteux. Nous devons avoir conscience que nous avons des choses à offrir mais aussi des choses essentielles à recevoir. Notre collaboration en vue d'atteindre les âmes non-atteintes sera efficace uniquement si nous nous conduisons en pentecôtistes sans complexe qui se laissent enseigner avec humilité et collaborent avec l'ensemble du corps de Christ.

Je propose donc à la CAM/AADA de devenir membre à part entière de *Vision 5:9*, un consortium de plus de 75 organisations missionnaires évangéliques qui se consacrent à l'implantation d'églises au sein de chaque peuple musulman d'ici 2025. Cet objectif est double. Le premier est d'atteindre tous les peuples musulmans qui comptent plus de 100 000 personnes d'ici 2012. Il reste encore aujourd'hui 214 groupes à convaincre. Le second consiste à atteindre l'ensemble des peuples musulmans d'ici 2025. On en compte aujourd'hui plus que 2 221[18]. Le partenariat *Vision 5:9* fournit à ceux qui œuvrent au milieu de ces peuples musulmans les ressources pour leur permettre de prier, de mobiliser et d'obtenir les meilleurs résultats possible ; ce serait une bénédiction extraordinaire si nous choisissions aujourd'hui de nous rallier à eux. (Vous trouverez un bref compte-rendu des peuples musulmans non-engagés à travers le monde dans l'Appendice 2.)

Vous noterez, dans le tableau qui suit, que près de 80 % des peuples musulmans d'Afrique non-engagés et comptant plus de 100 000 personnes, vivent en Afrique du Nord. Ce chiffre augmente encore plus si vous y ajoutez la Mauritanie et la Somalie. Il est donc impératif de collaborer aussi avec les consortiums formés pour chaque pays de l'Afrique du Nord et du Moyen-Orient. Y compris le *Blue Med* (la Mauritanie, le Maroc, l'Algérie, la Tunisie et la Lybie), le *MuNoSu* (le nord du Soudan), le *Red Sea* (la Corne de l'Afrique) le RPMMO (Rassemblement des peuples musulmans du Moyen-Orient) pour ne citer qu'eux.

Ces consortiums réunissent plusieurs organismes, dénominations et pays. Leurs rassemblements annuels réunissent croyants locaux de souche musulmane, missionnaires, représentants de médias (câble, radio, communication orale, Internet), donateurs, intercesseurs et travailleurs potentiels. Ce sont de formidables sources de réseau, d'information, de prière et de mise en relation. Si l'AADA tient à bâtir des partenariats dans le but d'atteindre les peuples musulmans non-atteints d'Afrique du Nord, nous devons à tout prix prendre part à ces forums. Apprendre des autres nous permet d'acquérir de la sagesse et d'éviter de commettre de nombreuses erreurs. Néanmoins, nous devons faire plus que participer à ces consortiums, nous devons en prendre la tête. En

2001, dans le nord du Soudan, quatre dirigeants missionnaires (un issu des Assemblées de Dieu, deux baptistes du Sud et un représentant d'*Open Doors*) se sont réunis pour débattre autour d'une question fondamentale : « Dans quel domaine sommes-nous plus performants ensemble que séparés ? »

Macro-région	Région	Décomptes	Moins de 100 000 habitants	Plus de 100 000 habitants	Total
Afrique	Afrique de l'Est	Nombre de personnes non engagées =>100 000	58	13	71
		Nombre total d'habitants	1 610 705	4 299 266	5 909 971
	Afrique centrale	Nombre de personnes non engagées =>100 000	61	5	66
		Nombre total d'habitants	1 059 884	687 586	1 747 470
	Afrique du Nord	Nombre de personnes non engagées =>100 000	154	59	213
		Nombre total d'habitants	4 241 659	38 377 965	42 619 624
	Afrique occidentale	Nombre de personnes non engagées =>100 000	112	11	123
		Nombre total d'habitants	2 151 036	2 567 868	4 718 904

De cette question est né le réseau MuNoSu (musulmans du nord du Soudan) qui se consacre au travail de collaboration en vue de l'édification d'églises au sein de tous les peuples musulmans du nord du Soudan. Les missionnaires américains des Assemblés de Dieu au Soudan ont contribué à ce projet depuis sa création, projet auquel contribuent aujourd'hui des anglicans, des presbytériens, des catholiques, des baptistes, des Soudanais, des Asiatiques, des Sud-Américains, des Africains et des Européens. Ont été créés des groupes de travail œuvrant dans le domaine de la prière, des médias, de la formation, de la mobilisation, des femmes, des croyants d'origine musulmane (COM)[19], du sport et des enfants. On a encouragé la création de partenariats spécifiques en faveur des Arabes Beja, ceux du Darfour, de Nubie, des Monts Nouba et du nord du Soudan. Mais le plus important, c'est cet esprit incroyable de synergie, d'unité et de collaboration entre tous ceux qui travaillent parmi les musulmans du Soudan. Le dixième rassemblement annuel s'est achevé en février 2011, ayant réuni presque 100 représentants d'environ 35 organismes issus de 15 pays différents.

LA CAM/AADA se trouve face à une troisième grande opportunité de partenariat grâce à l'Association des Assemblées de Dieu qui émerge en Afrique du Nord. L'AADA ne doit nullement tenir compte du fait que l'Action missionnaire des AD américaine considère l'Afrique du Nord comme faisant partie du Moyen-Orient et non de l'Afrique. Même si ces églises sont jeunes et encore peu développées, nous devons chercher à établir des liens avec les dirigeants des Assemblées de Dieu à travers l'Afrique du Nord et les inciter à devenir membres à part entière de notre groupe. Nous devons envoyer des représentants de la direction de l'AADA à la rencontre des nouveaux dirigeants des Assemblées de Dieu dans ces pays d'Afrique du Nord afin d'encourager ces derniers et de trouver ensemble la meilleure façon de collaborer à l'avenir.

Engageons-nous à être un peuple missionnaire et pentecôtiste qui collabore avec humilité avec d'autres ouvriers qui partagent la même foi et qui œuvrent auprès des peuples non-atteints. Poursuivons notre collaboration avec Vision 5:9 et encourageons nos missionnaires sur le terrain à participer de manière constructive, importante et déterminante à chacun des consortiums évangéliques qui cherchent à implanter des églises parmi les peuples non-atteints. Enfin, ne relâchons pas nos efforts pour bâtir des relations avec les associations émergentes des Assemblées de Dieu en Afrique du Nord.

Partenaires en équipes

Si nous voulons réussir à toucher les peuples non-atteints qui sont en reste dans le monde, nous devons prendre part à des projets d'édification d'églises à l'échelle internationale, multi-organisationnelle et multi-générationnelle. Une telle organisation exige de solides antécédents bibliques[20] ainsi que de bonnes capacités logistiques. Des équipes diversifiées sont comme des diamants aux facettes multiples. De ces diverses origines découlent divers dons et opportunités, et plus une équipe est diversifiée, plus elle est capable de répondre au contexte mouvant dans lequel elle opère. L'implanteur d'église indien, Paul Gupta, déclare :

> Même si l'implanteur d'église bien formé, occidental et interculturel a encore sa place ici, la tendance actuelle de la mission est au partenariat stratégique, une collaboration avec l'Église nationale et les groupes missionnaires de travail qui œuvrent de concert pour atteindre les personnes non-atteintes… L'Église nationale en Inde ne possède pas encore les ressources économiques ni humaines pour répondre à ce besoin… Les missionnaires occidentaux compétents, prêts à servir sous les ordres de l'Église nationale et des dirigeants missionnaires, peuvent avoir un impact important en renforçant, dirigeant et soutenant une force de mission nationale[21].

Gupta a raison de dire que les missionnaires qui choisissent de servir sous les ordres de dirigeants missionnaires nationaux peuvent avoir un impact important. Mais il a tort, d'un point de vue biblique, lorsqu'il insinue l'idée selon laquelle les églises locales ne peuvent financer leurs propres missionnaires et lorsqu'il n'attribue qu'un rôle subalterne à chacun des partenaires.

Le travail d'équipe multidimensionnel a pris tout son sens au sein de la communauté des Assemblées de Dieu au Soudan. En 2011, l'équipe missionnaire des Assemblées de Dieu était composée de 50 adultes. Le plus jeune membre de l'équipe avait 21 ans et le plus âgé avait la soixantaine (équipe multi-générationnelle). L'équipe se composait de représentants de sept nations, dont l'Allemagne, l'Afrique du Sud, le Paraguay, le Malawi, la Suisse et les États-Unis (équipe internationale). On y trouvait des représentants des Assemblées de Dieu issus de quatre pays différents, mais aussi des membres de l'Église réformée néerlandaise et de l'Église de maison suisse (équipe multi-organisationnelle). Bien entendu, cette diversité nous a beaucoup apporté tout au long de ces années. Si nous voulions acheter un bien immobilier, nous faisions appel à un Malawite ; si nous voulions rencontrer un fonctionnaire du gouvernement, nous faisions appel à un Allemand ; et si nous avions besoin de chasser un démon, là c'est un Paraguayen qui s'en chargeait ! Bien entendu, j'exagère un peu, mais la réalité reste la même ; toutes cultures et origines présentent des avantages et des inconvénients, et une équipe diversifiée saura mieux compenser les faiblesses tout en faisant valoir les points forts.

De telles équipes ne vont pas sans leur lot de tension. Les différences culturelles et linguistiques peuvent affecter les réunions et les rencontres d'équipe. Les disparités au niveau des ressources financières nécessitent de savoir discuter à cœur ouvert et de faire preuve d'inventivité dans le partage. Les missionnaires qui reçoivent peu d'argent doivent être prêts à vivre plus modestement que d'autres, de même que les missionnaires qui reçoivent davantage doivent se montrer plus généreux et prêts à partager. Les rôles de dirigeants et les responsabilités de chacun doivent être clairement définis et les objectifs précisés en permanence. Un mémorandum d'entente doit définir la structure, la doctrine et la pratique missionale de l'équipe, et toute personne rejoignant cette équipe doit se plier à ses clauses.

Il existe plusieurs façons de collaborer en équipe ; celles-ci se rangent généralement sous deux catégories principales : le détachement et la coentreprise. Le schéma de détachement se définit par un rapport d'autorité entre l'équipe et son dirigeant. Les missionnaires qui souhaitent intégrer cette équipe doivent accepter de servir sous les ordres du dirigeant actuel et selon les règles établies par le mémorandum d'entente. En gros, cela signifie qu'un missionnaire d'une autre organisation pourrait être détaché auprès d'une équipe des AD ou bien que nous pourrions envoyer nos missionnaires auprès d'autres équipes. Dans un schéma de coentreprise, deux équipes en place, qui possèdent chacune un dirigeant et un mémorandum d'entente en vigueur, acceptent de travailler ensemble. Ce sont les dirigeants qui gèrent la façon de mener cette coopération (par exemple, en alternant la présidence des réunions). Chaque dirigeant est responsable de son équipe, mais les équipes acceptent de collaborer de façon plus étroite (comme lors des réunions stratégiques ou de prière) ou de façon indépendante (accompagnement pastoral ou renouvellement des équipes).

Implanter des églises en équipes est un concept relativement récent pour les Assemblées de Dieu tandis que d'autres organisations missionnaires y travaillent depuis déjà plusieurs décennies[22]. En 2010, la région d'Afrique de l'Est de l'Action missionnaire des AD a lancé le projet « *Live Dead* » dans le but de mobiliser, de former et de déployer des équipes de missionnaires américains ayant pour objectif d'implanter des églises parmi les peuples non-atteints d'Afrique de l'Est. Ce projet reposait sur la conviction que les missionnaires américains en Afrique de l'Est avaient soigneusement évité de se rendre dans des lieux sensibles et auprès des peuples réfractaires, mais que Dieu n'avait pas pour autant renoncé à envoyer les Américains annoncer l'Évangile là où personne ne l'avait encore entendu[23]. Cette vision a pour vocation de collaborer avec les Églises nationales établies d'Afrique de l'Est dans le but d'atteindre ces peuples non-atteints. Deux principes concourent à ce projet : notre obéissance à Dieu qui appelle les Américains à partir à la conquête des peuples non-atteints et notre engagement à œuvrer dans ce sens en collaborant, dans la mesure du possible, avec l'Église d'Afrique. Ces équipes membres du projet *Live Dead* sont des équipes de l'Action missionnaire des AD qui se conforment à un mémorandum d'entente et ont à leur tête un dirigeant qui rend des comptes à un superviseur d'équipe qui, à son tour, rend des comptes au directeur régional de l'Action missionnaire des AD, chacun d'eux espérant et ayant pour projet, dès le départ, de travailler, et ce, dans la mesure du possible, en coentreprise avec des missionnaires de l'Action missionnaire des AD.

Je propose que nous formions des équipes internationales composées de membres de l'AADA mais aussi d'autres AD du monde entier qui, parés d'un mémorandum d'entente, ont à leur tête un dirigeant qui aura été choisi (africain ou pas) ; elles seront formées puis envoyées parmi les peuples musulmans d'Afrique du Nord. Je propose à la CAM/AADA et à l'Action missionnaire des AD d'initier le recrutement, la formation et l'envoi de huit équipes diversifiées, composées d'Africains, de Nord et de Sud-Américains et d'autres membres des AD si possible d'ici 2015. Recrutons au moins une équipe pour les pays d'Afrique du Nord suivants : la Mauritanie, le Maroc, l'Algérie, la Tunisie, la Lybie, l'Égypte, le nord du Soudan et la Somalie.

La formation des équipes devra suivre quelques critères de base : chacun des pays membres de l'AADA devra choisir et nommer un couple de missionnaires expérimenté et soutenir ce couple à 100 %[24]. L'Action missionnaire des AD devra choisir et nommer un couple expérimenté pour chacun des pays choisis d'Afrique du Nord. Les autres partenaires des AD du monde entier sont également invités à soumissionner un couple de missionnaires. Ces couples devront être formés ensemble avant de se rendre dans le pays qu'ils sont appelés à servir. C'est au cours de la formation que seront nommés des dirigeants et que sera constituée l'équipe. Le dirigeant pourra aussi bien être africain que non-africain. Le dirigeant de l'équipe rédigera un mémorandum d'entente qu'il soumettra à son équipe qui lui fera part de ses remarques. Une fois le mémorandum d'entente adopté, l'équipe se rendra sur le terrain en Afrique du Nord. Ces équipes seront considérées comme des équipes en coentreprise de l'Action missionnaire des AD et de l'AADA, et nous demanderons au directeur régional de l'Action missionnaire des AD d'Afrique du Nord et du Moyen-Orient (Mark Renfroe actuellement) d'approuver par écrit les missionnaires de l'Action missionnaire des AD de ces équipes. Si l'on venait à manquer de personnel pour former une équipe complète, la CAM devra recruter une équipe en faisant appel à une autre organisation partageant les mêmes idées et déjà présente sur le terrain en Afrique du Nord et envoyer le couple missionnaire se joindre à cette équipe.

Développer l'esprit d'équipe est un objectif plus important que la création d'équipe elle-même et est bien plus difficile à atteindre. Se comprendre l'un l'autre et accepter ses différences culturelles au sein d'une même équipe demande un effort considérable. L'acceptation culturelle soudera ou brisera des équipes internationales. Patrick, le grand apôtre de l'Irlande, en savait quelque chose. À propos de Patrick, George Hunter écrit :

> Le seul fait pour Patrick de comprendre le peuple et son langage, ses problèmes et ses coutumes, représente la seule idée réellement importante à retenir sur le plan stratégique, idée qui allait donner lieu à l'importante expansion du christianisme celte et constitue peut-être la véritable leçon importante à retenir de ce mouvement. Il n'y a pas de formule magique pour comprendre un peuple. Lorsque vous comprenez un peuple, vous savez la plupart du temps quoi dire, quoi faire et comment vous y prendre. Lorsqu'un peuple sait que les chrétiens le comprennent, alors il en déduit que peut-être le Très-Haut les comprend également[25].

Engageons-nous à être un peuple missionnaire qui œuvre de concert pour envoyer des équipes diversifiées qui implantent des églises en Mauritanie, au Maroc, en Algérie, en Tunisie, en Lybie, en Égypte, au nord du Soudan et en Somalie d'ici 2015. Œuvrons pour que huit Églises nationales membres de l'AADA soutiennent à 100 % un couple de missionnaires catalyseur originaire de leur pays respectif. Chacun des couples missionnaires de l'AADA rejoindra un couple de l'Action missionnaire des AD pour former huit équipes chargées d'implanter des églises en Afrique du Nord. Ces équipes serviront alors à générer davantage d'équipes d'implanteurs d'église à la façon des monastères celtes :

> Autour des trois tâches principales de la journée qui étaient d'adorer, d'étudier et de travailler, les communautés monastiques étaient des lieux qui grouillaient d'activités. La communauté se réunissait pour adorer, probablement deux fois par jour ; elle se réunissait pour en apprendre plus sur les Écritures – qu'elle connaissait par cœur, les psaumes en particulier. Ils se nourrissaient les uns les autres menant une vie de « prière contemplative », et de nombreuses communautés monastiques servaient aussi de « stations missionnaires » en préparant les gens à partir à la rencontre des peuples non-atteints[26].

Le moment est venu de former des équipes partenaires et consacrées à la prière, des équipes capables de se reproduire et d'envoyer d'autres équipes autonomes. Néanmoins, nous devons commencer quelque part ; alors, lançons-nous à la conquête de ces huit pays stratégiques et faisons tout notre possible pour mettre en circuit ces huit équipes reproductrices.

Partenaires dans l'innovation

Il existe de nombreux exemples positifs de projets missionnaires interculturels menés par la famille de l'AADA auprès de peuples qui partagent une culture similaire. L'Église du Burkina Faso en est un parfait exemple puisqu'elle a envoyé des missionnaires pourvus de petites subventions dans des pays voisins où ils ont œuvré en tant que faiseurs de tentes jusqu'à bâtir une église et à apprendre aux membres de cette église à s'autofinancer au moyen de la dîme et des offrandes[27]. Malheureusement, ce modèle ne s'applique pas aux missionnaires envoyés en Afrique du Nord, ni ne s'appliquera aux organisations occidentales qui soutiennent les missionnaires africains. Gupta, sans le savoir, donne un mauvais exemple lorsqu'il écrit :

> Pour soutenir financièrement le mouvement, j'ai cherché à obtenir des fonds de différents partenaires en Amérique et en Europe… Ces fonds et leur gestion sont devenus sources de contention entre les dirigeants d'états. Lorsque nous ne parvenions pas à nous mettre d'accord sur les mécanismes de gestion, ce désaccord semblait alimenter d'autres raisons nous incitant une fois encore à prendre des chemins séparés[28].

Si recevoir un soutien extérieur est source de division et de rupture, alors il est essentiel de trouver, au sein du continent africain, un moyen de subvenir aux besoins des missionnaires africains.

Un pasteur consciencieux du Malawi parvient à survivre avec moins de 300 dollars ($) par mois. Pour cela, il possède un petit potager ou une petite ferme, a recours aux transports publics, aux écoles publiques, à l'accès aux soins de santé pris en charge par le gouvernement ou subventionnés, et à la proximité de toute sa famille et de la communauté chrétienne qui lui viennent en aide en temps de crise. Un missionnaire local envoyé en Malawi, au Yao sur les rives sud du lac, peut vivre dans les mêmes conditions, de même qu'un missionnaire du Malawi envoyé en Zambie peut confier ses enfants à sa famille, monter dans un bus pour, en moins d'une journée, se rendre dans ce pays voisin, se faire de nouveaux amis chrétiens et retrouver les mêmes conditions économiques de vie. Mais qu'en est-il du Malawite qui se rend au Soudan ? Il doit financer le billet d'avion, les frais d'une école internationale et les loyers de mégalopole. Il ne possède aucune famille qui puisse lui venir en aide en cas de crise ; ses frais médicaux, qui ne sont pas subventionnés, sont considérables en cas de maladie ; et il n'a aucun moyen de faire pousser des légumes dans son petit appartement en raison du manque d'espace et de fraîcheur. Un train de vie des plus modestes, aussi modeste que celui du pasteur de son pays, lui reviendrait à plus de 2 000 $ par mois.

Une des réalités de la mission auprès des peuples musulmans d'Afrique du Nord est le coût financier que cela implique. Les missionnaires africains qui travaillent dans ce contexte nécessiteront au moins 2 000 $ par mois. Émotionnellement parlant, cette somme est tout simplement indécente pour un groupe dont le salaire moyen correspond au dixième de ce montant ; elle est également indécente d'un point de vue financier lorsque nous devons envoyer plusieurs missionnaires de chaque pays. Nous atteignons là le « plafond doré ». Notre engagement ferme à partir en mission en Afrique du Nord, et au-delà, se brise sur les récifs impitoyables de la réalité financière.

Au Soudan, l'Action missionnaire des AD et les AD du Malawi ont dû faire face à cette réalité qu'ils ont réussi à maîtriser grâce à un partenariat innovant entre les deux organismes. La famille Mwamvani du Malawi a passé dix années au Soudan grâce à un soutien modeste de leur église et à un soutien plus important pour leur travail de faiseurs de tentes que les missionnaires de l'Action missionnaire des AD ont rendu possible grâce à leurs infrastructures. Au Soudan, l'équipe missionnaire dans son ensemble est un organisme légalement enregistré sous le nom d'*Aslan Associates*. Cet organisme est enregistré auprès du gouvernement en tant qu'entreprise éducative et il est à la tête de centres communautaires, de centres anglophones et d'écoles. Ces écoles fonctionnent comme des organismes à but non-lucratif, ce qui signifie qu'elles facturent des frais pour financer les services proposés mais les actionnaires n'ont droit à aucun bénéfice. Tout profit sert à payer les salaires de l'équipe ou bien est réinvesti pour revaloriser l'entreprise. La famille Mwamvani a travaillé dans ces centres d'éducation et, en retour, les centres leur ont fourni un véhicule et ont payé à chacun un salaire d'environ 1 000 $ par mois.

Ces deux salaires, ajoutés aux 200 $ par mois qu'ils recevaient du Malawi, servaient tout juste à couvrir les frais de nourriture, de location, de transport, de téléphone et de santé. Ce modèle a fonctionné une dizaine d'années et pourrait continuer à fonctionner quelques années encore, mais ce n'est pas un schéma reproductible à grande échelle. Néanmoins, nous pouvons en tirer quelques principes pour les années à venir.

Le premier principe à retenir est que les missionnaires qu'envoie l'AADA en Afrique du Nord doivent savoir exercer un métier monnayable. S'ils exercent les métiers de docteurs, d'enseignants, d'ingénieurs, de travailleurs en développement ou d'autres métiers similaires, ils auront toutes les chances de se faire embaucher en Afrique du Nord. Nous devons, par conséquent, proposer à ce type de missionnaires le même statut que nous proposerions à des candidats aux références pastorales attestées. Nous ne pouvons commettre la double erreur de les considérer comme des missionnaires de moindre importance ou bien de leur proposer une formation de moins bonne qualité.

Le second principe à retenir est celui qui consiste à « ouvrir la voie ». Une fois que le missionnaire issu d'une Église nationale affiliée à l'AADA est mis en place, qu'il ne vit pas au jour le jour ou en mode crise, il peut commencer à ouvrir la voie à ceux qui viendront ensuite le rejoindre. C'est pour cette raison qu'un couple missionnaire a besoin de 2 000 $ par mois avec 10 000 $ de fonds d'investissement. Si les Églises nationales affiliées à l'AADA peuvent soutenir un couple à 100 %, le libérant ainsi du poids de se sentir en permanence sur la corde raide, alors ce couple pourra consacrer une bonne partie de son temps à ouvrir la voie à ceux qui désirent le rejoindre pour œuvrer avec lui. Je propose qu'au sein de chaque pays où sont envoyés nos missionnaires, nous élaborions un projet d'entreprise. Le rôle du couple que nous soutenons serait d'initier ce projet en rapport avec la recherche d'emploi. Servant d'intermédiaire entre les entreprises, les écoles et les agences de développement nord-africaines, cette plateforme créerait des opportunités de travail en Afrique du Nord pour les missionnaires qui, depuis chez eux, attendent patiemment le feu vert.

Il s'agira parfois de métiers simples mais laborieux. Les femmes érythréennes et éthiopiennes sont employées au Moyen-Orient comme femmes de ménage et gouvernantes. Ces métiers sont difficiles et ces femmes sont souvent maltraitées, mais, en tant que servantes de Christ, elles ont souvent accès aux domiciles musulmans les plus radicaux. Elles prient alors pour les enfants musulmans qui tombent malades ; elles partagent leur foi avec les épouses arabes elles-mêmes enfermées. Les missionnaires moraves étaient engagés comme serviteurs, et cela leur convenait parfaitement ; nous devrions être comme eux. L'agence pour l'emploi en question pourrait aussi bien envoyer des techniciens de surface que des enseignants, des vigiles que des diplômés dans les universités nord-africaines. Il est normal de verser une commission d'intermédiaire équivalente à un mois de salaire (payé par l'employeur), et ces frais peuvent, au fil du temps, assurer le bon fonctionnement de l'entreprise. Ray Bakke nous propose des pistes intéressantes pour asseoir sa crédibilité dans ce nouveau milieu :

> On ne commence pas par implanter des églises. On implante un ministère qui « gratte là où ça démange » au nom de Jésus. Ces ministères produiront ensuite les composants nécessaires à une église qui se porte bien sur le long terme : d'abord un leadership autochtone, puis des fonds locaux. Les personnes étrangères qui intègrent une communauté urbaine en suivant un schéma d'implantation d'églises préparé à l'avance risquent presque toujours d'établir une église à l'image des dirigeants étrangers. Eux aussi ont besoin de fonds locaux sur le long terme[29].

Par conséquent, je propose la chose suivante : que chaque pays fasse tout son possible pour soutenir à 100 % un couple de la façon décrite plus haut, tout en ayant bien conscience que ce degré de soutien ne pourra se reproduire et que l'objectif est de s'implanter avec force dans ce pays afin que ceux qui viennent par la suite soient rémunérés en qualité de faiseurs de tentes. Ce projet initial demande la mise en place d'un capital de départ, et ce, quelle que soit l'entreprise fondée, que ce soit une agence pour l'emploi, une école anglophone ou autres. Je propose à ces équipes diversifiées de relever ensemble le défi de réunir ce capital de départ pour leur projet – même si cela signifie que l'argent provient en grande partie des membres de l'Action missionnaire des AD de l'équipe.

Engageons-nous à être un peuple missionnaire qui œuvre ensemble pour bâtir des entreprises qui ouvriront la voie au développement des missionnaires « faiseurs de tentes » en Afrique du Nord. Que chaque pays de l'AADA s'engage à soutenir un couple expérimenté et compétent qui ouvrira la voie aux autres, et que l'Action missionnaire des AD endosse la responsabilité de réunir les capitaux d'investissement nécessaires à la réussite de ce projet.

Partenaires dans la formation

Réussir à déployer nos équipes d'implanteurs d'église parmi les peuples musulmans non-engagés d'Afrique du Nord implique une collaboration dans le domaine de la formation. À part pour la Somalie, la langue de chaque pays ciblé est l'arabe, et tous ces pays comptent une majorité de musulmans. Les équipes diversifiées se révèlent, sur le long terme, être les plus productives mais sont, sur le court terme, les plus contestées. Il est essentiel de suivre une longue formation si nous voulons venir à bout des tensions qui pourraient apparaître lors des collaborations internationales. À l'heure actuelle, les formations proposées en école biblique ne sont pas adaptées au travail d'implantation d'églises parmi les musulmans. Paul Gupta décrit les séminaires indiens en ces termes : « L'université biblique est devenu un lieu où l'on cherche à gagner du temps pour savoir si l'on fait partie des élus au ministère ou non, un lieu d'enfance prolongée[30]. » Nous ne cherchons pas à dénigrer les études universitaires mais, avec Gupta, « nous en avons conclu que les études traditionnelles ne sont pas adaptées pour préparer comme il se doit les évangélistes, les implanteurs d'églises et les dirigeants apostoliques au ministère[31] ».

Par conséquent, je propose que l'Action missionnaire des AD et l'AADA coopèrent autour d'un programme de formation de deux ans implanté en Afrique du Nord et destiné aux nouveaux missionnaires qui se joignent au projet. Que chacun des seize couples (huit d'entre eux soutenus par leur église nationale et huit autres soutenus par l'Action missionnaire des AD) se tiennent prêts à intervenir dès janvier 2013. Ces seize couples seront d'abord envoyés en Libye (ou autre pays d'Afrique du Nord) pendant deux ans pour y apprendre l'arabe. Au cours de ce cycle, ils recevront une formation sur l'islam, les missions, la communication internationale, le combat spirituel, la vie en équipe et le concept dit « de faiseurs de tentes ». Au bout de ces deux années (janvier 2015), ces missionnaires seront envoyés par équipes de deux couples minimum (un issu de l'AADA et l'autre de l'Action missionnaire des AD) vers les huit pays ciblés.

En outre, je propose à l'Action missionnaire des AD de nommer un couple missionnaire à la tête de cette école linguistique et du centre de formation d'implantation d'églises afin qu'en août 2013, cette entreprise soit viable et en mesure de fournir des visas étudiants. Ces seize couples intègreront une équipe de formation que nous dirigerons pendant deux ans. Une fois le programme de formation achevé, huit nouvelles équipes d'implantation d'églises diversifiées seront envoyées en Afrique du Nord avec un minimum de seize couples.

Le ministère musulman en milieu nord-africain diffère radicalement des coutumes subsahariennes, c'est pour cela qu'une formation sur le terrain est plus que nécessaire :

> Kierkegaard... recommande d'adopter une approche de communication « indirecte » qui fait appel à l'imagination des hommes, comme, par exemple, au travers d'histoires qui « touchent jusqu'au plus profond de l'âme » et aident les hommes à « découvrir » la vérité... [R]aconter des histoires et faire appel à l'imagination rencontre beaucoup de succès auprès de nombreuses populations pré et postchrétiennes, et avoir uniquement recours au discours direct n'est pas aussi efficace que dans un autre contexte[32].

Adopter une approche contextuelle à la fois biblique et prudente est un apprentissage qui se construira et se transmettra au travers d'outils à la fois formels et informels. Nous devons cesser de penser que notre formation subsaharienne s'applique aux réalités nord-africaines. Nous devons consentir à adopter de nouvelles approches et formes sans pour autant céder aux croyances et pratiques orthodoxes.

> Bill White affirme que changer de *langage* contribue énormément au processus de guérison… de même que les gens en phase de guérison ont besoin de se délester des *symboles*, des *rituels* et des *chants*, des exemples qui alimentent leur style de vie entraînant une dépendance (à l'image des hommes issus de religions primitives qui brûlent leurs fétiches lorsqu'ils se convertissent au christianisme), et les remplacent par des symboles, des rituels, des chants et des exemples qui se focalisent sur la guérison et y contribuent. Nous devons faire une croix sur les vieilles *institutions*, sur ces « terrains glissants », et nous tourner vers des lieux sains qui ne créent aucune dépendance. Guérir nécessite de rédiger une nouvelle page d'*histoire* orale, d'avoir une image plus grande encore qui permet de comprendre sa vie et d'acquérir une nouvelle sagesse qui nous aide à guider notre vie[33].

Nous serons capables d'apporter l'Évangile aux Arabes musulmans d'une façon à la fois acceptable sur le plan culturel et révolutionnaire sur le plan spirituel seulement si nous acceptons d'apprendre sur le terrain et sommes prêts à modifier notre approche pour nous faire comprendre. Seule une formation biblique sérieuse qui puise son inspiration sur le terrain permettra à nos missionnaires africains de prospérer en ce milieu hostile dans lequel nous nous apprêtons à les envoyer.

Engageons-nous à être un peuple missionnaire qui œuvre ensemble pour créer un centre linguistique arabe et d'implantation d'églises en Afrique du Nord pour nos équipes missionnaires diversifiées. Au départ dirigé par un couple missionnaire expérimenté de l'Action missionnaire des AD, cet établissement devra ouvrir ses portes au plus tard le 1er août 2013. Fixons-nous l'objectif de recruter huit couples de l'AADA et huit autres issus de l'Action missionnaire des AD d'ici là.

Partenaires dans le leadership

Pour ce qui est du travail missionnaire en Afrique, la boucle a été bouclée. Nous sommes passés du paternalisme de l'époque coloniale au schéma de partenariat au lendemain de la Seconde Guerre mondiale. Aujourd'hui, nous naviguons sur les eaux imprévisibles et vivifiantes de la coopération. L'Église et la mission possèdent, à l'heure actuelle, plusieurs partenaires, et chacun choisit le moment et la manière d'échanger leur point de vue. Les relations sont plus fluides, multilatérales et fraternelles. Peu importe la couleur de la peau, noire, blanche ou un mélange des deux ; ce qui importe à présent, ce sont vos talents, vos compétences et votre esprit.

Nous vivons des temps passionnants, au-delà de l'immense défi que représentent le monde musulman, et tout particulièrement les peuples non-engagés d'Afrique du Nord. Cela requiert de la part des missionnaires et des citoyens de mettre de côté les souffrances passées et de penser à l'avenir que nous aimerions vivre. Nous devons partager le leadership, et ce, à juste titre. Si un Américain est appelé à diriger l'équipe, alors considérons-le comme le leader non pas du fait de la couleur de sa peau mais en raison de son expérience. Si c'est un Africain qui dirige, qu'il en soit de même ; c'est bien sa personnalité qui justifie sa position.

Un point essentiel au leadership est d'être suffisamment sage pour savoir quand se retirer. « Les missionnaires qui implantent des églises… doivent toujours anticiper le jour de leur départ… [D]ès le début, le cycle paulinien laisse présager le retrait des missionnaires – le passage du témoin[34]. » Engageons-nous à suivre les principes autochtones au sein des peuples musulmans pour lesquels nous œuvrons ensemble, attendant avec impatience le jour où ils pourront assurer le leadership eux-mêmes, nous permettant ainsi de partir à la rencontre d'autres peuples non-atteints.

Engageons-nous à être un peuple missionnaire qui ne regarde plus à la couleur de la peau et nomme des missionnaires dirigeants en se basant sur les compétences et non sur la couleur de peau. Puisse notre leadership être le reflet de cette époque passionnante de participation volontaire au sein de laquelle à la fois des Africains et des non-Africains dirigent et se font diriger. Puissions-nous laisser derrière nous les erreurs du passé et les maladresses du présent et nous réjouir dans une soumission mutuelle.

Partenaires dans le sacrifice

Si nous voulons collaborer à l'envoi d'équipes missionnaires chargées d'implanter des églises en Afrique du Nord, nous devons agir avec foi tout en étant réalistes. Certains de nos missionnaires échoueront. D'autres se querelleront. D'autres encore tomberont entre les mains de musulmans ou de foules en colère. Nous devons, par conséquent, et ce, dès à présent, prendre la décision d'en envoyer d'autres, une fois que cela aura eu lieu. Cette décision ne pourra se prendre au moment où nos meilleurs éléments auront été tragiquement massacrés ; elle doit se prendre maintenant tandis que nous y voyons clair et que nous faisons preuve de lucidité en toute obéissance. Dieu nous appelle à annoncer l'Évangile en ces lieux hostiles et auprès des peuples musulmans d'Afrique du Nord dupés par l'ennemi.

Dieu nous appelle à demeurer là où les démons rôdent et là où les esprits mauvais s'attardent. Mais soyons honnêtes avec nous-mêmes. Nous subirons de grosses pertes ; nous connaîtrons des moments tragiques et laborieux ainsi que la déception. Du sang et des larmes seront versés. Si nous nous lançons ensemble dans cette aventure, nous devons avoir conscience de ce que cela implique et nous engager à en payer le prix, quel que soit le prix et quel que soit celui qui en paie le prix.

Une part du sacrifice liée à notre collaboration est le sacrifice de ne pas savoir. Nous devons nous engager à envoyer nos missionnaires en terrain musulman sans même savoir s'ils resteront en vie, sans même savoir s'ils y survivront, sans même savoir s'ils porteront des fruits susceptibles d'être comptabilisés ou vérifiés. Nous devons nous soumettre au système organique qui n'est pas toujours bien défini. J. Herbert Kane décrit avec lucidité l'équilibre qui existe entre la connaissance (stratégie) et la dépendance au Saint-Esprit (confiance) :

> Paul avait-il une stratégie missionnaire ? Certains vous diront que oui, d'autres que non. Tout dépend du sens que l'on accorde au mot « stratégie ». Si, par stratégie, on entend un plan d'action basé sur l'observation et l'expérience humaine, un plan réfléchi, bien défini et dûment exécuté, alors Paul n'avait aucune ou presqu'aucune stratégie ; mais si nous considérons que ce mot renvoie à un *modus operandi* flexible qui se développe sous la direction du Saint-Esprit et est soumis à Son regard et contrôle, alors oui, Paul avait bien une stratégie.

Notre problème actuel est que nous vivons à une époque anthropocentrique. Nous pensons ne rien pouvoir accomplir pour le Seigneur sans une bonne dose d'organisation ecclésiastique – comités, conférences, ateliers, séminaires ; les premiers chrétiens, eux, comptaient moins sur la sagesse et l'expertise humaine, et plus sur l'action et la direction divines. Pourtant, ils ne s'en sont pas trop mal sortis. Le mouvement missionnaire moderne a besoin, plus que tout le reste, de revenir aux méthodes missionnaires de l'Église primitive[35].

Les méthodes de l'Église primitive consistaient à accepter de bonne grâce le mystère et la douleur, la joie et la souffrance, car Jésus n'a pas de prix. Les grains de blé doivent non seulement se tenir prêts à être abattus et à mourir, mais ils doivent également en être heureux. Heureux car, autrement, ils resteraient seuls tandis que leur mort, elle, engendre beaucoup de fruit.

Engageons-nous à être un peuple missionnaire prêt à vivre et à mourir ensemble sans hésiter, sans prendre la fuite et sans rien regretter. Ayons conscience que certains de nos missionnaires y perdront la vie et, une fois que nous aurons accepté cela, engageons-nous à en envoyer davantage, lorsque ceux que nous aimons témoignent de leur amour et de leur obéissance à Christ en donnant de leur vie. Nous agissons ainsi car Jésus n'a pas de prix, car Jésus est plus important que tout, car nous vivons pour Christ et mourir pour Lui est un gain.

CONCLUSION

Pour mener à bien le projet qui est d'annoncer ensemble l'Évangile, la bonne nouvelle de ce que Dieu a fait à travers Christ, au monde entier, je vous propose de commencer par tourner nos cœurs et nos prières vers les peuples musulmans non-engagés d'Afrique du Nord. En résumé, je vous demande aujourd'hui de vous engager à :

1. Être un peuple missionnaire qui possède toutes les données et se laisse guider par l'Esprit. Nous avons la conviction que Dieu peut avoir recours aux données et aux chiffres pour nous aider à comprendre l'époque dans laquelle nous vivons et pour entendre Sa voix qui nous aide à choisir les lieux où envoyer nos missionnaires. Posons-nous les bonnes questions concernant le lieu où envoyer nos missionnaires, comme : « Où l'église n'existe-t-elle pas encore ? » et « Comment remédier à cela ? »

2. Être un peuple missionnaire qui partage la passion de Dieu pour le monde entier tout en Le laissant nous guider dans nos priorités et dans le dé-

roulement des opérations. Concentrons-nous d'abord sur les peuples musulmans non-engagés de la Mauritanie, du Maroc, de l'Algérie, de la Tunisie, de la Lybie, de l'Égypte, du nord du Soudan et de la Somalie.

3. Être un peuple missionnaire qui n'a de cesse de s'unir dans la prière pour les peuples non-atteints. Que toutes nos églises consacrent le vendredi à la prière et au jeûne. Nommons un coordinateur de prière auprès de la CAM/AADA dont la mission première sera de parcourir la région et d'encourager les croyants à prier pour les peuples musulmans d'Afrique.

4. Être un peuple missionnaire et pentecôtiste qui collabore avec humilité avec d'autres ouvriers qui partagent la même foi et œuvrent auprès des peuples non-atteints. Poursuivons notre collaboration avec Vision 5:9 et encourageons nos missionnaires sur le terrain à participer de manière constructive, importante et déterminante à chacun des consortiums évangéliques qui cherchent à implanter des églises parmi les peuples non-atteints. Ne relâchons pas nos efforts pour bâtir des relations avec les associations émergentes des Assemblées de Dieu en Afrique du Nord.

5. Être un peuple missionnaire qui œuvre de concert pour envoyer des équipes diversifiées qui implantent des églises en Mauritanie, au Maroc, en Algérie, en Tunisie, en Lybie, en Égypte, dans le nord du Soudan et en Somalie d'ici 2015. Que huit églises membres de l'AADA soutiennent à 100 % un couple de missionnaires catalyseur originaire de leur pays respectif, lui versant une allocation mensuelle raisonnable et une réserve de fonds pour ses besoins professionnels. Chacun des couples missionnaires de l'AADA rejoindra un couple de l'Action missionnaire des AD pour former huit équipes chargées d'implanter des églises en Afrique du Nord.

6. Être un peuple missionnaire qui œuvre ensemble pour bâtir des entreprises qui ouvriront la voie au développement de missionnaires « faiseurs de tentes » en Afrique du Nord. Chaque pays de l'AADA devra soutenir un couple missionnaire compétent et expérimenté qui ouvrira la voie aux autres, et l'Action missionnaire des AD endossera la responsabilité de réunir les capitaux d'investissement nécessaires à la réussite de ce projet.

7. Être un peuple missionnaire qui œuvre ensemble pour créer un centre d'apprentissage linguistique arabe et d'implantation d'églises en Afrique du Nord pour nos équipes missionnaires diversifiées. Au départ dirigé par un couple expérimenté de l'Action missionnaire des AD, cet établissement devra ouvrir ses portes au plus tard le 1er août 2013. Fixons-nous l'objectif de recru-

ter huit couples de l'AADA et huit autres issus de l'Action missionnaire des AD d'ici août 2013.

8. Être un peuple missionnaire qui ne regarde plus à la couleur de la peau et nomme des missionnaires au leadership en se basant sur les compétences et non sur la couleur de peau. Puisse notre leadership être le reflet de cette époque passionnante de participation volontaire au sein de laquelle à la fois Africains et non-Africains dirigent et se font diriger. Laissons derrière nous les erreurs du passé et les maladresses du présent et réjouissons-nous dans une soumission mutuelle.

9. Être un peuple missionnaire prêt à vivre et à mourir ensemble sans hésiter, sans prendre la fuite et sans rien regretter. Ayons conscience que certains de nos missionnaires y perdront la vie, et une fois que nous aurons accepté cela, engageons-nous à en envoyer davantage, lorsque ceux que nous aimons auront témoigné de leur amour et de leur obéissance à Christ en donnant de leur vie. Nous agissons ainsi car Jésus n'a pas de prix, car Jésus est plus important que tout et car nous vivons pour Christ, et mourir pour Lui est un gain.

NOTES DE FIN DE DOCUMENT

[1] Dans le numéro du 5 décembre 2010 du *Pentecostal Evangel*, John Bueno, directeur exécutif de l'Action missionnaire des Assemblées de Dieu (États-Unis), écrit ceci : « Depuis des années, certains critiquent nos méthodes missionnaires. Beaucoup de missiologues modernes pensent que nous devrions faire preuve de plus de réflexion dans nos choix géographiques de mission. Ils croient que nous devrions envoyer nos missionnaires là où les recherches montrent qu'il y a le plus grand besoin, plutôt que de laisser le Saint-Esprit les guider jusqu'aux lieux où servir. »

[2] Craig Ott et Harold A. Netland, *Globalizing Theology: Belief and Practice in an Era of World Christianity* (Grand Rapids, MI : Baker Academic, 2006), 228.

[3] Conversation avec l'auteur le 10 décembre 2011, au Séminaire théologique des Assemblées de Dieu à Springfield, Missouri, États-Unis.

[4] Les peuples sont définis à partir de quatre critères : religion, culture, langage et géographie. Si aucune de ces barrières à l'Évangile n'existe, alors ce peuple peut être considéré comme suffisamment soudé pour être répertorié en tant que peuple.

[5] En fait, une percée missiologique a lieu lorsque suffisamment de croyants autochtones formés sont capables d'atteindre leur propre peuple.

⁶ L'engagement se définit par une équipe missionnaire sur place, une équipe qui s'engage à apprendre le dialecte local sur le long terme auprès d'un peuple qu'elle souhaite atteindre au moyen de l'implantation d'église.

⁷ Lausanne 3, Cape Town, Octobre 2010, « Compte rendu ».

⁸ La théorie de la *Kénose*, qui s'inspire de Philippiens 2, avance l'idée selon laquelle Dieu se pose de temps en temps des limites. Même si Jésus allait souvent vers les personnes non-juives, Il vouait Sa principale mission d'avant la Pentecôte au peuple juif. À noter que Jésus n'a pas guéri tous ceux qu'Il aurait pourtant pu guérir (par exemple, le boiteux dans le temple) ni n'a pris part à toutes les activités auxquelles Il aurait pu participer (comme l'action sociale, la condamnation de l'injustice politique etc.). Ainsi, nous avons devant nous l'exemple et la responsabilité de nous astreindre à ce que l'Esprit nous demande expressément de faire. Notre engagement doit rester ciblé. Nous ne pouvons pas répondre aux besoins de tous et, au final, trop nous éparpiller porterait atteinte à notre efficacité. Notre responsabilité de bon gestionnaire est de faire les choses bien.

⁹ S'il est vrai que l'Égypte possède une population chrétienne non-négligeable parmi laquelle plusieurs dénominations évangéliques et même une église des Assemblées de Dieu, il est vrai également que l'on y compte le plus grand nombre de musulmans d'Afrique. L'Égypte (ainsi que l'Arabie Saoudite) est l'un des noyaux principaux de pensée et pratique islamiques, ce qui explique l'importance stratégique du travail missionnaire d'implantation d'églises.

¹⁰ Beaucoup de pays d'Asie centrale, qui faisaient autrefois partie de l'URSS, ne sont pas cités ni pris en compte ici. Peut-être pourrions-nous les ajouter ou nous limiter, pour des raisons stratégiques, à ceux qui figurent dans la liste ci-dessus.

¹¹ On compte un nombre non-négligeable de musulmans nord-africains en France, de musulmans pakistanais en Angleterre et de musulmans turcs en Allemagne.

¹² Paul R. Gupta et Sherwood G. Lingenfelter, *Breaking Tradition to Accomplish Vision : Training Leaders for a Church-Planting Movement : A Case from India* (Winona Lake, IN : BMH Books, 2006), 98.

¹³ Le terme *Global Initiative* est la nouvelle appellation de l'organisation *Center for Ministry to Muslims (CMM)*.

¹⁴ Raymond J. Bakke, *A Theology as Big as the City* (Downers Grove, IL : InterVarsity Press, 1997), 138.

¹⁵ Robert Webber, *Who Gets to Narrate the World?: Contending for the Christian Story in an Age of Rivals* (Downers Grove, IL : IVP Books, 2008), 84.

¹⁶ *Stephen B. Bevans* et *Roger Schroeder, Constants in Context: A Theology of Mission for Today,* American Society of Missiology Series (Maryknoll, NY : Orbis Books, 2004), 45.

¹⁷ Webber, 47.

¹⁸ Statistiques extraites du « Rapport de partenariat » de Vision 5:9, janvier 2011.

[19] Autrefois, on appelait les croyants d'origine musulmane (COM) les musulmans d'origine (MO). Aujourd'hui, pour définir leur identité, l'accent est mis sur le terme « croyant » plutôt que sur le terme « musulman ».

[20] Pour davantage d'explications sur l'implantation d'églises en équipe, je vous conseille de lire *Vision of the Possible* de Daniel Sinclair. Pour une interprétation biblique du « cycle paulinien de l'implantation d'églises », je vous conseille *Planting Churches Cross-culturally* de David Hesselgrave.

[21] Gupta et Lingenfelter, 188.

[22] L'organisation *Frontiers* a été fondée par Greg Livingstone à partir du Ministère du monde arabe au début des années 80. L'un des piliers fondamentaux de Livingstone repose sur son engagement à implanter des églises en équipe au sein des peuples musulmans.

[23] Le projet *Live Dead* émane de la vision de Greg Beggs, directeur régional de l'Action missionnaire des AD en Afrique de l'Est.

[24] Les raisons de ce choix et un montant minimum suggéré seront proposés un peu plus loin dans la partie intitulée « Partenaires dans l'innovation ».

[25] George G. Hunter, *The Celtic Way of Evangelism: How Christianity Can Reach the West—Again* (Nashville, TN : Abingdon Press, 2000), 20.

[26] Ibid., 28.

[27] Il peut aussi bien s'agir de subventions issues de petites entreprises que de ressources nécessaires comme une vache laitière ou un âne domestique. Cela reste du domaine du modeste et requiert un travail régulier de la part de celui qui le reçoit.

[28] Gupta et Lingenfelter, 119.

[29] Bakke, 110.

[30] Gupta et Lingenfelter, 16.

[31] Ibid., 23.

[32] Hunter, 62.

[33] Ibid., 103.

[34] David J. Hesselgrave, *Planting Churches Cross-Culturally: North America and Beyond,* 2e éd. (Grand Rapids, MI : Baker Books, 2000), 283.

[35] Ibid., 43.

Implanter des églises parmi les peuples non-atteints :
Réponse à l'article de Dick Brogden

UCHECHUKWU AMA

INTRODUCTION

En plus d'être conventionnel, le document de stratégie sur « L'implantation d'églises parmi les peuples non-atteints en partenariat avec la Commission de l'Action missionnaire de l'AADA » présenté par Dick Brogden tombe également à point nommé. Il revient d'abord sur les antécédents historiques du mouvement missionnaire américain pentecôtiste en Amérique du Sud causé par la Seconde Guerre mondiale avant d'évoquer la Mission intérieure du Soudan basée au Nigéria. Il attire notre attention sur les données critiques et sur l'influence des quatre organismes de recherches missionnaires les plus importants qui permettent à l'Église d'aujourd'hui de posséder des données et des informations de base sur l'état actuel de l'évangélisation dans le monde. Ces organismes sont le *World Encyclopedia*, le Mouvement *AD2000 and Beyond*, le conseil missionnaire international de la *Southern Baptist Convention* (États-Unis) et la base de données *Ethnologue* de *SIL*.

L'article de Brogden traite des principales urgences du moment et fait un vibrant plaidoyer en faveur de l'Alliance des Assemblées de Dieu d'Afrique

(AADA) pour faire adopter les sept propositions-clés qui, selon lui, permettront au « Peuple missionnaire de Dieu » d'achever le travail d'évangélisation du continent. Brogden se concentre ainsi sur les points-clés suivants : (1) *la tâche* : redéfinir notre approche de la tâche missionnaire en faisant appel à la priorisation et à l'enchaînement des événements ; (2) *la synergie* : former des partenariats dans des domaines essentiels comme celui de la prière, de la collaboration, de la formation d'équipes, des moyens innovants, de l'apprentissage, du leadership et du sacrifice ; (3) *un point de mire* : le défi le plus important consiste à se recentrer sur le monde musulman, en particulier en Afrique du Nord ; (4) *le déploiement* : déployer des équipes missionnaires pour initier des projets innovants susceptibles d'ouvrir la voie à d'autres ouvriers ; (5) *les centres de formation :* la nécessité de développer un Centre d'apprentissage linguistique de langue arabe pour répondre au besoin croissant qui se fait de plus en plus sentir pour atteindre le monde arabe ; (6) *le mémorandum d'entente :* la nécessité de rédiger un « mémorandum d'entente » qui aiguille nos partenariats stratégiques ; et (7) *le martyre :* préparer l'Église à accepter la probabilité d'une providence post-martyre.

Ces propositions sont, en effet, importantes pour l'implantation d'églises en Afrique du Nord. Mais il existe, selon moi, d'autres questions importantes auxquelles nous devrions répondre. Dans cet argumentaire, je tenterai tout d'abord d'attirer l'attention sur la nécessité d'examiner tous les défis de la moisson africaine avant de se concentrer sur un domaine en particulier. J'énumèrerai ensuite ce que je pense être les quinze premiers défis de la mission des AD africaines ; les autres pourront être débattus ultérieurement. Si nous n'en faisons pas cas, certains de ces défis pourraient avoir un impact négatif sur les propositions de Brogden.

C'est dans ce contexte que j'appelle la Consultation à encourager la famille des églises de l'AADA à orchestrer une poussée missionnaire sans précédent en s'appuyant sur la déclaration de la Décennie de la Pentecôte (2010-2020) de l'AADA et sur les projets en cours de l'action *Acts in Africa Initiative* menée par le Dr Denzil R. Miller. Un élan missionnaire d'une telle ampleur ne pourra avoir lieu qu'à l'aide de la puissance du Saint-Esprit. Pour pouvoir achever cette tâche, l'Église doit par conséquent revenir à l'essentiel et renouer avec la personne, la présence et la puissance du Saint-Esprit.

LA CONSULTATION

Un appel à point nommé

Lorsque le Dr Enson Lwesya, président de la Commission de l'Action missionnaire de l'Alliance des Assemblées de Dieu d'Afrique (CAM/AADA), a envoyé à tous les actionnaires une invitation écrite à la prochaine Consultation des missions pentecôtistes, j'ai tout de suite eu le sentiment qu'il tombait à point nommé et que c'était Dieu qui l'en avait inspiré. J'en ai la conviction, et ce, pour trois raisons :

Tout d'abord, depuis sa création en 1991, la CAM/AADA n'a jamais conçu de véritable plan d'action, ni de schémas d'implantation qui contribuent à mener à bien la tâche d'évangélisation. Au cours de la Décennie de la moisson des années 90, les priorités de la Commission portaient davantage sur la coordination de la participation des diverses Églises nationales membres de la mission que sur son rôle de catalyseur dans ce processus. Lors des diverses sessions quadriennales de l'Assemblée générale de l'AADA, nous avons écouté nos frères nous raconter ce qu'ils faisaient grâce à la puissance du Saint-Esprit dans des pays comme le Malawi, le Kenya, la Tanzanie et le Nigéria. À cette époque, c'est de ces pays que provenait le leadership de l'AADA. Nous avons donc eu le privilège d'entendre ces témoignages.

Puis, la Consultation prévue au programme m'a tout de suite rappelé le *Eleventh Hour Institute* (*EHI*) qui a eu lieu il y a de cela douze ans, en août 1999, à Lilongwe, au Malawi. Malheureusement, comme Brodgen le fait remarquer, le *EHI* a surtout abouti à du théorique. Néanmoins, l'objectif, la forme et le travail de l'*EHI*, ainsi que le suivi global, ont porté des fruits. Je considère cette Consultation comme un retour à la question du rôle que joue l'Afrique pour annoncer l'Évangile aux nations. C'est donc à la fois avec nostalgie et impatience que j'attends ce rassemblement.

Enfin, j'ai la conviction que le moment de cette Consultation a été choisi par Dieu car il coïncide avec l'inauguration de la Décennie de la Pentecôte de l'AADA. Cette Consultation est pour la Décennie de la Pentecôte ce que l'*EHI* a été pour la Décennie de la moisson. Ce n'est pas un hasard. Je pense en effet que le Saint-Esprit a réuni les dirigeants du mouvement missionnaire des AD d'Afrique pour leur insuffler l'élan nécessaire au travail qui les attend.

Sachant cela, je suis d'autant plus touché par la passion avec laquelle Brogden a rédigé son article qui incite l'Église d'Afrique à se lancer à la conquête du nord du continent. Il nous rappelle, de façon très émouvante, les mots d'Alan R. Johnson : « Nous ne pouvons faire semblant d'ignorer ce que nous connaissons. » Les mots de Brogden me sont apparus comme prophétiques, car, de la même façon que le Printemps arabe a débuté en Tunisie, s'est étendu jusqu'en Égypte, puis au Bahreïn pour s'achever en Lybie, se propageant ainsi dans toute l'Afrique du Nord et, de ce fait, dans l'ensemble du monde arabe, j'ai la conviction que notre rassemblement aujourd'hui est l'accomplissement de la prophétie divine selon laquelle, un jour, Dieu bâtirait « une route d'Égypte » (Ésaïe 19.23) qu'Il étendrait dans toute l'Afrique du Nord et au-delà.

Lors du récent Congrès international des Assemblées de Dieu qui s'est tenu à Madras, en Inde, en février dernier, l'ensemble de la famille des AD a été invitée à « aller de l'avant. » L'objectif atteint lors de ce congrès est l'élan insufflé pour inciter l'Église d'Afrique et du monde entier à œuvrer ensemble dans une puissante synergie et à adopter le type de partenariat auquel Brogden fait allusion dans son article. À l'heure actuelle, l'AADA est une association sans véritable cohésion et n'est donc pas en mesure, d'un point de vue constitutionnel, de susciter un tel élan. Dans la mesure où elle n'a aucun contrôle sur ses églises membres, elle ne peut faire valoir aucune règlementation ni résolutions. Elle dépend simplement du bon vouloir des dirigeants de ses églises membres à recueillir un soutien suffisant pour répondre aux défis de la mission du continent. Dans la mesure où ce bon vouloir se fait de plus en plus rare, l'organisation manque de force motrice ou d'influence politique nécessaire pour fournir le genre de leadership qui s'impose. C'est pourquoi nous mettons tant de temps à réagir face aux crises, même lorsque nos églises brûlent et que nos frères se font massacrer, comme au Rwanda, en République Démocratique du Congo, au Nigéria et en Côte d'Ivoire. Nous n'avons pas les moyens de coordonner des interventions d'urgence dont auraient besoin les victimes de tels conflits sociopolitiques ainsi que nos propres frères et sœurs en Christ avec qui nous partageons l'espérance d'une vie éternelle.

C'est pourquoi nous refusons aujourd'hui de quitter ce rassemblement et de subir, une fois de plus, les revers qu'ont subis les bonnes propositions émises lors de l'*EHI* de 1999 à Lilongwe. L'impact de cette dernière conférence avait été mitigé car l'élan insufflé par des hommes pieux et des missionnaires chevronnés, tel que notre regretté frère, le Dr John V. York, ainsi que notre président de l'AADA actuel, le Dr Lazarus Chakwera, était retombé aussitôt après avoir pris son envol. C'est pourquoi nous sommes à nouveau réunis aujourd'hui pour dire : « Nous pouvons y arriver ! » Nous pouvons travailler ensemble, nous pouvons collaborer pour remplir la tâche première que le Seigneur de la moisson nous a confiée.

Points-clés

Les trois points-clés abordés dans cet article sont l'implantation d'églises, les peuples non-atteints (en particulier parmi les musulmans) et les partenariats stratégiques. Même si nous portons un vif intérêt aux peuples non-atteints, « l'implantation d'églises » ne doit pas être considérée comme un projet plus important que celui de toucher le cœur des gens avec l'amour de Christ. Si nous nous contentons de mesurer notre travail missionnaire en termes de quantité d'églises implantées, je pense que nous ferons fausse route. Car il peut arriver que ces églises implantées soient totalement détachées de la culture du peuple local et, par conséquent, n'aient aucun rapport avec le milieu au sein duquel elles se trouvent. En outre, une église qui s'implante au cœur d'un peuple ne s'intéresse parfois qu'aux « affaires spirituelles » et reste insensible aux souffrances des gens qui, pourtant, la considèrent avant tout comme une opportunité de changement social, une réponse holistique à leurs besoins. Mais dans la mesure où les fondateurs d'église en ont une conception différente, l'église finit par déranger les gens plus qu'elle ne leur apporte.

Enfin, si nous ne faisons qu'implanter une église sans proposer, dans le même temps, un programme performant qui fidélise les membres de cette nouvelle église, ils perdront vite de vue les réalités spirituelles liées à leur vie spirituelle. Ainsi, l'église commencera peu à peu à s'éteindre et les « loups cruels » dont parle Paul viendront et n'épargneront personne (cf. Actes 20.29). Nous devons tirer des leçons de l'histoire. Le problème face auquel nous nous trouvons est le suivant : « Quel type d'église voulons-nous implanter parmi les musulmans ? » Elle n'aura rien à voir avec celles que nous implanterions à New York, au Lagos ou à Nairobi. Même s'il est important d'avoir recours à des principes d'églises autochtones pour nous guider, l'Église du vingt-et-unième siècle ne doit pas simplement se contenter de propager ses idées, de s'auto-diriger et de s'autofinancer.

Nous devons, à présent, mettre en contexte ce schéma d'implantation d'église et le modèle qu'il met en avant. Cela est d'autant plus nécessaire que le contexte original de la stratégie missionnaire a rapidement fait l'objet de critiques et peut même se révéler inefficace dans le contexte de la mission africaine actuelle. L'une des raisons à cela est que le schéma autochtone avait, à l'origine, été conçu pour permettre aux missionnaires occidentaux d'aider les peuples autochtones à développer leurs compétences à évangéliser leur propre peuple, à devenir indépendants sur le plan financier et à s'auto-diriger. Cependant, les choses ont évolué en quelques années.

Par exemple, les peuples sont, dans la plupart des cas, incapables d'évangéliser d'eux-mêmes des peuples autres que le leur. Ils doivent impérativement nouer des partenariats stratégiques auxquels Brogden fait allusion pour l'Afrique du Nord. C'est, selon moi, le schéma idéal. Cette idée de partenariat découle de ce qui semble être un principe autochtone. L'accent que mettait le principe autochtone d'implantation d'églises sur le « soi » avait du sens aux yeux des missionnaires occidentaux et de ceux qui les envoyaient, car ils partaient d'une bonne intention qui était de vouloir faire des églises qui naissaient des églises matures et indépendantes. Malheureusement, ces bébés n'ont toujours pas de dents aujourd'hui et sont encore fragiles.

Dans certains cas même, ils mordent la main de celui qui autrefois les nourrissait. Pire encore, dans certains cas, ils ont redéfini le terme « soi » pour lui donner le sens d'« égoïsme ». Ces églises cherchent à « se propager de manière égoïste », regardant uniquement aux effets immédiats qui découlent de leur évangélisation ; elles « financent de manière égoïste » sans chercher à venir en aide aux Églises nationales qui les entourent, même lorsque ces églises sont brûlées et que leurs membres sont assassinés lors de soulèvements ; et elles « dirigent de manière égoïste », ayant soif de pouvoir et refusant à ceux qui ne font pas partie de leur groupe ethnique d'accéder au pouvoir. Leurs membres refusent même de reconnaître l'influence apostolique des hommes et des femmes qui ont travaillé dur à l'implantation de l'Église au milieu d'eux.

Même si ces principes autochtones sont utiles, nous devons garder à l'esprit qu'ils ne s'inspirent pas des Écritures et méritent donc d'être rectifiés et corrigés. Je crains qu'une fois interprétés et sortis de leur contexte, les principes autochtones ne mettent pas assez en avant la place du Saint-Esprit au cœur de la mission divine. La dernière génération des dirigeants d'Afrique est passée d'une mission centrée sur l'Esprit à une mission centrée sur eux-mêmes. Ce que nous souhaitons transmettre à la prochaine génération des dirigeants d'Afrique, ce n'est pas un concept ambigu des peuples autochtones, mais une philosophie missiologique claire et basée sur la Bible qui a recours à la puissance du Saint-Esprit pour promouvoir et entretenir la moisson. Nous devons adopter un principe de mission *mené par l'Esprit* et non plus mené par nous-mêmes. Si la dernière stratégie mise en place avait pour but d'atteindre cet objectif, cela n'était pas clairement stipulé. Nous portons aujourd'hui le poids de nos limites car notre influence évangélique ne franchit pas les limites de notre pur intérêt, et cela est un grave problème.

En outre, Melvin Hodges, tel que l'on s'en souvient, ne cherchait pas à instituer une règle générale pour « toutes les générations ». Il voulait simplement écrire ce que l'Esprit lui ordonnait d'écrire pour le type et la nature du projet de son temps. Comme je le disais, il n'a pas rédigé un script biblique qui s'adapte à chaque époque et en chaque lieu. Plutôt, il a rédigé des principes stratégiques qui convenaient aux missionnaires occidentaux pendant et au lendemain de la Seconde Guerre mondiale.

L'appel lancé lors du Congrès international des Assemblées de Dieu de 2011 « *FORWARD 20/20* »[i] n'a fait que renforcer mes convictions. Mais nous ne pouvons nous contenter d'une simple déclaration. À l'image de Dieu qui a prévenu Moïse, nous nous tenons au pied de cette montagne depuis bien trop longtemps. Il est temps d'aller de l'avant. C'est Dieu qui a mené les Israélites jusqu'à cette montagne mais Il ne souhaitait pas qu'ils en restent là. Cet événement n'est pas sans nous rappeler notre époque. Notre monde est devenu un immense village étroitement connecté où se renouvellent en permanence les technologies de l'information. Il est aujourd'hui possible d'implanter des églises et de gagner des âmes en permanence grâce à Internet. Les peuples non-atteints peuvent à présent avoir accès à la vérité dont nous débattons en conférence depuis de nombreuses années. Ce ne sont pas les praticiens des principes autochtones d'implantation d'églises qui ont déclenché la révolution qui est en train de se produire dans le monde arabe, mais une génération plus jeune qui a accès aux réseaux sociaux grâce aux médias sociaux comme Facebook et Twitter d'un côté, et les actualités par réseau câblé de l'autre. À travers ces médias et d'autres sources globales, ils ont fini par comprendre qu'eux aussi avaient droit à la liberté et ont tous, au même moment, décidé

---

[i] Que l'on pourrait traduire par « Aller de l'avant, aminés d'une vision claire ».

d'agir pour changer les choses, quel qu'en soit le prix. C'est à cette époque que nous vivons aujourd'hui.

Je remercie Dieu pour les dirigeants de l'AADA et les familles des AD qui prient pour les musulmans d'Afrique du Nord. Pour eux, cette révolution est une bonne nouvelle ! Ils savent que ce qui est en train de se passer est une réponse à leurs prières. Pourtant une question reste en suspens : « Combien d'entre nous sont prêts à mobiliser leurs Églises nationales pour se rendre en Lybie, en Égypte, en Tunisie, en Algérie, au Maroc, au Soudan et ailleurs en Afrique du Nord ? » La réalité aussi décevante que dérangeante veut que ce projet ne figure même pas sur la plupart de nos plannings. Peu d'entre nous ont ne serait-ce envisagé d'y penser. Malheureusement, nous avons, pour la plupart, l'esprit tourné ailleurs comme, par exemple, vers la politique de notre église ou comment obtenir davantage de diplômes et de titres. Pourquoi sommes-nous si indifférents ? Face à toutes ces questions, cette conférence, qui se veut stratégique, tombe à point nommé.

Il me semble que le premier défi de cette conférence est de s'engager à remettre en question, et si possible réécrire, notre déclaration de mission et vision actuelles de manière à les adapter au travail missionnaire auquel nous a appelés le Seigneur. Pour ce faire, nous devrions, en premier lieu, prendre appui sur le contexte actuel pour déconstruire notre compréhension des principes autochtones afin de pouvoir être libres de nous engager dans un projet plus synergique qui maintiendra le partenariat proposé. Cette déconstruction ne saurait discréditer pour autant le concept de base qui, en tant que stratégie, a bien rempli sa mission et demeure un héritage de grande valeur. De même qu'il ne saurait être relégué aux archives de l'histoire missionnaire, mais sera plutôt utilisé comme un tremplin pour développer une stratégie plus adaptée au contexte de l'œuvre en cours.

Par conséquent, je vous conjure d'écarter l'idée selon laquelle ce processus doit rester ainsi, à rabâcher des concepts portés sur le « soi », comme « la théologie selon soi » ou « la mission selon soi » comme il en avait été question lors du *EHI* de 1999 au Malawi. Plus nous développerons des « selon soi », plus nous nous enfoncerons dans les abymes de la stagnation missionnelle[ii] d'où nous tentons de nous sortir grâce à l'aide du Saint-Esprit. Nous devons aujourd'hui réfléchir à une méthode missionnelle *dirigée par l'Esprit*.

[ii] Terme récemment utilisé dans le contexte chrétien. Différent du terme « missionnaire » auquel nous donnons une connotation bien précise, ce vocable met en

Pour cela, revenons là où tout a commencé. Ce qui eut lieu dans l'église d'Antioche en Syrie (Actes 13.1-4) ne découle pas d'une stratégie régie selon le soi mais selon le Saint-Esprit. Partons de ce point de départ. Dans son livre *The Move of the Holy Spirit in the 10/40 Window*, Luis Bush, directeur international du Mouvement *AD2000 and Beyond*, explique que les événements qui ont lieu dans le monde arabe à majorité islamique, parmi les bouddhistes en Chine, les hindous en Inde et les animistes d'Asie du Sud, tous situés dans la fenêtre 10/40, est l'œuvre de l'Esprit et non le résultat de principes ou de stratégies fomentés par les hommes. Il y a de fortes chances pour qu'une telle réflexion inspire sur la durée la prochaine génération de dirigeants africains.

C'est pour cela que les Conférences d'Actes 1.8 menées par l'action *Acts in Africa Initiative* donnent le ton et jettent les bases nécessaires pour ramener l'Église à ses sources. Nous craignons que la théologie selon soi ne soit la porte ouverte au syncrétisme et qu'elle brise aussi les liens qui nous lient ensemble, à savoir une doctrine biblique profonde. De la même façon, la mission selon soi, quelle qu'en soit la définition, risque de limiter notre réflexion face à des projets missionnaires locaux qui n'auront que peu ou aucun impact à l'échelle mondiale. Ainsi, les missionnaires appelés et formés dans un tel contexte risquent de développer un esprit borné et de fixer des objectifs individualistes et non internationaux. Ils serviraient ainsi, par défaut, la grande mission et ses mandats selon leur propre définition ou vision de la mission.

EXAMEN CRITIQUE

Compte tenu de ce qui précède, permettez-moi d'examiner de façon critique les propositions de Dick Brogden lors de cette Consultation. Dans son article, il explique comment le début de la Seconde Guerre mondiale en Europe a conduit au redéploiement, en Amérique latine, de missionnaires des Assemblées de Dieu américaines alors rattachés à l'Afrique et à l'Asie. À ce moment de l'histoire, un déploiement de grande envergure des missionnaires en Amérique latine n'était pas à l'ordre du jour de la Division des Missions étrangères des AD. Pourtant, que ce soit en raison de l'histoire ou de la volonté providentielle de l'Esprit, ils se sont retrouvés écartés du peuple qui était leur cible initiale. Brogden se demande si le blocus naval de l'océan Atlan-

---

valeur l'idée de vivre sa foi tout en étant guidé par la mission de Dieu, la *missio Dei*.

tique des Allemands était un accident historique ou un acte divin. Pour ma part, je suis convaincu que c'était un véritable choix de l'Esprit de redéployer les missionnaires des AD américaines en Amérique latine, et non un accident de l'histoire ou un obstacle de Satan.

Un peu plus loin, Brogden aborde le problème des peuples non-atteints et du besoin pour l'Église et ses dirigeants de tenir compte des données établies par les chercheurs missionnaires et les institutions au fil des ans en vue d'une évangélisation mondiale. Le concept des peuples non-atteints mis en avant par les chercheurs professionnels, tel que Ralph Winter et autres membres du Mouvement *AD2000 and Beyond*, a bouleversé la conception de la réflexion et de la pratique missiologiques.

Brogden prétend que de telles données apportent de la clarté et une direction à suivre à la mission, clarté que l'Église se doit de prendre en considération. Qui plus est, Brogden affirme que le Saint-Esprit a le pouvoir d'utiliser ces données pour aider l'Église à mener à bien le projet d'évangélisation mondiale. Il explique que refuser d'admettre cela reviendrait à refuser d'obéir au Saint-Esprit. Ainsi, il met au défi les pentecôtistes récalcitrants qui sont sur la défensive face à ces données. Il affirme même que « résister aux chiffres et aux données revient, en définitive, à résister au Saint-Esprit ». Il nous met en garde, nous autres pentecôtistes, contre l'erreur de tenir le Saint-Esprit responsable de notre propre « déploiement mal réparti » des ressources humaines et financières qui font peu cas des peuples non-atteints du monde entier.

Idée principale

L'idée principale de l'article de Brogden porte sur l'implantation d'églises parmi les musulmans d'Afrique du Nord. Il s'intéresse également au développement de partenariats stratégiques au sein de la CAM/AADA et de l'Action missionnaire des Assemblées de Dieu (États-Unis) dont nous aurions besoin pour avancer dans notre mission. Il émet l'idée selon laquelle notre travail autour de l'implantation d'églises en Afrique du Nord doit progresser par étapes stratégiques successives, avec pour ligne de mire les musulmans non-engagés de la région. Pour ce qui est des types de partenariats, il en cite sept importants qui requièrent chacun une stratégie : (1) Partenaires dans la prière, (2) Partenaires dans la collaboration, (3) Partenaires en équipes, (4) Partenaires dans l'innovation, (5) Partenaires dans la formation, (6) Partenaires dans le leadership et (7) Partenaires dans le sacrifice.

RÉPONSE

Réponse globale

Les voies du Seigneur sont réellement impénétrables (Romains 11.33). N'est-il pas étonnant de découvrir que Dieu S'est servi de missionnaires méthodistes menés par John Perkins, qui arrivèrent au Libéria le 25 décembre 1908, quelque six années avant que ne soient fondées les Assemblées de Dieu aux États-Unis en 1914, pour fonder la première église des Assemblées de Dieu en Afrique ? Il est tout aussi surprenant de découvrir qu'en 1934, la plus grande église des Assemblées de Dieu d'Afrique fut fondée au Nigéria par des membres de l'église *Faith Tabernacle,* lassés de vivre une foi médiocre. La détermination de cette poignée de gens qui recherchaient Dieu et s'accrochaient à la vérité de Ses mots donne lieu aujourd'hui à une Église nationale qui compte plus de trois millions de membres se réunissant dans 15 000 assemblées à travers le Nigéria. Ce n'est que plus tard que l'Église américaine allait être contactée et enverrait des missionnaires au Nigéria. Les voies de Dieu ne sont pas les nôtres, de même que les encouragements du Saint-Esprit et Son programme.

Un nouveau chapitre de la mission africaine est sur le point de s'ouvrir, et Dieu nous a rassemblés ici pour le découvrir en avant-première – la naissance d'un nouveau mouvement missionnaire des AD en Afrique que le Saint-Esprit investit pour achever la tâche d'évangélisation du continent, et au-delà, avant le retour imminent de Christ, notre Seigneur.

Historique

Au début de la Décennie de la moisson des années 1990, les dirigeants de l'AADA se sont réunis pour trouver ensemble des moyens d'évangéliser l'Afrique. À cette époque, ils n'envisageaient pas de former une alliance. Ce qui mena à la formation d'une alliance fut le besoin d'établir un cadre pour coordonner le travail d'évangélisation et d'implantation d'églises des différentes Églises nationales au cours de la Décennie de la moisson (1990-2000). Le Saint-

Esprit encouragea la formation de l'AADA pour donner de l'élan à la moisson. Et c'est ainsi que furent fixés les objectifs nationaux et continentaux dans le but d'implanter des églises, de former des missionnaires et de gagner des âmes.

Plus tard, en 1991, la Commission de l'Action missionnaire fut créée par le pasteur Lazarus Chakwera, président de l'Église nationale des Assemblées de Dieu du Malawi et représentant de l'Afrique australe ; le pasteur Jean-Baptiste Sawadago, directeur des missions des AD du Burkina Faso et représentant de l'Afrique occidentale ; le pasteur Uche Ama, chargé des recherches de l'action Décennie de la moisson au Nigéria et représentant de l'Afrique centrale ; et le pasteur Scott Hanson, missionnaire américain en Tanzanie et représentant de l'Afrique de l'Est. Ces quatre hommes, ainsi que les directeurs régionaux américains, étaient également membres de la Commission internationale des missions émergentes et des peuples non-atteints qui avait été fondée à Londres. Cette organisation allait devenir par la suite la Commission de l'Action missionnaire de l'Association internationale des Assemblées de Dieu [*World Assemblies of God Fellowship Missions Commission*]. Plus récemment, le docteur Enson Lwesya a été nommé président de la CAM/AADA ; le docteur Chakwera, quant à lui, a été élu président de l'AADA. Le pasteur Edward Chitsonga est aujourd'hui responsable des missions en Afrique australe. La CAM est chargée de définir la structure, de développer et de mettre en avant les programmes qui promeuvent la mission auprès des Églises nationales. J'ai la conviction que ce rôle ne consiste pas simplement à superviser mais à mener les troupes ; sa mission est de grande importance.

ANALYSE MOFF[iii]

Avant que la CAM/AADA ne prenne une décision définitive concernant les propositions de Brogden, il est important d'examiner le travail que nous avons accompli jusqu'à présent en tant que représentants du projet missionnaire de l'Alliance, et de redéfinir et de clarifier notre rôle dans ce contexte. En d'autres termes, évaluons les menaces, les opportunités, les forces et les faiblesses (MOFF) qui ont fait de la Commission ce qu'elle est aujourd'hui. Nous devons également évaluer si la Commission possède l'autorité et les ressources suffisantes pour soutenir les propositions de Brogden puisque ja-

---

[iii] Aussi appelée analyse SWOT.

mais une telle requête n'avait été formulée auparavant lors d'une Assemblée générale de l'AADA. Autrement dit, quelle est l'étendue de notre autorité ?

Menaces

La réussite de notre mission doit faire face à certaines menaces, comme par exemple :

1. *La base de données.* Notre inaptitude à fournir, à collecter, à traiter et à partager les dernières informations exactes issues de notre base de données peut constituer une menace à la réussite de notre mission. Ces informations doivent refléter les progrès effectués en temps réel. Nous devons avoir conscience du chemin parcouru, de là où nous en sommes et de ce qu'il nous reste à parcourir. Pour commencer, même un compte *Twitter* ou *Facebook* restreint et mené de façon professionnelle peut servir d'outil de partage. Autrement dit, dépendre des systèmes de collecte et de partage des données extérieures, comme ceux des baptistes du Sud et autres, qui sont parfois truffés d'erreurs, pourrait porter préjudice à l'Alliance et à ses réseaux, y compris à la Commission.

2. *Le système de suivi.* Notre inaptitude à fournir un système de suivi des projets missionnaires et d'implantation d'églises risque de limiter notre efficacité collective face au travail à faire. Les églises et les missionnaires sur le terrain devraient pouvoir faire état de leur progrès à leurs bases et, par la suite, à la famille des AD sur l'ensemble du continent. Ces informations pourraient ensuite servir d'outil de mobilisation pour accroître l'efficacité de la mission.

3. *La base opérationnelle.* Notre inaptitude à posséder une base opérationnelle ou un bureau central chargé(e) de coordonner ou de faire appliquer les décisions de la CAM/AADA représente une autre entrave à une progression efficace. Malheureusement, notre système actuel est un système improvisé, non financé et sans personnel qui repose uniquement sur le bon vouloir des dirigeants ; de ce fait, c'est un système inégal et changeant.

4. *La base de soutien.* Notre inaptitude à avoir un budget financier et des bases de soutien sûres et adaptées qui serviraient à appliquer nos résolutions et à les maintenir représente une autre véritable entrave à notre progression. « Qui jamais fait le service militaire à ses propres frais ? » (cf. 1 Corinthiens 9.7), et c'est pourtant ce que nous tentons de faire. Dans la mesure où il dépend du bon vouloir des dirigeants des Églises nationales de

parrainer des programmes de la Commission, dont cette conférence, le travail n'est pas fait. Qui règle les factures, non pas uniquement celles de cette conférence, mais aussi celles des projets en cours et des programmes à venir ?

5. *La communication.* Enfin, notre inaptitude à entretenir un véritable dialogue avec les communautés de base et à recevoir un retour d'informations de la part des dirigeants, des pasteurs et des membres et des autres actionnaires de l'AADA constitue une entrave aux efforts que nous faisons pour accomplir de grandes choses. Et cela restera ainsi tant que ces questions cruciales n'auront pas été abordées et résolues.

Opportunités

Les opportunités qui s'offrent à nous aujourd'hui sont issues de la Décennie de la moisson, des organismes comme le *Eleventh Hour Institute*, *AG Care*, *AAGA Emergency Relief Agency*, le Séminaire théologique panafricain et d'autres organismes théologiques des AD à travers toute l'Afrique. Sont concernées également la campagne menée en faveur de la Décennie de la Pentecôte de l'AADA, les Conférences d'Actes 1.8 et les *Schools of the Spirit* organisées à travers toute l'Afrique grâce au travail de l'action *Acts in Africa Initiative*. Il existe également de nombreux autres réseaux, conférences, rassemblements et forums internationaux. Nous devrions examiner toutes ces opportunités ainsi que toute autre possibilité de rapprochement et de partenariat. Nous avons également la capacité de créer de nouvelles opportunités stratégiques, comme celles proposées par Brogden.

Forces

Les forces de la Commission reposent sur la mission qui lui a été confiée par l'Alliance elle-même. Si l'Alliance n'a pas la force nécessaire pour mobiliser ses membres, alors c'est la Commission elle-même qui en sera affectée puisque sa force ne peut excéder celle du corps qui l'a créée. Par conséquent, la capacité de la Commission à faire avancer les Assemblées de Dieu d'Afrique repose directement sur l'Alliance elle-même. Néanmoins, la Commission pourrait gagner en force en développant des modes opératoires qui devront être ratifiés par le leadership de l'AADA, qu'il s'agisse d'une constitution bien articulée, d'un plan d'action pour la Décennie de la Pentecôte

(2010-2020), d'un système opérationnel doté d'une base opérationnelle ou de la nomination d'un directeur exécutif ou d'un(e) secrétaire à plein temps.

Faiblesses

Nos faiblesses reposent sur le fait que la bonne entente qui peut parfois exister entre certains dirigeants de l'AADA et certains dirigeants nationaux ne s'est pas encore propagée jusque dans les communautés de base. Par exemple, aucun congrès international parrainé par l'AADA n'a jamais eu lieu jusqu'à présent. Peut-être cela provient-il du fait que nous ne nous considérons pas encore comme un seul et même peuple pourvu du même objectif et d'une même tâche. Nos dirigeants pourraient nous aider à cela en prenant conscience, par exemple, que nombreux sont les membres qui souhaiteraient avoir plus de relations les uns avec les autres. Même s'il existe une véritable stratification multilinguistique et multiculturelle sur notre continent, ce qui représente un grand défi, la Commission doit tout faire pour renforcer notre capacité à interagir les uns avec les autres, pas forcément en organisant davantage de conférences, mais en proposant davantage d'ateliers pratiques autour de la mission et d'activités qui importent à nos Églises nationales des AD. Il y a, par exemple, le travail que poursuivent les AD du Nigéria (anglophone) au Gabon (francophone) au travers du projet REAP de l'Alliance des Assemblées de Dieu d'Afrique centrale (AADAC). Un autre exemple est la fusion qui a eu lieu en 2007 à Libreville entre les assemblées missionnaires du Nigéria au Gabon et les AD gabonaises. Lors de cette fusion, cinq assemblées nigérianes ont été officiellement cédées à l'Église des AD du Gabon.

Un signal d'alarme

J'ai la conviction que la révolution actuelle du monde arabe et la signification prophétique de ces événements sont un signal d'alarme pour l'Église, déclarant ainsi que « les champs déjà blanchissent pour la moisson » (Jean 4.35). Le Seigneur de la moisson soulève ces nations qui étaient auparavant fermées à l'Évangile. Nous devons, dans un esprit de prière, chercher les réponses de l'Esprit à des questions comme : « Qu'est-ce que Dieu est en train de nous dire à travers ces révoltes successives de ces jeunes générations à l'encontre du pouvoir autocratique du monde arabe ? » et « Pourquoi ces jeunes s'opposent-ils avec tant d'ardeur au statu quo ? » et « Comment se fait-il que leurs efforts paient autant malgré l'immense prix à payer ? » Ce qui est en train de se passer dans le monde arabe, c'est la sonnette d'alarme qui retentit en vue de l'avancée du royaume. Nos prières ne sont plus : « Seigneur, ouvre les portes du monde musulman », car ces portes sont désormais ouvertes à notre génération, et ce, après avoir été fermées depuis le huitième siècle. L'article de Brogden sert véritablement de sonnette d'alarme pour l'Église africaine. Aurons-nous la volonté d'y répondre en toute obéissance ?

Les propositions de Brogden

Si je comprends bien, le frère Brogden nous propose d'adopter les stratégies suivantes :

1. Concentrer notre travail d'implantation d'églises sur le peuple musulman d'Afrique du Nord en établissant des priorités et des étapes stratégiques définies et en répartissant les tâches à partir d'un programme prédéterminé.

2. Créer des partenariats stratégiques à travers la prière, la collaboration et le travail d'équipe, faisant preuve d'innovation dans les affaires, les ressources humaines et le perfectionnement des dirigeants.

3. Édifier notre conception à venir de la mobilisation, de l'information et de la répartition des effectifs en ayant conscience que ces derniers paieront peut-être le prix ultime du martyr. Si cela arrivait, l'Église doit avoir le courage, la détermination et l'engagement logistique de remplacer ces « héros de la foi » sans laisser place au découragement.

Autres recommandations

Même si les propositions de Brogden se veulent stratégiques et tombent à point nommé, il semble avoir ignoré certains défis continentaux de la moisson africaine dont nous devrions tenir compte avant de nous attaquer exclusivement aux défis que représentent les nations islamistes de l'Afrique du Nord. S'il est vrai qu'observer les peuples non-atteints selon la perspective des groupes religieux, notamment celle du groupe islamiste d'Afrique du Nord, est quelque peu astreignant, il peut s'avérer bien plus utile de les considérer en fonction de leurs convictions socioéconomiques, culturelles et politiques. Ce ne sont pas les forces des convictions religieuses qui sont à l'origine des révolutions qui éclatent dans toute l'Afrique du Nord et le Moyen-Orient. Ce sont plutôt les gens qui ne supportent simplement plus leurs conditions économiques et sociopolitiques, et qui souhaitent un changement, un changement dont la démocratie pourrait être la clé.

Si nous nous rendons en Afrique du Nord et disons : « Salut, vous êtes musulmans et nous sommes chrétiens, et nous sommes venus vous enseigner nos convictions religieuses », alors nous signons là notre arrêt de mort et nous devons nous attendre inévitablement à devenir des martyrs. En revanche, si nous prêtons attention à leurs aspirations socioéconomiques et politiques et proposons, au nom du Christ, des solutions intelligentes à leurs aspirations les plus profondes, alors notre mission aura plus de chances de porter ses fruits. Par ailleurs, les musulmans ne se trouvent pas uniquement en Afrique du Nord. En réalité, il y a plus de musulmans au sud du Sahara qu'au nord. Donc, c'est le continent dans son ensemble que nous devrions passer au crible pour voir si les champs sont prêts pour la moisson. Examinons, par conséquent, tous les défis que soulève la moisson en Afrique et, à l'aide du Saint-Esprit, déterminons les endroits où déployer nos ressources humaines. Personne ne doit être oublié.

Permettez-moi à présent d'aborder les deux défis les plus urgents ; les autres seront publiés prochainement dans le magazine trimestriel, *Acts 1:8 International Magazine*.

LES DÉFIS DE LA MOISSON EN AFRIQUE

L'expansion idéologique de l'islam en Afrique

Le numéro 2010 d'*Operation World* nous révèle que les communautés islamistes représentent 41,47 % de la population africaine qui compte plus d'un milliard de personnes et augmentent de 2,4 % par an. En clair, chaque jour, en Afrique, près de 28 165 personnes deviennent musulmanes, que ce soit par la naissance ou par conversion. Cela représente plus d'un million d'âmes par an. Autrement dit, chaque seconde, on compte huit musulmans de plus en Afrique ! En se basant sur les djihadistes islamiques de Somalie, du nord du Nigéria et du nord-est du Kenya, *Operation World* souligne qu'en Afrique, l'islam se manifeste souvent par une extrême violence. Nous avons donc la responsabilité d'étudier et de développer des stratégies qui traitent cette violence perpétuelle qu'engendre l'expansion islamique à travers le continent et s'y opposent. Aucune institution, y compris les Nations Unies, ne parvient à faire face à ce problème, seule l'Église en a la capacité. Elle seule, par la puissance de l'Évangile, du Saint-Esprit et la vie de Christ que nous leur présentons, a le pouvoir divin de limiter les excès des « fils d'Ismaël ».

Les peuples non-atteints à travers toute l'Afrique

Les musulmans d'Afrique forment divers peuples. D'après le Projet Joshua, parmi les peuples non-atteints du centre et de l'ouest de l'Afrique, 112 sont musulmans et comptent une population d'environ 21 millions de personnes, parmi lesquels 87 n'ont jamais entendu parler de l'Évangile. De même, dans l'est et le sud-est de l'Afrique, on dénombre 32 peuples islamiques non-atteints qui comptent 16,5 millions de personnes. En outre, il existe d'autres groupes-clés non-atteints qui se répartissent dans plusieurs pays à majorité islamique. Ces groupes ont toujours eu un impact sur la vie des autres musulmans du continent. Ce sont ces immenses groupes qui devraient figurer en tête de nos priorités. Il s'agit des Arabes et des Berbères du nord de l'Afrique, qui comptent respectivement 210 millions et 18 millions de personnes. Ces peuples arabes s'étendent de l'ouest de la Mauritanie à l'est de l'Égypte. Ils se composent de 2,5 millions de Touaregs et 32,4 millions d'Haoussas au Nigéria et dans d'autres pays. Au Kenya, par exemple, on compte 25 peuples islamiques non-atteints, ce qui correspond à 4,2 millions de personnes. Seul cinq de ces groupes – qui représentent moins de 20 % – ont reçu une forme quelconque d'évangélisation.

Prenons, par exemple, le peuple Kanuri du Nigéria, qui compte 6,9 millions de personnes. L'histoire de leur développement et de leur implantation remonte au septième siècle après Jésus-Christ. Ils se sont aujourd'hui étendus jusqu'au Niger, au Tchad, au Cameroun et même dans une partie de la Lybie. Un autre groupe-clé est le peuple nomade des Peuls (Fulbes). C'est un peuple qui se déplace sans cesse, et leur religion a influencé de nombreuses régions, y compris le nord, l'ouest et le centre de l'Afrique. Ce méga-groupe, qu'on appelle également le peuple Fula, est le plus important de la région. Son influence s'étend jusqu'en Mauritanie, au Sénégal, en Gambie, à la Guinée Bissau, à la Guinée, au Mali, au Burkina Fao, en Sierra Léone, au Liberia, à la Côte d'Ivoire, au Ghana, au Togo, au Bénin, au Nigéria, au Niger, au Tchad, en République centrafricaine, au Cameroun et au nord du Soudan. Ils sont, en grande partie, à l'origine de l'expansion de l'islam dans ces pays. Ce sont eux que nous devons cibler. Voici les autres défis à prendre en compte dans notre projet d'évangélisation de l'Afrique :

- Des mégapoles qui s'étendent de plus en plus sans présence adéquate des AD pour leur annoncer l'Évangile
- La pénurie de nourriture et le manque d'efforts concernant la sécurité alimentaire
- L'illettrisme et le manque de structures éducatives
- Des traductions de la Bible nécessaires face à l'ensemble complexe des quelque 3 200 peuples ethnolinguistiques autochtones
- Les problèmes de toxicomanie, de sévices à l'enfant et de trafic des jeunes filles
- Les ravages du sida, du paludisme et de la tuberculose
- Le syncrétisme et le nominalisme
- Le nationalisme et les conflits ethniques
- La rébellion des jeunes, les cultes et l'occultisme qui se pratiquent au sein des universités
- Des principes et des stratégies d'implantation d'églises autochtones de mauvaise qualité et « portés sur le soi »
- Une pauvreté et un futur socioéconomique en déclin pour bon nombre d'Africains
- Des infrastructures inexistantes ou qui se délabrent
- Une atteinte à la démocratie et aux gouvernements intègres, cupidité et corruption

CE DONT NOUS AVONS BESOIN POUR ALLER DE L'AVANT

Des institutions et des structures solides

Lors d'une récente visite à Accra, au Ghana, le président Barack Obama a déclaré que pour pouvoir survivre, ce n'était pas d'hommes plus solides dont l'Afrique avait besoin, mais d'institutions et de structures plus stables. Lorsque nous nous trouvons face au travail qu'il nous reste à faire aujourd'hui, nous pouvons en dire de même pour les Assemblées de Dieu d'Afrique. Nos plus grands besoins n'ont pas besoin des plus grands théologiens, politiciens et orateurs. Nos plus grands besoins pour accomplir notre tâche nécessitent de solides institutions et structures qui perdureront au-delà des grands hommes et constitueront une base opérationnelle stable pour la prochaine génération de dirigeants missionnaires. Je pense, par exemple, à des universités bibliques qui proposent une approche et des programmes missionnaires. Ces structures doivent posséder des départements consacrés à la mission et menés par des personnes engagées qui ressentent un véritable appel à la mission. Nous devrons ensuite nous assurer que ces structures et institutions répondent aux normes de qualité prédéfinies. La Commission ici présente pourrait nous aider à définir ces normes.

Clarifier la tâche

Tandis que nous entamons la Décennie de la Pentecôte, nous nous devons d'examiner avec sérieux les informations ayant trait à la mission qui nous proviennent de sources non-pentecôtistes concernant les groupes classés à tort dans les catégories « atteint » ou « non-atteint ». Dans certaines régions africaines, des membres issus de cultes quasi chrétiens ont été répertoriés comme « atteints » par l'Évangile, comme, par exemple, certains groupes soi-disant « évangéliques » dont les diacres, les aînés et même parfois les pasteurs prennent part à des pratiques occultes. Qu'entendons-nous donc, du point de vue de la mission évangélique, par *peuple atteint* par l'Évangile ? Il est malheureux de constater que ce sont les non-pentecôtistes qui élaborent les définitions que nous utilisons pour évaluer les activités pentecôtistes.

À titre d'exemple, lors de la dernière conférence de Lausanne qui s'est tenue à Cape Town, certains de mes collègues de la branche évangélique non-pentecôtiste ne connaissaient même pas la position pentecôtiste traditionnelle concernant le sens du baptême dans le Saint-Esprit. Pourtant, ce sont ces mêmes personnes qui nous disent qui est « atteint » et qui ne l'est pas, critère à partir duquel nous mesurons les étapes qui restent à franchir pour accomplir la grande mission. Sur ce point, nous devons définir notre point de vue pentecôtiste avec davantage de clarté. Un tel projet pourrait aboutir à un remaniement du classement proposé par le Projet Joshua et à un transfert des peuples considérés comme « atteints » dans la catégorie « non-atteints ».

Un partenariat stratégique

Nous avons désespérément besoin de poser les bases d'une synergie entre les Églises nationales de la famille de l'AADA au sein de nos Assemblées africaines. « Deux hommes marchent-ils ensemble, sans en être convenus ? » (Amos 3.3) et même lorsqu'ils en conviennent, parviendront-ils à travailler efficacement si le Saint-Esprit ne survient pas sur eux (Actes 1.8) ? Malheureusement, les quelques rencontres qui ont eu lieu entre les dirigeants de l'AADA ne tenaient aucun compte des besoins des communautés de base. Je vous propose d'organiser une conférence internationale au sein d'une AD africaine qui réunira l'ensemble des dirigeants de l'Église, et ce, à tous les niveaux. Cette conférence pourrait ressembler à celle de Cape Town 2010 parrainée par le Comité de Lausanne sur l'évangélisation mondiale ou la conférence organisée par l'organisation *Movement for Africa National Initiative* à Abuja, au Nigéria, en septembre dernier. Nous pourrions ainsi faire part, à nos pasteurs et dirigeants laïques, des opportunités que nous avons, en tant que grande famille des AD africaines, pour évangéliser ce continent et plus encore. Le Dr Enson Lwesya, président de la CAM/AADA, a avancé l'idée d'une telle conférence à l'échelle du continent comme d'une suite au rassemblement d'aujourd'hui. Nous devons à présent passer de la simple évocation à une concrétisation de ce projet.

Pour faire aboutir ce projet, l'ensemble de la famille mondiale des AD doit collaborer et nous soutenir. Certains dirigeants et membres issus de pays et de familles pauvres auront peut-être besoin d'être parrainés. En plus des conférences, nous devons instaurer le partenariat comme un mode de vie permanent au sein de l'Église. Ce projet ne nécessite pas forcément une décision de la part des dirigeants de l'AADA ; cependant, nous devons commencer quelque part. J'ai participé à deux programmes qui ont abouti grâce à une synergie commune : la Décennie de la moisson et le Projet REAP.

Au cours de la Décennie de la moisson (1990-2000), les Assemblées de Dieu du Nigéria ont eu idée d'associer les églises par paire et de les envoyer aux abords de leur zone d'influence tout en demandant, dans le même temps, aux dirigeants concernés de soutenir leur projet. Grâce à cela, nous avons réussi à nous introduire parmi plus de cinquante peuples au Nigéria. Lorsque l'Alliance des Assemblées de Dieu d'Afrique centrale (AADAC) a lancé la Mission Gabon dans le cadre du projet REAP (*Rapid Evangelization of Africa*

Peoples ou Rapide évangélisation de l'Afrique et de ses peuples), le département des missions de l'AADCA a entrepris, avec le soutien du comité exécutif, l'édification de 22 nouvelles églises parmi les groupes les plus pauvres du Gabon. Les AD du Nigéria ont elles-mêmes édifié neuf églises. D'autres Églises nationales ont fait de même pour trois, deux ou une église(s). Ce projet est toujours en cours, et des églises continuent de voir le jour au Gabon.

Communication et partage de l'information

En outre, les AD d'Afrique ont besoin de développer et d'utiliser les technologies de l'information pour transmettre avec davantage d'efficacité l'Évangile du royaume et pour partager les informations entre elles. Il ne viendrait pas à l'idée d'entreprises respectables aujourd'hui de ne pas avoir recours aux technologies de l'information pour communiquer. Il en est de même pour les affaires du royaume qui doivent impérativement tirer parti de l'avantage technologique que leur procurent Internet et d'autres moyens de communication. Quelqu'un a bien dit : « Ce n'est pas la technologie qui évangélisera l'Afrique, mais c'est le Saint-Esprit », et je suis entièrement d'accord ! Toutefois, de telles déclarations émises lors de conférences risquent de dissuader les personnes présentes de demander au Saint-Esprit de leur fournir les outils technologiques qui leur serviraient pourtant à optimiser leur travail. De même que nous avons recours à la technologie des automobiles et des avions pour évangéliser le monde, nous devons également utiliser les technologies de l'information dont nous disposons. Nous avons tous reçu un message électronique qui nous invitait à prendre part à ce rassemblement et nous faisait part de son déroulement. De même que la plupart d'entre nous vérifient leurs courriers électroniques aujourd'hui et regardent le bulletin d'informations à la télévision pour s'informer des nouvelles dans le monde, nous devons exploiter ces ressources et autres outils technologiques pour apporter l'Évangile aux nations. Nous devons sensibiliser et former les technocrates pour répondre à ce besoin essentiel. Les AD d'Afrique ont besoin de créer une chaîne de télévision à l'échelle continentale. Nous devons posséder un portail web dynamique et dernier cri avec une gestion des contenus efficace dans le but de coordonner et de partager nos informations et notre influence.

Autres points

Les autres points à aborder sont les suivants :

- Revoir notre philosophie actuelle en matière de formation et réorganiser les programmes et méthodes scolaires bibliques en vue d'une plus grande mobilisation et formation missionnelle que requièrent les objectifs et les projets de la Décennie de la Pentecôte.
- Promouvoir le développement des entreprises et instaurer des actions sociales consacrées au développement de projets de type « business – mission ».
- Adopter et étendre les propositions de Dick Brogden pour y inclure les défis autres que musulmans.
- Développer un plan d'action holistique pour la mission, adopter et « pentecôtiser » la philosophie de la Conférence de Lausanne 2010, l'engagement 2010, qui prônait la prise d'engagements véritables.
- Organiser les dirigeants et les réseaux de l'AADA afin qu'ils soutiennent et mettent en place un plan d'action lors d'une séance extraordinaire organisée spécialement dans ce but.
- Bâtir un Centre missionnaire international afin de coordonner l'ensemble du travail de manière efficace.
- Promouvoir les publications numériques et imprimées ainsi que les réseaux d'information dans le but de mobiliser toutes les strates de l'organisation.
- Inspirer et permettre aux jeunes et aux laïques d'avoir accès à un réseau à l'échelle du continent.
- Passer en revue les mécanismes politiques des structures dirigeantes et du développement des AD d'Afrique.
- Intégrer la Décennie de la Pentecôte à l'ensemble du plan d'action et développer des groupes d'études autour des soutiens et des conseils stratégiques.

CONCLUSION

En résumé, j'adhère largement à l'esprit et à l'élan des propositions de Dick Brogden, car j'ai la conviction qu'elles sont stratégiques et tombent à point nommé. Toutefois, avant de nous concentrer exclusivement sur un seul défi missionnel en Afrique, il est essentiel de jeter un regard global sur l'ensemble des défis. Nous devons sonder en profondeur chaque décision avant de la mettre en place. Nous serons, par conséquent, amenés à devoir gérer des problèmes, au sein et en dehors de la famille de l'AADA, qui pourraient compromettre le bon déroulement du projet. C'est pour cela que je ne me contente pas d'une simple réponse aux propositions de base de Brogden. Si nous nous lançons dans un programme de grande envergure, comme celui proposé par Brogden, il faudra que les dirigeants de l'AADA, ainsi que ses églises membres, décident d'un commun accord de soutenir le projet. Au cours de cette Décennie historique de la Pentecôte, notre objectif sera de « remettre la maison des AD en ordre » par la puissance de l'Esprit, et j'ai la conviction que nous serons fin prêts à nous lancer dans ce projet dès la fin de cette Consultation !

Implanter des églises parmi les peuples non-atteints : Analyse de l'article de Dick Brogden

ANDREW MKWAILA

INTRODUCTION

Dick Brogden jette les bases missiologiques de ses propositions ; en effet, il avance l'idée selon laquelle, en tant que pentecôtistes convaincus que le Saint-Esprit est à la tête de notre mouvement missionnaire, il est essentiel de tenir compte des données concernant les peuples non-atteints. En fait, ces données parlent d'elles-mêmes : 300 millions de musulmans en Afrique. L'AADA n'a pas d'autre choix que de prendre au sérieux l'intérêt du Saint-Esprit pour ces Peuples musulmans non-atteints (PMNA) du continent et du monde entier. À partir de ce constat, Brogden présente neuf propositions spécifiques qui, si elles étaient adoptées, formeraient une infrastructure d'action ciblée et commune d'implantation d'églises auprès des PMNA d'Afrique du Nord, action réalisée par l'AADA et l'Action missionnaire des AD, et ce, dès 2013.

VIABILITÉ DES PROPOSITIONS

La proposition-clé de l'article de Brogden est la 2e proposition. Toutes les autres propositions découlent de celle-ci ; elles pourront alors soit être approuvées dans leur intégralité, ou en partie seulement, ou bien modifiées en grande partie. Ainsi, l'analyse ici présente s'intéresse essentiellement à cette proposition-clé qui stipule l'idée suivante : « Être un peuple missionnaire qui partage la passion de Dieu pour le monde entier tout en Le laissant nous guider dans nos priorités et dans le déroulement des opérations. Concentrons-nous d'abord sur les peuples musulmans non-engagés de la Mauritanie, du Maroc, de l'Algérie, de la Tunisie, de la Lybie, de l'Égypte, du nord du Soudan et de la Somalie. »

Valider cette proposition implique deux points : que l'AADA accepte que notre travail soit principalement ciblé sur les peuples non-atteints de confession musulmane, et que l'AADA accepte que ce projet en faveur des peuples musulmans ne concerne pas les PMNA de l'Afrique subsaharienne. En admettant que ces hypothèses soient exactes, je vous propose trois pistes de réflexion.

RÉFLEXIONS

Réflexion 1 : le choix du terrain

Le fait que Brogden présente un aperçu des étapes concrètes à franchir est un point positif. En proposant de cibler les PMNA, j'ai la conviction que sa proposition s'en trouve renforcée dans la mesure où il soulève deux questions : (1) Le Saint-Esprit interpelle-t-il ou parle-t-il à l'AADA au sujet d'un ou de plusieurs terrain(s) spécifique(s) au sein duquel Il désire qu'elle œuvre dès aujourd'hui (Actes 16.6-9) ? (Ces terrains figurent peut-être déjà parmi ceux que Brogden évoque. Peut-être les a-t-il déjà tous cités. Si tel n'est pas le cas, pas de problème.) (2) Parmi ces PMNA d'Afrique du Nord et d'ailleurs, certains ont-ils déjà montré quelques signes d'ouverture ? Si tel est le cas, ils devront être traités en priorité.

La principale raison qui nous pousse à procéder ainsi est de tirer avantage de ces opportunités d'ouverture dans le but de récolter la moisson qui est à portée de nos mains au sein des PMNA. De plus, ce projet organisé par l'AADA est sur le point de prendre son envol ; il est donc important pour sa pérennité que les églises qui envoient des missionnaires aient vent des victoires remportées, même si elles sont rares et même si les missionnaires sont surtout confrontés à un dur labeur, aux difficultés et ne récoltent, en apparence, que très peu de fruits. Nous aimerions penser que nos églises possèdent une spiritualité et une maturité suffisantes pour continuer d'envoyer et de soutenir le travail de leurs missionnaires, quels que soient les résultats. Pourtant, nous devons avoir conscience que cela demande une grande réflexion et une communication permanente. Si l'une de ces huit équipes d'implantation d'églises parvenait à obtenir quelques résultats positifs (comme des conversions ou la mise en place de réunions), cela contribuerait grandement au travail de communication qui inciterait les églises de l'AADA à envoyer leurs missionnaires.

Réflexion 2 : une démarche graduelle

Si l'on tient compte de la période de formation de deux ans et en partant du principe que les six étapes que prône Brogden seront approuvées dans leur intégralité et se succèderont les unes après les autres, au final, le déploiement des missionnaires de l'étape 6 aura lieu vers 2025 environ. Les réalités du terrain évoluent si vite qu'il est peu probable que le plan de déploiement adopté en 2011 soit suivi à la lettre les 14 années suivantes. Pourtant, plutôt que de renoncer à l'ensemble du projet en six étapes, l'AADA pourrait régulièrement réexaminer les méthodes et les différents terrains, et prendre des décisions fermes concernant les terrains spécifiques avec deux années d'avance par rapport aux sessions de formation des missionnaires pour les terrains en question.

Réflexion 3 : les finances

La première étape du déploiement de 2013 consiste à envoyer huit équipes missionnaires des Églises nationales membres de l'AADA et huit missionnaires de l'Action missionnaire des AD. Chaque couple missionnaire de l'AADA devra être financé par son église. Il est néanmoins important que ce point soit clairement approuvé par les églises de l'AADA elles-mêmes. Même si cela demandera, de la part de chacune des églises impliquées, des efforts et une grande mobilisation, c'est là un objectif réalisable. Peut-être est-il nécessaire également de stipuler clairement en tête du projet que le budget mensuel de 2 000 $ est un montant minimum proposé, mais que certains terrains nécessiteront d'un budget plus élevé de la part de l'église qui envoie ses missionnaires.

En outre, la participation financière des Églises nationales membres de l'AADA qui n'envoient pas d'équipe missionnaire en Afrique du Nord n'est pas clairement stipulée, en particulier lors de la première étape du projet. Peut-être que les Églises nationales qui n'envoient pas tout de suite de couples missionnaires devraient participer au financement du projet. Brogden propose à l'Action missionnaire des AD de superviser la collecte de fonds, mais nous pourrions élargir le champ de participation, et ce, dès les premières étapes du projet.

L'universalisation de la Pentecôte en Afrique : Quelle dynamique adopter pour mettre en valeur la Pentecôte et la mission en Afrique et au-delà ?

DENZIL R. MILLER

INTRODUCTION

L'objectif de ce sommet, tel que je l'interprète, est non seulement de s'intéresser au rôle que jouent les Assemblées de Dieu d'Afrique pour transmettre à tous les Africains, et autres peuples qui ne l'ont pas encore découvert, l'Évangile de Christ qui chamboule les vies, et ce, avant Son retour imminent, mais également de proposer une direction à suivre. On m'a demandé de présenter cet article sur « L'universalisation de la Pentecôte en Afrique : Quelle dynamique adopter pour mettre en valeur la Pentecôte et la mission en Afrique et au-delà ? » Je commencerai par définir quelques termes :

Tout d'abord, cet article traite de l'universalisation de la Pentecôte et de la mission en Afrique et au-delà. Attention à ne pas confondre le terme « universalisation » tel qu'il est employé dans cet article, avec le concept de mondialisation – même si la mondialisation a, il va sans dire, des répercussions sur la contribution de l'Afrique à la mission. En fait, lorsque nous parlons de l'universalisation de la Pentecôte et de la mission, nous nous intéressons à l'objectif et à la cible du mouvement missionnaire émergent au sein des Assemblées de Dieu d'Afrique. Cet objectif cible l'ensemble de l'Afrique ainsi que le bassin de l'océan Indien, y compris l'Afrique du Nord. L'objectif missionnaire de l'Afrique ne se limite cependant pas aux côtes africaines ; il s'étend à l'ensemble des nations dans le monde ou, pour reprendre les dernières paroles de Jésus, « jusqu'aux extrémités de la terre ».

Selon la pure tradition pentecôtiste, les Africains doivent se tenir prêts à se rendre, sans aucune réserve, là où le Saint-Esprit les envoie. L'Histoire nous a montré que lorsqu'un mouvement missionnaire se limite à un seul peuple, un seul lieu ou une seule région du monde, sa vision s'en trouve affaiblie. Non seulement les autres nations sont écartées, mais l'efficacité de l'Église dans cette partie ciblée du monde est très mitigée. Depuis leur création, les Assemblées de Dieu considèrent le monde comme leur paroisse et il n'en serait être autrement pour l'Église d'Afrique. L'universalisation de la Pentecôte et de la mission en Afrique et au-delà est donc l'universalisation de la mission investie et dirigée par le Saint-Esprit pour tous les hommes, tous les peuples et en tous lieux.

Universaliser implique donc que notre objectif de mission doit se porter sur *tous les hommes* et *tous les peuples*, ou, pour reprendre les paroles de Jésus, sur « toute la création » (Marc 16.15) et « toutes les nations » (Matthieu 28.19). Menés par le Saint-Esprit, nous devons continuer à cibler activement les sociétés et les personnes réceptives, où qu'elles soient, mais nous ne devons pas ignorer pour autant les endroits sensibles. Nous devons trouver la dynamique, c'est-à-dire agir avec une grande audace et volonté, pour cibler les peuples d'Afrique, du Moyen-Orient et d'ailleurs qui n'ont pas encore été atteints. L'Église d'Afrique doit voir les choses de façon globale, certes, mais sa mission doit tout de même rester centrée sur les besoins de rédemption de l'Afrique elle-même pour des raisons pratiques et pour répondre aux besoins, en particulier de ceux qui n'ont pas encore été atteints par un mouvement missionnaire investi de l'Esprit.

En outre, l'idée d'universaliser la Pentecôte et la mission en Afrique et au-delà s'applique également aux églises qui envoient des missionnaires. Nous appelons donc l'ensemble des cinquante Églises nationales membres de l'AADA en Afrique à prendre des mesures immédiates et définitives qui prônent et mènent à expérimenter une effusion de la Pentecôte nationale au sein de leurs églises en préparation de l'ardente mission auprès de ceux qui n'ont pas encore entendu parler de l'Évangile. Un des objectifs de l'AADA pour cette Décennie de la Pentecôte est de convaincre les 806 peuples non-atteints (selon le Projet Joshua) situés en Afrique subsaharienne d'ici 2020. Toutes les Églises nationales membres de l'AADA sont donc invitées à prendre part au projet de manière active et à collaborer ensemble de façon innovante et créative.

Dieu a décidé de faire vivre aux AD d'Afrique un moment historique. Avec ses 16 millions de membres qui se réunissent dans 65 000 Assemblées de Dieu en Afrique et dans le bassin de l'océan Indien, son potentiel est considérable. En tant que peuple missionnaire de Dieu, nous nous devons de saisir l'occasion. Par la puissance du Saint-Esprit, nous devons agir vite afin de proclamer la souveraineté de Christ dans toute l'Afrique et au-delà.

Par ailleurs, notre défi est d'universaliser la *Pentecôte* et la mission en Afrique et au-delà. Notre mission en Afrique se veut non seulement universelle mais, comme cela est précisé plus haut, elle doit s'inscrire dans la pure lignée pentecôtiste. Cet article définit clairement le terme *Pentecôte* comme la panoplie complète d'une connaissance, d'un enseignement, d'une expérience biblique et d'une approche propre à l'Église de la Pentecôte – qui s'engage spécifiquement à remplir la *missio Dei*. Le terme *Pentecôte* renvoie donc aux critères à posséder pour être véritablement pentecôtiste selon le modèle de la vie et du ministère de Jésus et des disciples du Nouveau Testament.

D'un point de vue biblique, la Pentecôte a pour objectif la mission, et la mission a pour dynamique la Pentecôte. L'enseignement de Jésus sur la Pentecôte était lié de manière intrinsèque à la mission. Lors de Sa dernière promesse à Son église, Il a clairement défini l'objectif principal de la Pentecôte : « Mais vous recevrez une puissance, le Saint Esprit survenant sur vous, et vous serez mes témoins à Jérusalem, dans toute la Judée, dans la Samarie, et jusqu'aux extrémités de la terre » (Actes 1.8). En tant que pentecôtistes, le livre des Actes possède non seulement un caractère sacré, mais il nous sert également aujourd'hui de plan directeur rédigé par Dieu, plan d'où l'on puise stratégies et méthodes pour mettre en œuvre la mission. Nous considérons donc le livre des Actes comme un plan stratégique de l'Esprit pour faire avancer le royaume de Dieu, plan qui ne s'adresse pas seulement à l'Église primitive, mais à toute l'Église de l'âge de l'Esprit jusqu'au retour prochain de Jésus.

Enfin, nous voulons trouver la *dynamique* nécessaire pour mettre en valeur la Pentecôte et la mission en Afrique et au-delà. En cette décennie mémorable, nous autres, pentecôtistes d'Afrique, avons décidé de ne pas rester les bras croisés en espérant passivement qu'émerge de nos Assemblées de Dieu d'Afrique, et ce, de façon providentielle, un mouvement missionnaire puissant investi et dirigé par le Saint-Esprit. Le cœur rempli d'audace et d'ardeur, nous avons décidé de choisir la destinée qui a été ordonnée par Dieu. Plutôt que de répondre de façon rétroactive aux forces spirituelles, économiques et sociales qui nous entourent, nous poursuivrons avec dynamisme la *missio Dei* au moyen de la puissance du Saint-Esprit. Le cœur rempli d'espoir, tel un marin qui prend la mer pour se lancer dans un nouveau voyage, nous hisserons les voiles poussées par le vent dominant de l'Esprit. Pleins de conviction et de persuasion, nous prêcherons et enseignerons la mission divine. Nous prônerons avec ardeur et prierons pour qu'ait lieu une nouvelle effusion de la Pentecôte puissante sur l'ensemble du continent. Puis, le cœur rempli de courage, nous recruterons des missionnaires et mobiliserons les églises pour qu'elles envoient des missionnaires investis de l'Esprit auprès des peuples et des personnes non-atteints en Afrique et au-delà.

UN MODÈLE DE MISSION DYNAMIQUE

Nous cherchons un modèle à suivre pour notre mouvement missionnaire qui est en train de voir le jour au sein des Assemblées de Dieu d'Afrique, mais pour lequel opter ? Nous sommes tentés de choisir ceux qui ont été utilisés avant nous. Pourtant, même si nous avons beaucoup à apprendre de la part de ceux avec qui nous avons collaboré pendant de si nombreuses années, il est peut-être temps aujourd'hui de revenir au schéma missionnaire qu'utilisaient Jésus et Ses apôtres. Après tout, notre contexte social ne partage-t-il pas plus de points communs avec le leur qu'avec celui de nos collaborateurs missionnaires occidentaux ? Ces missionnaires du premier siècle avaient grandi dans des sociétés colonisées, marginalisées et appauvries. Malgré cela, ils s'étaient, à juste titre, sentis appelés et mandatés par Dieu, et leur obéissance inébranlable et bouillonnante à l'égard de l'autorité de Christ qui les appelait à être investis de l'Esprit les a menés à changer le cours de l'Histoire humaine.

Je propose donc que le ministère de Jésus et de Ses apôtres tel qu'il est décrit dans les évangiles et le livre des Actes devienne le modèle à suivre pour les missionnaires d'Afrique. Je vous encourage à prier et à méditer sur les Écritures, en particulier sur le livre des Actes des apôtres ; vous y découvrirez un modèle véritablement inspiré de la Pentecôte pour nos projets missionnaires. Qu'entendons-nous par trouver une dynamique qui nous incite à adopter un modèle de mission inscrit dans la lignée pentecôtiste en Afrique et au-delà ? Mon propre concept de ce modèle de mission comprend quatre points essentiels :

Porter un regard pentecôtiste sur la mission

Notre modèle de la mission doit avant tout s'inspirer exclusivement du concept pentecôtiste de la mission. Nous devons donc trouver la dynamique qui nous permettra de développer et de propager à grande échelle ce concept qui s'inscrit dans la pure lignée pentecôtiste, et ce, dans un contexte africain. Ce faisant, nous devons clarifier le rôle joué par le Saint-Esprit au sein du ministère de la mission. À ma connaissance, il n'existe, à ce jour, aucun concept de la mission pentecôtiste de ce genre qui soit bien conçu, développé et adapté au continent au sein de nos Assemblées de Dieu d'Afrique. Autrement dit, nous n'avons pas suffisamment abordé et vécu un tel concept de la mission qui soit de pure tradition pentecôtiste. Heureusement, cette question du manque de connaissances en la matière a été soulevée au cours de rassemblements comme les *Eleventh Hour Institutes*, les conférences *Actes 1.8* et les *Schools of the Spirit* organisés à travers tout le continent. Elle a également été traitée lors de la publication de manuels sur la mission comme *The Biblical Theology of* Missions[1], L'Histoire de l'Église en Afrique selon une perspective pentecôtiste[2] et d'autres ouvrages de la Série Découverte d'Espoir de l'Afrique (Africa's Hope). Le travail est pourtant loin d'être terminé ; de nombreuses choses restent à faire. Tandis que nous entamons cette Décennie de la Pentecôte, il serait sans doute judicieux d'organiser une étude pour mesurer le degré de connaissances qu'ont les Assemblées de Dieu d'Afrique sur la mission et la Pentecôte. J'appelle donc nos spécialistes africains émergents à se mobiliser et à aborder ce point avec un regard clairement africain.

Une véritable missiologie pentecôtiste doit proposer un concept de la mission à la fois pentecôtiste et missionnel. Ce concept doit être en mesure de répondre à des questions comme : « De quelle façon notre point de vue et expérience du Saint-Esprit peuvent-ils influencer nos méthodes missionnaires ?

De quelle façon influencent-ils notre façon d'apporter l'Évangile aux brebis perdues ? Quel impact cela a-t-il sur le processus de contextualisation du message ? Dans quelle mesure notre expérience du Saint-Esprit joue-t-elle une influence sur les solutions que nous apportons face aux besoins humains ? Dans quelle mesure notre conception exclusivement pentecôtiste de la mission a-t-elle un impact sur notre façon de fonder des églises missionnaires autochtones ? Quelle influence doit-elle avoir sur notre façon d'intégrer de nouveaux terrains de mission ? Ou sur notre manière d'approcher des peuples non-atteints (parfois même hostiles) ? Dans quelle mesure notre conception et expérience du Saint-Esprit nous aident-elles à développer des stratégies missionnaires efficaces ? Ou à mobiliser les laïques pour la mission ? Ou à réunir tous les atouts nécessaires pour financer la mission ? » L'expérience que nous avons faite du Saint-Esprit devrait considérablement influencer notre façon de réagir à toutes ces questions relatives à la mission ainsi qu'à toutes celles que nous n'avons pas citées. Nous devons concevoir une théologie pentecôtiste claire et détaillée de la pratique missionnaire pour pouvoir universaliser avec force la Pentecôte et la mission en Afrique et au-delà en cette décennie providentielle.

Une force missionnaire investie de l'Esprit

De plus, ce que nous entendons par modèle de mission pentecôtiste authentique et dynamique, c'est faire notre possible pour réunir des forces missionnaires investies de l'Esprit. Ce faisant, nous devrons nous assurer que chaque missionnaire que nous recevrons, recruterons et enverrons sur le terrain est réellement un homme ou une femme de l'Esprit, c'est-à-dire qu'il ou elle a été réellement baptisé(e) du Saint-Esprit, qu'il ou elle parle en langues et est un témoin de l'Esprit (Actes 2.4 ; 1.8). En outre, nous devons nous assurer que ces « apôtres de la Pentecôte » sont sensibles à la voix de l'Esprit et marchent selon l'Esprit (Galates 5.25). Ils doivent être des gens de prière dont la vie et le ministère reflètent les dons et le fruit de l'Esprit. Toutes les autres qualifications, qu'elles soient personnelles, universitaires ou professionnelles, passent au second plan, même si elles sont importantes. La vie et le ministère de ces missionnaires authentiques de la Pentecôte doivent clairement refléter leur passion pour ceux qui sont perdus et de la compassion pour ceux qui souffrent. Ils doivent œuvrer sans relâche pour amener les pécheurs à Christ et les croyants à recevoir le baptême du Saint-Esprit. Ils doivent également être capables d'enseigner ces mêmes croyants et de les amener à vivre un ministère missionnel investi de l'Esprit. Enfin, cette nouvelle génération de missionnaires africains doit clairement comprendre que les disciples qu'ils forment et les églises qu'ils édifient doivent être investis du Saint-Esprit et entièrement consacrés à Christ et à Sa mission. Ce critère s'adresse aussi bien aux missionnaires *envoyés* par nos églises africaines qu'à ceux *reçus* par les églises en Afrique. Si nous voulons réellement propager la Pentecôte et la mission en Afrique, nous devons à tout prix faire en sorte que chaque missionnaire, homme ou femme, qui provient ou qui se rend en Afrique, soit investi de l'Esprit.

Une stratégie pentecôtiste

Enfin, un modèle de mission pentecôtiste authentique et dynamique implique que nous développions sciemment et mettions rapidement en place une stratégie authentique de mission de la Pentecôte. Comme nous l'avons évoqué plus haut, cette expérience unique de la Pentecôte et notre conception du ministère doivent nous servir à développer une telle stratégie missionnaire. Si l'on remonte dans le temps, on constate que les missiologues pentecôtistes ont sondé le livre des Actes pour en dégager une stratégie de mission. Ils considéraient ce livre comme un paradigme vivant de méthode évangélique et missionnaire. Ils ont alors constaté que, dans le livre des Actes, le Saint-Esprit était décrit comme le leader du projet missionnaire. Du début à la fin, Il est représenté comme le Directeur de la moisson, celui qui remplit, investit, inspire, bénit, dirige, envoie, guide, éclaire et encourage les projets missionnaires.

Je remarque qu'au cours de ces dernières années, le terme « stratégie de l'Esprit » a été employé de diverses façons et dans divers contextes par les stratégistes missionnaires[3]. J'ai la conviction que les évangiles et le livre des Actes que nous connaissons sont une véritable stratégie de l'Esprit. C'est une stratégie qui a été employée à la fois par Jésus et par les apôtres. Cette stratégie missionnaire est notamment présente dans le ministère missionnaire de Paul tel qu'il est décrit dans le livre des Actes – notamment au cours de sa campagne à Éphèse (19.1-11) et dans ses épîtres (plus clairement dans Romains 15.14-20). Si nous observons attentivement la stratégie missionnaire de Paul, nous constatons qu'il cherchait simplement à reproduire la stratégie de Dieu le Père qui consistait à envoyer Jésus dans le monde, ainsi que la stratégie de Jésus qui voulait envoyer Son église dans le monde. Cette stratégie contient certains éléments-clés, notamment la nécessité pour les « envoyés » d'être investis de l'Esprit, la proclamation de l'Évangile ointe du Saint-Esprit qui s'accompagne de signes et de miracles confirmant les enseignements de l'Écriture, mais également les futurs projets d'implantation d'églises missionnaires investies du Saint-Esprit. La stratégie de l'Esprit décrite dans le Nouveau Testament comprend également la mobilisation des églises missionnaires investies du Saint-Esprit au moyen de formations officielles, de tutorat informel et de déploiement des forces missionnaires.

Lors des préparatifs de sa visite à Rome, Paul a brossé un tableau de sa stratégie missionnaire (Romains 15.14-21). Ce tableau peut servir de modèle au ministère actuel de la mission pentecôtiste. Paul y décrit son ministère de la mission comme étant christocentrique (vs. 17-19), investi de l'Esprit (v. 19), authentifié par Dieu au moyen de prodiges et de miracles (v. 19), centré sur la proclamation de l'Évangile (v. 20) et agissant de manière apostolique, c'est-à-dire les yeux rivés sur « ceux qui n'ont point entendu parler » de l'Évangile (vs. 20-21). Si nous voulons propager la Pentecôte et la mission en Afrique et au-delà, nos stratégies missionnaires doivent mettre à profit et inclure chacun des éléments mentionnés ci-dessus.

Une Église investie de la puissance de l'Esprit

Enfin, notre modèle de la mission doit s'engager et *chercher* à fonder des milliers d'églises missionnaires pionnières et investies du Saint-Esprit à travers l'Afrique et partout où nous nous rendons. Jésus Lui-même a cherché à fonder une Église missionnaire investie de l'Esprit (Luc 24.46-49 ; Actes 1.4-8) de même que les disciples qui Lui ont succédé (Actes 2.38-39 ; 8.14-18 ; 9.1-7 ; Romains 15.17-20 ; 1 Corinthiens 2.1-5 ; 1 Thessaloniciens 1.5-8). Ils souhaitaient que chaque disciple devienne un témoin et que, par conséquent, chaque disciple soit investi du Saint-Esprit. Nous devons espérer la même chose aujourd'hui et nous devons délibérément œuvrer pour faire en sorte que nos églises soient universellement investies de la puissance de l'Esprit et restent centrées sur la *missio Dei*.

Denzil R. Miller

À LA RECHERCHE D'UNE STRATÉGIE RÉALISABLE : COMMENT UNIVERSALISER EFFICACEMENT LA PENTECÔTE ET LA MISSION EN AFRIQUE ET AU-DELÀ ?

Notre désir le plus cher est d'universaliser la Pentecôte et la mission en Afrique et au-delà, mais comment nous y prendre ? Quel plan d'action choisir ? Je propose un plan d'action composé de cinq critères-clés au moins. Il doit être à la fois (1) fondé sur des bases bibliques, (2) orienté vers la mission, (3) dans la lignée pentecôtiste, (4) dynamique et audacieux et (5) exhaustif. Penchons-nous à présent sur chaque critère.

Fondé sur des bases bibliques

Le premier critère que doit posséder notre plan d'universalisation de la Pentecôte et de la mission en Afrique et au-delà est d'être conforme aux Écritures. En tant que croyants des Assemblées de Dieu, nous considérons la Bible comme une révélation inspirée par Dieu et adressée aux hommes. Elle représente l'unique et ultime autorité pour notre doctrine et nos pratiques. Sans complexe, nous pouvons affirmer être les « gens du Livre ». Par conséquent, quel que soit le plan utilisé pour universaliser la Pentecôte et la mission en Afrique et au-delà, il doit avant tout se fonder sur les enseignements des Écritures. Donc, la première question à se poser est la suivante : « Que dit la Bible à ce sujet ? » Le défi à relever ici est d'être en phase avec le contexte fluctuant et diversifié de l'Afrique tout en restant fidèles à la Parole de Dieu.

Par conséquent, lorsque nous réfléchissons à la stratégie à adopter par les Assemblées de Dieu pour universaliser la Pentecôte et la mission, nous devons considérer la Bible comme un manuel stratégique. L'histoire de l'Église primitive décrite dans le livre des Actes est particulièrement éloquente. Elle constitue la seule archive inspirée par Dieu qui décrit la manière dont l'Église primitive suivait les instructions de Christ pour annoncer l'Évangile à toutes les nations. Nos prédécesseurs pentecôtistes ont puisé de nombreuses idées et beaucoup d'inspiration de ses pages, et en ont fait le fil directeur de leurs expériences et pratiques sur le terrain. Les stratégies qu'ils ont tirées du livre des Actes ont contribué à propulser l'Église pentecôtiste au rang mondial, lui permettant ainsi de surpasser tous les autres mouvements religieux et églises en expansion, en particulier dans l'hémisphère sud. Il est extraordinaire de constater qu'en un siècle seulement, il existe aujourd'hui plus d'un million d'églises locales de dénomination pentecôtiste à travers le monde.

Notre mouvement doit, je le répète, considérer le livre des Actes non pas comme une simple archive historique qui décrit les tout premiers débuts de l'Église, mais doit parcourir ses pages à la recherche d'une stratégie missionnaire. Le livre des Actes nous enseigne que la réponse biblique face au découragement que pourrait rencontrer l'élan missionnaire au sein de l'Église est l'effusion de l'Esprit qui se veut à la fois constante et revigorante. Il enseigne également que ces effusions doivent avoir lieu dans un contexte missionnaire formel. Ce concept fondamental doit devenir partie intégrante de notre plan d'action.

Orienté vers la mission

Le second critère de notre plan d'universalisation de la Pentecôte et de la mission en Afrique et au-delà est de rester focalisé sur la mission. Tous nos projets doivent avoir un objectif : la mission. En tant que pentecôtistes, nous ne sommes pas seulement des gens du Livre, mais aussi un peuple en mission. Nous nous considérons comme partie intégrante du peuple missionnaire divin des derniers temps. Ces dernières années, comme jamais auparavant, cette réalité s'est imposée à l'Église d'Afrique. À travers l'ensemble du continent, les Assemblées de Dieu ont revu leur conception and définition d'elles-mêmes. Aujourd'hui leurs actions et pratiques reflètent davantage leur trait missionnaire.

Depuis la Décennie de la moisson des années 90 et encore aujourd'hui, nos églises des Assemblées de Dieu d'Afrique ont une nouvelle conception d'elles-mêmes et se mettent à se considérer comme des atouts essentiels à la mission divine des derniers temps. Elles ne se considèrent plus comme un peuple appauvri en quête de bénédictions personnelles, mais bien comme un peuple habilité et dispersé pour annoncer l'Évangile. Elles ne se considèrent plus comme les simples bénéficiaires d'une aide missionnaire provenant de l'étranger, mais elles ont une nouvelle conception d'elles-mêmes, se considérant comme des éléments indispensables au peuple qui envoie des missionnaires de Dieu. Pourtant, même si tout cela prend bonne tournure, dans bon nombre de nos églises à travers le continent, qu'elles soient nationales ou locales, ce processus ne fait que démarrer. Nous devons, par conséquent, y mettre tout notre cœur pour encourager activement ce processus inspiré du Saint-Esprit.

En plus de redéfinir leur conception et de devenir des membres actifs de la *missio Dei*, nos Assemblées de Dieu sont également en train de se redéfinir elles-mêmes, travail laborieux mais combien nécessaire. Le chemin qui mène de la dépendance occidentale à la véritable autonomie missionnaire est long, semé d'embûches et plein de dangers. Ce voyage demande toute la sagesse et persévérance que seul le Saint-Esprit peut apporter. Malgré cela, à travers l'ensemble du continent, les Assemblées de Dieu ont entamé ce voyage, pleines de confiance. Elles n'en sont pas toutes au même stade, certes, mais la bonne nouvelle est que la plupart, pour ne pas dire toutes, se sont déjà mises en route. Nous avons la conviction qu'au cours de cette Décennie de la Pentecôte, aura lieu un véritable renouveau de la mission, non seulement au cœur de l'Église africaine, mais également chez ses partenaires missionnaires à travers le monde. À l'approche des nouveaux défis du vingt-et-unième siècle, face aux personnes et aux peuples non-atteints d'Afrique et du monde qui nous appellent, et grâce à l'aide de l'Esprit missionnaire de Dieu qui nous dirige, nous devons nous redéfinir avec bravoure et gaieté de cœur. De nouveaux paradigmes de partenariats, plus dynamiques encore, c'est-à-dire dans un esprit un peu plus missionnaire, doivent émerger alors qu'ensemble nous recherchons la sagesse et la direction du Seigneur.

Dans la lignée pentecôtiste

Le troisième critère de notre plan d'universalisation de la Pentecôte et de la mission en Afrique et au-delà est de comprendre clairement ce que signifie être dans la lignée pentecôtiste. Autrement dit, si nous voulons universaliser la Pentecôte en Afrique, nous devons nous assurer que la Pentecôte que nous répandons est authentique, c'est-à-dire qu'elle est la « véritable chose » qu'ont crue, vécue et expérimentée Jésus, les apôtres et les croyants du premier siècle.

Ainsi, nous ne lèverons pas le doigt au ciel pour tester les vents changeants de doctrine ou de pratique qui soufflent bien trop souvent au sein du mouvement pentecôtiste/charismatique pour choisir le chemin à suivre. Nous ne choisirons pas non plus notre chemin en fonction des vents capricieux de l'opinion publique, ni de la dernière théorie sur la croissance des églises ou

L'universalisation de la Pentecôte en Afrique

dernière tendance de leadership. Ce ne sont pas non plus les flux instables des donateurs et de leurs préférences qui dicteront nos choix, aussi généreuses et alléchantes puissent être leurs offres. Non. Nous garderons le regard fixé sur les mandats des Écritures, et nos oreilles resteront à l'écoute de la voix de l'Esprit. Nous ferons tout pour tenter de discerner Sa volonté et Son chemin.

Plutôt que de demander : « Quel résultat logique attendre de nos décisions stratégiques ? », nous nous demanderons d'abord : « Quelle est la source, ou l'origine, de cette stratégie ? D'où provient-elle ? Est-elle née de l'esprit humain ou sous l'impulsion du Saint-Esprit[4] ? » En tant que missionnaires de pure lignée pentecôtiste, nos décisions stratégiques ne doivent pas être prises sur un coup de tête, sous le coup de l'émotion ni sous l'influence d'un quelconque donateur ; elles doivent, plutôt et avant tout, se baser sur la Bible et s'inspirer du Saint-Esprit. Autrement dit, nous devons nous concentrer sur une exégèse missionnelle des Écritures aux consonances bibliques soutenue par la voix de l'Esprit qui retentit clairement.

Dynamique et audacieux

Le quatrième critère que doit posséder notre plan d'universalisation de la Pentecôte et de la mission en Afrique et au-delà est d'être dynamique. Autrement dit, nous devons adopter une attitude dynamique et audacieuse. Si nous voulons que nos églises vivent un puissant renouveau pentecôtiste et missionnel, nous devons en faire notre priorité. Celui-ci ne doit pas être traité comme n'importe quel autre projet, mais doit devenir et rester « le projet numéro un » pour l'Église. La question du renouveau de pure lignée pentecôtiste est si importante que nous devons lui accorder toute notre attention. Rechercher la présence de l'Esprit tout puissant doit être placé et rester au cœur des projets et des activités de l'Église.

Jésus Lui-même accordait une importance capitale à l'investissement de puissance de l'Église. Pour Lui, il ne s'agissait pas d'un point mineur à caser et à aborder lors d'une prochaine réunion de travail trimestrielle. C'était pour Lui un point éminemment important qui devait recevoir toute l'attention de l'Église (Luc 24.29 ; Actes 1.4-8). Nous devons également nous sentir interpellés à ce propos : si nous voulons que les Assemblées de Dieu d'Afrique deviennent des forces de mission selon le dessein de Dieu, nous devons vivre un renouveau généralisé et cyclique. Et ce renouveau doit avoir lieu dans un contexte intégralement missionnel. Tous les autres sujets deviennent et demeurent subalternes.

Ce renouveau missionnel ne pourra avoir lieu que si nous recherchons à acquérir, sans relâche et avec détermination, une puissance purement pentecôtiste. Nous devons donc, par tous les moyens possibles, soutenir activement tous les projets individuels et collectifs à travers le continent. Par ailleurs, nous devons poursuivre sans relâche notre quête du renouveau pentecôtiste jusqu'à atteindre l'objectif fixé – une Église investie du Saint-Esprit, centrée sur la mission, une Église qui s'engage de manière active à annoncer la bonne nouvelle de Christ aux peuples non-atteints.

Un plan qui se veut exhaustif

Le cinquième critère que doit posséder notre plan d'universalisation de la Pentecôte et de la mission en Afrique et au-delà est d'être exhaustif. Si nous voulons voir un mouvement missionnaire investi du Saint-Esprit émerger des Assemblées de Dieu d'Afrique, notre stratégie visant à apporter un renouveau pentecôtiste et missionnel à l'ensemble du continent doit être polyvalente. Autrement dit, elle doit cibler chaque facette de la vie des églises des Assemblées de Dieu. Non seulement la question du renouveau pentecôtiste doit cibler chaque personne de l'église, mais elle doit également être abordée à la moindre occasion, dotée des outils nécessaires et appliquée autant que possible. Par exhaustif, on entend :

1. Tout le monde. Lorsque nous appelons nos églises à vivre un renouveau missionnel de la Pentecôte, nous devons tout faire pour que chaque personne et chaque groupe de personnes au sein de l'Église soient bien ciblés. Il s'agit de cibler le leadership des églises nationales, provinciales, régionales et locales, mais également le leadership départemental comme les dirigeants des écoles du dimanche, des réunions d'hommes, de femmes, de jeunes, des enfants, universitaires et humanitaires. Le leadership organisationnel doit également être pris en compte. L'administration et les enseignants des écoles bibliques doivent être ciblés car ces personnes exercent souvent une grande influence sur l'Église. Nous devons également veiller à cibler des groupes linguistiques diversifiés et issus de différentes strates économiques et sociales. Notre projet d'universalisation de la Pentecôte et de la mission au sein des

Assemblées de Dieu d'Afrique doit toucher chaque membre et participant de l'Église.

2. Tous les forums. Nous devons nous servir de tous les forums et systèmes de transmission pour permettre à l'Église d'Afrique de bénéficier d'un pentecôtisme authentique. Nous devons tirer profit des assemblées générales et des rassemblements extraordinaires de l'Église, y compris des conseils généraux, conseils de district et régionaux, services proposés par les églises locales, réunions de maison, chapelles universitaires, réunions de prière, etc.

Les médias papier et audiovisuels doivent également être mis à contribution et distribués à grande échelle. Les médias papier concernent aussi bien les livres, les tracts, les brochures que les magazines, les études bibliques et les résumés de prédication. Nous pourrions acheter ou rédiger de nouveaux manuels et guides d'études pour l'école du dimanche et les réunions de maison. Nous devrions également avoir recours aux médias audiovisuels, c'est-à-dire à la radio, à la télévision et à Internet.

3. Tous les moyens. L'Église doit user de tous les moyens possibles et imaginables pour répondre à ce besoin de renouveau missionnel de la Pentecôte. En plus de ceux qui sont cités plus haut, cela peut aussi vouloir dire prêcher, enseigner, écrire, organiser des séminaires, des réunions sur le renouveau et des conférences et assemblées extraordinaires.

4. En tout temps. Apporter une réponse exhaustive à l'universalisation de la Pentecôte et de la mission au sein de nos églises ne peut se limiter à un simple événement ou à une série d'événements extraordinaires. Ce n'est pas en un seul rassemblement, ou même quelques rassemblements (comme un *Eleventh Hour Institute* ou une Conférence d'Actes 1.8, et ce, malgré leur portée et leur signification) que le travail se fera. C'est dans cette optique qu'a été conçue la Décennie de la Pentecôte de l'AADA, car l'Église y place tout le poids de son influence et de ses moyens afin de répondre aux besoins les plus pressants.

LA DÉCENNIE DE LA PENTECÔTE : UN MÉTARÉCIT

En mars 2009, lors du rassemblement quadriennal de l'Assemblée générale de l'Alliance des Assemblées de Dieu d'Afrique à Honeydew, en Afrique du Sud, tous les délégués présents issus de toute l'Afrique ont adopté à l'unanimité une résolution qui faisait de la période 2010-2020 la « Décennie de la Pentecôte » au sein des Assemblées de Dieu d'Afrique (voir l'Appendice 1). Dans cette résolution, l'AADA appelait ses « Églises nationales membres à promouvoir un réveil pentecôtiste au sein de leurs assemblées, et ce, dans le but d'animer l'Église de la puissance nécessaire en vue d'une plus grande action d'évangélisation, d'implantation d'églises et de participation missionnaire ». Cette résolution stipulait également que « les Assemblées de Dieu d'Afrique se fixent comme objectif de voir 10 millions de leurs membres baptisés du Saint-Esprit » au cours de ces dix années. Depuis, de nouveaux objectifs ont été fixés, dont :

- Mobiliser 10 millions de nouveaux témoins investis de l'Esprit qui partageront l'Évangile avec leurs amis et leurs voisins.
- Implanter avec dynamisme des dizaines de milliers de nouvelles églises missionnaires investies de l'Esprit sur l'ensemble du continent.
- Mobiliser 100 000 intercesseurs qui prieront au quotidien pour qu'ait lieu une effusion puissante de la Pentecôte sur l'Église d'Afrique.
- Recruter, former et déployer des centaines de missionnaires interculturels en Afrique et au-delà.
- Atteindre les quelque 800 (et plus) tribus non-atteintes de l'Afrique subsaharienne.

La Décennie de la Pentecôte a été officiellement lancée en Afrique le 23 mars 2010, jour de la Pentecôte. La plupart des Églises nationales membres de l'AADA à travers l'Afrique ont adopté la Décennie de la Pentecôte qui a fixé des objectifs ambitieux concernant l'évangélisation, l'implantation d'églises, la mission et le renouveau. Ces Églises nationales ont donc commencé à se mobiliser afin d'atteindre ces buts qui ne pourront aboutir qu'au moyen de la prière. Depuis 100 ans qu'existent les Assemblées de Dieu, cette Décennie de la Pentecôte est destinée à devenir le moteur évangélique et missionnaire le plus puissant qui ait jamais existé, surpassant même la Décennie de la Moisson des années 90.

Voilà pourquoi j'incite la Commission de l'Action missionnaire des Assemblées de Dieu d'Afrique à adopter avec ferveur et à promouvoir avec pugnacité le projet de l'AADA qui sera sa stratégie principale pour universaliser la Pentecôte et la mission en Afrique et au-delà. Je le fais pour trois raisons :

La Décennie de la Pentecôte : une mobilisation

Le véritable renouveau de la Pentecôte consiste à investir l'Église pour qu'elle termine la grande mission de Christ (Actes 1.8). Comme nous l'avons mentionné précédemment, si les Assemblées de Dieu d'Afrique souhaitent se mobiliser au maximum pour envoyer des missionnaires auprès de toutes les nations, annoncer l'Évangile aux brebis perdues, dépasser et vaincre les forces démoniaques qui s'opposent à l'Évangile, implanter des églises missionnelles investies de l'Esprit, démontrer la compassion de Christ à ceux qui souffrent et atteindre les peuples non-atteints d'Afrique et au-delà, le mouvement doit expérimenter une effusion de la Pentecôte sur l'ensemble du continent, une effusion qui se déverse sur des millions de membres baptisés du Saint-Esprit et investis d'une mission. En outre, comme nous l'avons précisé, cette effusion à l'échelle du continent doit avoir lieu dans un contexte formellement missionnel, comme à l'époque de l'Église primitive. L'accentuation de la Décennie de la Pentecôte par l'AADA y contribue grandement. De plus en plus de dirigeants, de pasteurs, d'églises et de missionnaires à travers l'Afrique adoptent ce projet qui, de ce fait, prend davantage d'ampleur. En outre, la mise en relief de la Décennie de la Pentecôte dispose d'un énorme potentiel en termes de promotion. C'est un sujet auquel les églises peuvent adhérer, qu'elles soient en Afrique ou en Amérique, un sujet qui les aide à mettre en valeur les besoins de la mission et incite à la prière et à récolter les fonds nécessaires pour avancer plus vite.

La Décennie de la Pentecôte : une harmonisation

Les experts en leadership vous diront que, pour être efficace au maximum, une organisation doit aboutir à une « harmonisation organisationnelle ». Autrement dit, chaque département et chaque personne au sein de l'organisation doit être solidaire, avancer dans la même direction et poursuivre un même objectif qui aura été clairement défini au préalable. Si nous voulons universaliser la Pentecôte et la mission en Afrique et au-delà, nous devons parvenir à une harmonisation à l'échelle du continent.

Pour cela, nous devons nous affranchir de l'idée dissuasive selon laquelle mobiliser et unifier un mouvement aussi vaste et varié que les Assemblées de Dieu d'Afrique est une tâche impossible à réaliser. Par conséquent, la question à nous poser est la suivante : « Comment unifier 16 millions de membres d'origines linguistiques, ethniques et culturelles si diverses et appartenant à 65 000 églises locales affiliées à 50 Églises nationales à travers l'ensemble de l'Afrique subsaharienne et le bassin de l'océan Indien ? » Ajoutons à cette dynamique de fragmentation virtuelle le fait que ces églises, ainsi que les organisations missionnaires avec lesquelles elles travaillent, ont déjà une multitude de projets et de programmes en cours qui peut-être rivalisent et sont en contradiction avec notre projet. Par ailleurs, comment rendre possible une action commune entre les organismes qui envoient les missionnaires et les églises qui les reçoivent, entre les priorités des missionnaires et celles des Églises nationales, priorités qui ne coïncident pas toujours ? Comment générer une action commune entre les différentes Églises nationales de pays voisins, et parfois même entre Églises nationales à l'intérieur même d'un seul pays ? Comment harmoniser la vision des dirigeants de l'Église nationale et celle des églises locales et de leurs pasteurs ? Comment harmoniser les divers projets de formation, d'évangélisation, les projets humanitaires et missionnaires à travers l'ensemble du continent, projets qui ont chacun leurs propres objectifs et cibles ? Comment créer une harmonie entre les églises et les ministères émergents et ce qui existe déjà au sein des églises et ministères en cours ? Tout cela, ajouté à une multitude d'autres facteurs, sont un obstacle à l'unité des Assemblées de Dieu d'Afrique et de leurs partenaires. Comment donc créer une harmonie missionnelle de la Pentecôte au sein des Assemblées de Dieu d'Afrique ?

Je propose que le projet de la Décennie de la Pentecôte de l'AADA serve de grand métarécit ou de sujet d'harmonisation pour les Assemblées de Dieu et leurs partenaires de mission. Une fois adopté et porté par tous, ce projet mis en valeur à l'échelle continentale deviendra une force puissante d'harmonisation au sein des Assemblées de Dieu en Afrique pour les dix ans à venir et au-delà. Il a une portée suffisamment large pour inclure tout le monde ainsi que chaque entité organisationnelle de nos églises et, dans un même temps, une portée assez restreinte pour tous nous maintenir dans la même direction qui nous mènera vers l'accomplissement de la *missio Dei* par la puissance du Saint-Esprit.

La Décennie de la Pentecôte : un rectificatif

Le projet de la Décennie de la Pentecôte peut permettre aux Assemblées de Dieu d'Afrique de procéder à quelques rectifications. Tel un navire qui a perdu son gouvernail, le pentecôtisme en Afrique a dangereusement dévié de sa trajectoire. Dans la plupart des cas, son âme, autrefois missionnaire, est devenue égocentrique et imbue d'elle-même. Tristement, ces dérives touchent bien trop souvent nos propres Assemblées de Dieu qui ont été contaminées par la soif de prospérité qui s'empare de notre continent. La prospérité en laquelle nous croyons et que nous prônons est celle qui vise à doter l'Église des moyens nécessaires qui lui permettront de remplir son mandat missionnaire ; c'est pour cela que nous devons confronter et remanier cette prospérité extrême soi-disant biblique que prônent de nombreux gens. Si le pentecôtisme en Afrique ne retrouve pas son âme missionnaire, alors, en tant que succursale divine destinée à évangéliser les nations avant le retour imminent de Christ, il risque d'être mis sur la touche. La Décennie de la Pentecôte est un moyen de transport prêt à partir qui nous rappelle qui nous sommes : le peuple missionnaire de Dieu des derniers temps, un peuple investi du Saint-Esprit.

CONCLUSION

Tandis que nous songeons au futur de la mission en Afrique et au rôle que nous aurons à jouer dans ce futur, nous devons comprendre clairement ce que signifie être un véritable pentecôtiste et ce qu'est une véritable église des Assemblées de Dieu. Et dans nos efforts pour comprendre clairement et largement propager parmi nos églises le concept d'un pentecôtiste de pure lignée, nous devons prier Dieu de nous éclairer sur deux points essentiels :

Tout d'abord, *nous devons apprendre à pratiquer la Pentecôte dans un esprit missionnaire* ; autrement dit, nous devons « missioniser » notre pentecôtisme. Nous devons nous détourner du style de pentecôtisme intéressé et axé sur lui-même qui s'est propagé sur la plupart du continent et nous devons endosser avec enthousiasme et, comme au premier temps, la mission de Jésus et répondre allègrement à Son mandat final consigné dans Actes 1.8.

Nous devons non seulement apprendre à pratiquer la Pentecôte dans un esprit missionnaire, mais également *apprendre à accomplir notre mission dans un esprit pentecôtiste*. Autrement dit, nous devons « pentecôtiser » notre mission. Tandis que nous efforçons d'obéir au commandement de Christ qui nous demande d'annoncer l'Évangile aux peuples non-atteints d'Afrique et des nations, nous ne devons jamais oublier que Dieu nous a fait gratuit de Son Esprit afin de nous permettre d'accomplir cette tâche. Nous devons être conscients que l'Esprit du Seigneur est sur nous comme Il était sur Jésus, et qu'Il nous investit du pouvoir d'annoncer l'Évangile au pauvre, de guérir les cœurs brisés et de proclamer la délivrance aux captifs. Jamais plus nous ne cantonnerons notre expérience et notre conception de la Pentecôte aux murs de l'église. Nous devons les proclamer dans les rues, à travers toutes les nations. Quoi que nous fassions, que ce soit pour prêcher l'Évangile, fonder de nouvelles églises, nous rendre sur de nouveaux terrains, manifester notre compassion à ceux qui souffrent, former des pasteurs, ou toute autre chose, nous devons tout accomplir par la puissance de l'Esprit. Que le Seigneur de la moisson nous donne le pouvoir et nous dirige tandis que nous cherchons à universaliser la Pentecôte et la mission en Afrique et au-delà.

NOTES DE FIN DE DOCUMENT

[1] Paul B. York, Springfield, MO : Life Publishers International, 2008.
[2] Jerry Spain, Springfield, Life Publishers International, 2009.
[3] Je reviens en détail sur ce terme dans *Empowered for Global Mission: A Missionary Look at the Book of Acts* (Springfield, MO : Life Publishers, 2008), 240-248, et dans *Implications of Lukan Pneumatology: A Doctoral Study Guide*, 3e éd. (Lomé, Togo : Séminaire théologique panafricain, 2009), 55-56
[4] J'ai découvert ce concept pour la première fois dans les ouvrages du regretté missiologue anglican, Roland Allen.

L'universalisation de la Pentecôte en Afrique : Réponse à l'article de Denzil R. Miller

Lazarus Chakwera

Le Dr Denzil R. Miller a bien saisi l'impact que pourrait avoir l'« universalisation de la Pentecôte et de la mission » au sein des Assemblées de Dieu d'Afrique. Si les dirigeants, quel que soit leur échelon, et les croyants membres des Assemblées de Dieu d'Afrique pouvaient partager cette vision, sentir le poids du fardeau et jouer leur rôle, alors le monde s'en trouverait totalement « métamorphosé ».

Il insiste en profondeur sur le fait qu'« un véritable concept pentecôtiste de la mission doit proposer non seulement un concept pentecôtiste de la mission, mais également un concept missionnaire de la Pentecôte ». Cela pourrait, en effet, permettre à notre mouvement de se retrouver sur un seul et unique programme, la *missio Dei*. Il arrive souvent, et dans divers lieux, que l'on recherche et accorde de l'importance à la puissance de la Pentecôte à des fins uniquement personnelles. On se sert de la puissance de Dieu à des fins de réussite personnelle - l'occasion pour un chrétien de grimper l'échelle sociale, passant ainsi d'une vie modeste à une vie prospère, saine et heureuse. La puissance de l'Esprit devient alors, avant tout, la réponse aux maux, à la pauvreté, à la misère et aux maladies en Afrique. Miller a raison lorsqu'il dit que porter clairement l'accent sur l'objectif missionnel de la Pentecôte peut être un moyen d'établir nos priorités.

Le défi est lancé, comme Miller l'écrit, « selon la pure tradition pentecôtiste, les Africains doivent se tenir prêts à se rendre, sans aucune réserve, là où le Saint-Esprit les envoie ». Il ne fait aucun doute que le Saint-Esprit, surintendant du travail de la moisson, souhaite envoyer les Africains à travers le monde. En revanche, le doute surgit lorsque nous nous posons la question de savoir si l'Église africaine est prête à être déployée, si elle est suffisamment préparée à affronter cette incroyable « tâche inachevée ».

D'autres doutes surgissent encore quand nous nous pensons incapables de « rivaliser » avec le type de mission que proposent les missionnaires occidentaux. Peut-être nos organismes missionnaires ne possèdent-ils ni la structure ni le budget des organismes missionnaires occidentaux. Peut-être qu'il faudra plusieurs générations avant qu'une culture missionnaire ne se forge au sein des 50 Églises nationales et des 16 millions de membres des 65 000 assemblées locales. Mais Miller suggère de prendre pour modèle Jésus et les apôtres, et cela me remplit d'espoir. L'Afrique a les moyens de se faire une place dans le monde, tout comme l'Église primitive. Après tout, le contexte social, politique et économique qui pouvait faire barrage à l'Église primitive n'a pas empêché les pentecôtistes de mener leur mission à bien à travers le monde entier.

Le Saint-Esprit pourrait, par exemple, se servir de la diaspora des Africains, résultat de divers événements politiques et socio-économiques, pour atteindre le monde, tout comme l'Église primitive que la persécution disséminina mais qui poursuivit, tout de même, la mission de Dieu. Peut-être ne sommes-nous pas prêts à nous lancer dans la mission si nous ne sommes pas capables de déceler de tels « moyens » non conformistes pour susciter ou envoyer des missionnaires. Partir en mission, ce n'est pas uniquement lorsqu'un organisme missionnaire contribue au soutien financier d'un missionnaire, mais c'est aussi lorsque le missionnaire subvient à ses propres besoins comme le fit Paul, le « faiseur de tentes ».

Ce qui changea la donne pour Jésus et les apôtres, ce ne fut pas leur situation, leur argent, ni leur perspicacité ou tout autre facteur humain. Ce fut le don de puissance provenant du Très-Haut qui donna ces résultats qui bouleversèrent le monde entier. Ce même Esprit peut nous remplir et accomplir un travail puissant sur la terre, travail qui ne saurait s'expliquer en termes d'argent ou d'effort humain.

Mais les différentes Assemblées de Dieu d'Afrique ont-elles la capacité de se rallier à cette cause ? Une génération investie de l'Esprit Saint a bien conscience de l'urgence de s'organiser et d'envoyer des missionnaires. Une véritable et immense effusion de l'Esprit pourrait permettre véritablement à toutes les Églises nationales des AD de s'unir pour mener à bien cette grande mission. La proposition de Miller prend tout son sens lorsqu'il encourage « la Commission de l'Action missionnaire des Assemblées de Dieu d'Afrique à adopter avec ferveur et à promouvoir avec pugnacité le projet de l'AADA qui sera sa stratégie principale pour universaliser la Pentecôte et la mission en Afrique et au-delà. » Il vise juste lorsqu'il dit qu'« il [le projet] a une portée suffisamment large pour inclure tout le monde ainsi que chaque entité organisationnelle de nos églises et, dans un même temps, une portée assez restreinte pour tous nous maintenir dans la même direction qui nous mènera vers l'accomplissement de la *missio Dei* par la puissance du Saint-Esprit. »

Nous devrions peut-être débattre davantage sur la façon dont la présence de l'Esprit, que nous recherchons au cours de cette Décennie de la Pentecôte, pourrait nous aider à accomplir la grande mission de Christ, pas seulement à travers la proclamation de l'Évangile, mais aussi à travers la formation de nouveaux disciples. Nous savons que l'enseignement fait partie intégrante du mandat de Christ. L'expérience de la Pentecôte contribue non seulement à convertir, mais elle forme également des disciples. En d'autres termes, la Pentecôte a un objectif aussi bien didactique que formateur. Face à la multitude de cultes et d'hérésies au sein de la chrétienté, ainsi que des fausses religions qui l'entourent, comment la Pentecôte peut-elle résoudre le problème du christianisme superficiel en Afrique ? Après tout, l'Esprit poussait bien Paul à revenir sur les lieux où il avait fondé une église pour en observer l'évolution. Que fait l'Esprit pour entretenir sa récolte ? La Décennie de la Pentecôte est-elle aussi une saison au cours de laquelle la vérité va se révéler à nous ? La vérité peut-elle se révéler à nous entre les murs étroits du concept de la *missio Dei* ?

Un autre domaine sur lequel insister est le rapport de force qui existe entre les puissances. Le besoin du Saint-Esprit prend tout son sens pour un croyant africain qui baigne au quotidien dans un contexte d'animisme et de superstition. Le croyant africain peut ainsi prendre conscience de la valeur de l'expérience de la Pentecôte s'il considère la *missio Dei* comme une lutte spirituelle. Recevoir l'Esprit permet de livrer bataille afin de sauver et de délivrer les âmes perdues. Il ne s'agit pas seulement de faire preuve d'audace en prenant la parole pour rendre témoignage de Christ à un voisin, mais également de pouvoir faire face et de vaincre la puissance du malin afin de capturer l'homme fort et de piller ses biens. Dans une certaine mesure, donc, la Pentecôte doit être considérée comme une « source d'énergie » personnelle au cœur de la bataille quotidienne que nous livrons aux ennemis de nos âmes. Bien entendu, il est essentiel de fixer des limites entre cette vision et celle qu'ont de nombreuses personnes concernant le dessein de l'Esprit considéré égoïstement comme une « source qui ouvre des portes ».

Enfin, nous devons cesser de penser que le don du Saint-Esprit s'applique uniquement à l'AADA. Dieu a dit qu'Il déverserait Son Esprit Saint sur tous, quelle que soit leur condition sociale. Quels rapports l'AADA entretient-elle avec les autres confessions remplies de l'Esprit et orientées vers la mission, pour qu'ensemble elles puissent achever la grande mission ? Il est temps de nous considérer comme une infime partie de l'immense corps de Christ et d'être de ceux qui adressent des compliments au lieu des reproches. Que la Décennie de la Pentecôte et la Commission de l'Action missionnaire de l'AADA lancent un mouvement catalytique qui, telles les eaux recouvrant la mer, nous permettra d'inonder la terre de la connaissance de Dieu !

Le mentorat missionnel :
Comment les Églises nationales aux projets missionnaires performants et solides peuvent-elles encadrer celles qui n'en ont pas ?

ANTONIO PEDROZO ET BRAD WALZ

NOS PUISSANTES ÉGLISES NATIONALES EN AFRIQUE
ET DANS LE MONDE, ET LEUR IMMENSE POTENTIEL
DANS LE DOMAINE DE LA MISSION

Un potentiel humain

Les églises occidentales des Assemblées de Dieu mondiales représentent environ 7 à 10 % de nos membres dans le monde. Actuellement, nos forces missionnaires comptent plus de 4 500 ouvriers, y compris ceux qui bénéficient d'un contrat de courte durée (de 1 à 2 an(s)). Si nous transposions ce pourcentage à l'échelle mondiale, on compterait plus de 45 000 ouvriers, ce qui est dix fois plus que notre chiffre actuel et représente un potentiel humain considérable.

Un potentiel économique

Si chaque croyant membre de nos AD mondiales non-occidentales versait un petit dollar par mois à l'œuvre de la mission internationale (une somme abordable dans 90 % des pays), les fonds de la mission dépasseraient la somme de 720 000 000 $ par mois. Ceci représente le triple des dons actuels des Assemblées de Dieu des États-Unis. De nombreux pays qui se considèrent trop pauvres pour partir en mission sont surpris de constater que même une petite somme équivalente à un kilo ou à une portion de produit de base, comme du pain, du riz ou des haricots, pourrait leur permettre d'en avoir les moyens. Si chaque membre de l'Église nationale versait une somme, aussi dérisoire soit-elle, tous les mois, leur projet missionnaire pèserait des centaines de milliers, voire de millions de dollars. Son potentiel économique est tout simplement ahurissant !

Un potentiel spirituel

Les énormes moyens de ces jeunes églises naissantes qui se joignent à nous sur les terrains par-delà le monde représentent un potentiel spirituel incroyable pour notre mouvement. Les caractéristiques non-occidentales, tels que le combat spirituel, la sensibilité interculturelle, le sens du sacrifice, la foi et la croyance aux miracles, pourraient apporter un nouvel essor et un nouvel équilibre à notre vision occidentale. Pour ce qui est du domaine de la prière, nous avons la certitude que si 60 000 000 de croyants dans le monde priaient pour les trois groupes religieux réfractaires les plus importants (les islamistes, les hindouistes et les bouddhistes), il en émanerait une nouvelle énergie en faveur des mouvements de prière et d'intercession.

Un potentiel culturel

Les peuples issus des trois groupes religieux réfractaires les plus importants ont souvent tendance à se fermer aux Occidentaux. Ces peuples ont très peur que ces derniers ne leur imposent leurs mœurs culturelles. Même si l'on note quelques exceptions notables, les missionnaires de la même couleur de peau et dont le passeport n'est pas occidental ont moins de risques de se heurter à ces mêmes obstacles. La théorie de « l'écart » s'applique ici. La distance économique et culturelle qui peut exister entre de nombreux missionnaires non-occidentaux et les peuples non-atteints ciblés est moindre par rapport à celle qui existe avec les missionnaires occidentaux. Par conséquent, les missionnaires issus du monde en voie de développement ont un pont de « confort et bien-être » moins large à franchir. Cela se traduit souvent par une adaptation plus rapide sur le terrain qui aboutit parfois à une plus grande tolérance de la part des habitants. Il va de soi que les missionnaires issus des pays en voie de développement connaîtront des chocs culturels et des moments d'adaptation, mais ils représentent un énorme potentiel pour le travail missionnaire dans bon nombre de contextes, et c'est de cette façon que notre travail missionnaire mondial prendra de l'ampleur. Notre défi actuel est, par conséquent, de faire en sorte que cette stratégie devienne réalité.

NOTRE CONSTAT : LE MANQUE D'« ÉGLISES ENGAGÉES DANS LA MISSION »

Les missiologues se rejoignent sur l'idée du besoin d'apporter l'Évangile aux peuples les « plus reculés » dans le monde. Et il va de soi que plus de pays se mobiliseront et enverront d'ouvriers, et plus la tâche sera menée à bien. Notre défi aujourd'hui est de faire en sorte que ce projet devienne réalité. Avant d'aborder la question de savoir comment les Églises nationales, grâce à des programmes missionnaires de qualité, peuvent encadrer celles dont les programmes missionnaires émergent à peine, faisons le point sur la situation actuelle de notre monde, et en particulier de l'Afrique.

Les missiologues mettent souvent en avant le fait que « l'hémisphère sud » (autrement dit, les pays qui ne font pas partie des pays traditionnels) envoie davantage de missionnaires que les pays occidentaux traditionnels. L'article de Rob Moll, « Missions Incredible[iv] », paru le 1er mars 2006 dans *Christianity Today*, avance cette idée :

> … les spécialistes de la mission s'accordent pour dire que les Coréens sont en première ligne du mouvement missionnaire émergent qui s'apprête à détrôner des siècles de mission protestante dominée par les pays développés. Ils parlent de mouvement missionnaire du « monde majoritaire. » Ils disent que ce nouveau terme – « monde majoritaire » – est nécessaire pour remplacer

---

[iv] Pourrait être traduit par « L'Incroyable Mission ».

les termes désuets de « Tiers-Monde » ou « pays en voie de développement. » Le changement radical qui est en train d'avoir lieu au sein de la mission protestante oblige les spécialistes et les missionnaires à trouver de nouvelles expressions pour parler de la scène mondiale.

Cela étant, comme nous l'avons mentionné dans les articles présentés à la Commission de l'Action missionnaire de la *World Assemblies of God Fellowship* (WAGF), nous avons quelques réserves concernant cette information ou, tout du moins, nous ne possédons aucune donnée fondée qui nous permette de la confirmer. Brad Walz, dans un article publié dans la revue *International Journal of Pentecostal Missions*, fait les remarques suivantes :

> Parlons d'abord de l'Amérique latine. Notons que les églises latines figurent parmi les plus puissantes au sein de la WAGF, et que l'Amérique latine est probablement la coalition la plus puissante au monde. Dans chaque pays hispanophone, à une exception près, les Assemblées de Dieu représentent une force puissante au sein de la communauté évangélique du pays et sont même, dans la plupart des pays, considérées comme le corps évangélique le plus important. Malgré cela, on compte, dans ces vingt pays hispanophones, moins de 500 missionnaires officiellement envoyés dans d'autres pays. Pourtant, ces derniers sont issus des vingt plus importantes Assemblées de Dieu du monde ! Sans les trois pays commissionnaires les plus importants, ce chiffre atteint à peine les 200 ouvriers.
>
> Une de nos plus importantes Assemblées de Dieu d'Amérique latine (qui envoie pourtant un nombre important de missionnaires) ne possède pas de bureau central qui permettrait de fournir des statistiques fiables. Lors d'un entretien privé avec le dirigeant de l'époque de cette église, il déclarait avoir connaissance de 2 000 missionnaires qui avait été envoyés dans 17 pays par l'église. Étonnamment, 250 de ces missionnaires, selon les archives, avaient été envoyés en Argentine. Pourtant, une grande partie de ces 250 missionnaires n'étaient pas des missionnaires comme nous l'entendons, mais plutôt des volontaires laïques qui vivaient et travaillaient dans un pays voisin. Aujourd'hui, nous ne sommes pas en mesure de fournir des statistiques exactes, mais nous sommes certains que le nombre de 2 000 ne correspond pas au nombre réel de missionnaires envoyés et soutenus en tant qu'ouvriers interculturels par l'église.

Un pays d'Asie parlait de 850 travailleurs envoyés sur le terrain. Pourtant, lors d'un entretien privé avec l'un de ses dirigeants en 2009, il reconnaissait que « ce nombre incluait, en grande partie, les pasteurs qui s'étaient rendus dans d'autres pays et dirigeaient des églises dans notre langue et notre esprit culturel. Ce ne sont pas des ouvriers interculturels. Le nombre d'ouvriers interculturels que nous soutenons doit être de 110 ».

Ce manque de données statistiques nous empêche de pouvoir faire une évaluation précise de la situation. Néanmoins, en 2007-2008, le secrétaire de notre comité a effectué un sondage. Suite aux réponses reçues des Églises nationales du monde entier a été rédigé un « Rapport sur les affectations missionnaires des Églises nationales de la WAGF » en août 2008. En voici les résultats :

- Nombre de missionnaires envoyés par les pays d'envoi traditionnels, comme l'Europe et l'Amérique du Nord :   4 264
- Nombre de missionnaires envoyés par les « nouveaux pays d'envoi » de l'hémisphère sud :   1 073
- Nombre d'ouvriers sans-papiers (c.-à-d. nombre global des personnes non-répertoriées) issus de l'hémisphère sud :   4 481
- Effectif total des missionnaires envoyés :   9 824

En incluant le nombre d'ouvriers sans-papiers, les nouveaux pays d'envoi dépassent le nombre des pays d'envoi traditionnels. Cependant, bon nombre de ces ouvriers sans-papiers sont sur le terrain à court terme ou ne travaillent pas avec d'autres groupes culturels/linguistiques. Dans d'autres cas, une église locale aura comptabilisé chaque immigrant relocalisé dans un autre pays pour travailler en tant que « missionnaire ». Le problème dans ce cas-là est que, s'il n'existe aucune base de données qui répertorie les noms et adresses des missionnaires, donc n'importe qui peut avancer n'importe quel chiffre, ce qui est loin de faire avancer la cause de l'évangélisation mondiale.

Un de mes collaborateurs a relevé un des problèmes-clés qui pouvaient émerger lors de la mise en place d'importants programmes missionnaires au sein des Églises nationales de l'hémisphère sud : « Notre réseau latin fonctionne officiellement depuis 1998 et officieusement depuis la fin des années 80. Les données que nous possédons en termes de statistiques des pays hispanophones sont fiables. Par exemple, en 2009, les départements des missions de ces 20 nations ont reçu 4 203 973,13 $. Mais les deux obstacles majeurs rencontrés lors de l'établissement d'organismes missionnaires efficaces et solides est la difficulté de trouver des dirigeants compétents et de savoir gérer la mentalité de pauvreté qui étouffe tant d'églises. »

Cette mentalité de pauvreté représente un défi de taille. De nombreux pasteurs ont résisté dur et continuent d'opposer de la résistance face aux projets missionnaires, car la mission représente une menace pour eux. Elle est considérée comme un moyen de dépenser les fonds des églises locales ainsi que les actifs dont ils ont besoin pour développer leur ministère et leur vision pour les communautés locales. Si le problème se pose déjà dans des pays où il existe des réseaux d'aide et des organisations missionnaires sérieuses depuis plus de vingt ans, à combien plus forte raison se posera-t-il dans des pays qui commencent à peine à développer leur action missionnaire ?

La formation, l'enseignement, le réseautage et les événements relatifs à la mission des AD d'Amérique latine ont débuté il y a de cela dix/vingt ans. Pourtant la mentalité de pauvreté reste encore bien ancrée. Dans une des Églises nationales les plus puissantes au monde, les dons à la mission étrangère s'élèvent à seulement 44 centimes de dollars en moyenne par église et par mois, non pas par personne mais par église. C'est là une triste réalité dans bon nombre de nos Églises nationales à travers le monde. Si cette réalité s'applique aux églises latines qui font face à des défis internes et extérieurs depuis plus de vingt ans, qu'en sera-t-il des églises d'Afrique, d'Europe de l'Est et de certaines parties d'Asie où cela ne fait que quelques années que l'Église a relevé le défi de dire : « nous aussi pouvons y arriver ! »

Cela étant, notre plus grand problème aujourd'hui est que nous manquons de bons dirigeants. Quel que soit le pays, ne pas posséder de bons dirigeants représente une entrave au développement d'organisations auquel aspirent tant de jeunes gens et de pasteurs tournés vers la mission. Le plus grand défi pour une église qui ne possède aucune expérience dans le domaine de la mission est d'avoir des dirigeants qui la guideront dans ses tout premiers pas dans le monde de la mission. Partout dans le monde, quel que soit le pays, posséder un bon leadership accélèrerait le processus et la croissance nécessaires à une organisation d'envoi performante.

Nous avons la conviction que l'immense potentiel de l'Église de l'hémisphère sud peut avoir un impact sur les nations, en particulier parmi les peuples les plus nécessiteux et les plus reculés de la planète. Mais, une fois encore, notre défi est de trouver comment nous rendre du lieu où nous nous trouvons au lieu que Dieu a choisi pour nous. Avant de nous intéresser à la façon dont les pays puissants pourraient aider les plus faibles ou les débutants, intéressons-nous aux caractéristiques d'un département des missions bien établi.

LES CARACTÉRISTIQUES D'UN DÉPARTEMENT DES MISSIONS BIEN ÉTABLI

Deux principes importants de la mission s'appliquent ici. Le premier est que les choses de grande valeur prennent du temps. La maturité ne s'acquiert pas du jour au lendemain. Notre chemin vers la maturité missionnaire sera semé de faux pas, d'embûches, de victoires et d'expériences que l'on ne tire ni des livres ni des cours. Le second principe est que, pour acquérir de la maturité, un département des missions doit posséder un bon dirigeant. Souvent, le moment est venu pour un pays de bénéficier de bénédictions, mais le problème est que le bon dirigeant n'ait pas encore été formé, qu'il n'est pas disposé à servir ou bien qu'il n'a pas encore été choisi pour relever ce défi. Un autre défi auquel font face la plupart des pays de l'hémisphère sud est qu'ils n'ont pas de dirigeant missionnaire pourvu d'une expérience missionnaire, ce qui les limite dans leur capacité à diriger le département des missions.

Cependant, les missionnaires qui ont passé dix ans sur le terrain sont aptes à aider et à devenir, à leur tour, des dirigeants. Mais la plupart de notre travail dans l'hémisphère sud n'en est qu'à sa première étape et nous ne possédons aujourd'hui que peu ou pas de missionnaires qui peuvent se targuer d'une longue expérience. Par conséquent, notre défi est de passer à la prochaine étape de maturité.

Un département d'affectation missionnaire bien établi

Quelles sont donc les caractéristiques d'un département bien établi et chargé de l'affectation missionnaire ? Un tel département doit posséder les dix caractéristiques suivantes :

1. Des missionnaires à long terme. Un département d'affectation missionnaire bien établi est tenu d'envoyer des missionnaires à l'étranger sur le long terme, et ces derniers doivent savoir parler le langage des personnes avec lesquels ils travaillent. Ils franchissent ainsi la barrière du temps (contrairement aux missionnaires à court terme), de la distance (contrairement à ceux qui se limitent aux pays voisins), du langage (contrairement à ceux qui ne s'expriment que dans leur propre langue) et de la religion (contrairement à ceux qui ne cherchent à atteindre que les peuples qui partagent la même religion ou une religion semblable que la leur). Chaque barrière à franchir nécessitera encore plus d'efforts par rapport aux efforts antérieurs.

2. Des revenus. Ses revenus ne cessent d'augmenter et dépassent même les revenus des organisations-mères. Une fois que notre vision de la mission est parvenue à maturité, ce point ne pose plus problème aux dirigeants d'églises et n'engendre aucune jalousie entre eux. Ils se réjouissent même du fait que ces revenus soient distribués à la mission et non pas à la gestion générale de l'église.

3. Le soin pastoral. Le département dispense des soins pastoraux aux missionnaires qui sont sur le terrain. Les missionnaires sont compris et pris en charge. Les églises locales peuvent également s'en charger. Un organisme missionnaire ne peut prendre la place d'une église locale pour ce qui est de la prise en charge et du soutien affectif qu'elle apporte aux missionnaires qui sont sur le terrain.

4. Un directeur exécutif. Le département des missions dispose d'un personnel administratif à plein temps dirigé par une ou plusieurs équipe(s) exécutive(s) qui consacre(nt) toute son/leur énergie à la mission. Un directeur exécutif qui se consacre à la fois à son église et à sa fonction à plein temps de directeur du département des missions risque de ne pas faire avancer le projet comme il faudrait.

5. Une bonne réputation. Le département des missions se doit d'avoir une bonne image et réputation pour ce qui est de la gestion des ressources financières. Les personnes responsables des finances font preuve d'une totale transparence concernant l'utilisation des fonds, c'est pourquoi leur intégrité ne saurait être remise en question. Certains peuvent se plaindre des sommes d'argent attribuées à la mission (ce qui reflète le manque de maturité de l'église vis-à-vis de la mission) ; en revanche, personne ne saurait remettre en question la bonne gestion de ces ressources.

6. Des économies. Ce département ne vit pas au jour le jour, mais a su faire des économies qui lui permettront de pouvoir réagir face aux imprévus.

7. Une équipe chargée de la prise de décision. La responsabilité de prendre des décisions ne repose pas sur une seule personne, mais sur une équipe qui décide, exécute et examine chaque décision.

8. Des compétences en anglais. Pour faire en sorte que la communication internationale soit possible, une ou plusieurs personne(s) de l'équipe savent parler anglais.

9. La formation à la mission. Il existe des programmes de formation qui préparent et guident les postulants missionnaires vers le travail qui les attend.

10. La diffusion. Il existe des programmes destinés à encourager et à mobiliser les églises dans tous les domaines, que ce soit auprès des enfants ou des jeunes, à travers la prière d'intercession, la diffusion et le partage d'informations aux églises locales.

Les étapes de la maturité missionnelle

Pour acquérir une certaine maturité missionnelle, nous devons franchir plusieurs étapes. Il y a donc cinq étapes à franchir pour l'organisme missionnaire qui désire mûrir sur le plan missionnel :

1. Étape de lancement. Les débuts sont longs à se mettre en place, mais, avant de nous voir confier de grandes tâches, nous devons être fidèles dans les petites.

2. Étape de la lutte. À notre connaissance, il n'existe pas un seul programme missionnaire national qui n'ait eu à livrer de nombreuses batailles sur plusieurs fronts contre Satan qui tente d'entraver notre avancée. L'ennemi redoute plus que tout l'idée que 95 % de nos croyants qui vivent dans l'hémisphère sud ne se mobilisent pour la mission.

3. Étape de la croissance. Au fur et à mesure qu'avance le travail, nous commençons à en voir les fruits, et il s'établira une certaine stabilité.

4. Étape de la consolidation. Un organisme aux fondations solides est organisé en vue de la croissance à venir.

5. Étape du respect. L'organisme et ses dirigeants ont bonne presse auprès de l'Église nationale. Même si beaucoup ne comprennent pas toujours l'objectif final du projet, chacun respecte les actions menées et l'engagement du département des missions.

Avoir un département des missions bien établi ne signifie pas forcément que le pays possède lui-même une vision mature de la mission, mais qu'un département mature s'en fixe l'objectif.

ÉTUDE DE CAS : LE DÉPARTEMENT NATIONAL DES MISSIONS D'ARGENTINE

Aperçu historique

Le département des missions des Assemblées de Dieu d'Argentine (ADA) a été officiellement créé en 1983, mais faillit être fermé en raison de résultats décevants. C'est en 1989 qu'il rebondit. Puis en 1995, on assista à une explosion de nouveaux postulants, et c'est en 1997 que l'esprit du *no se puede* (« nous ne pouvons pas ») se dissipa avec le départ en mission de nombreux missionnaires.

Le programme des missions de l'ADA est réparti sur plusieurs périodes. La première période (1989-1995) correspond à l'établissement des fondations. C'est l'époque où les bases de l'organisme et de la vision ont été jetées. C'est une période durant laquelle ont eu lieu plusieurs événements liés à la mission ; on a fait le tour des églises, des moyens ont été mis en place, un petit bureau a été créé puis ouvert, et s'est formé un comité national des missions. Dans la foulée, les premiers missionnaires ont été envoyés sur le terrain. La période suivante correspond à une période de croissance explosive (1995-1998). Durant ces années, nombre de ceux qui avaient été appelés auparavant sont sortis de l'ombre, ont été reconnus en tant que missionnaires et déployés sur le terrain.

La troisième période correspond à une époque de consolidation (1998-2004). Suite à la période de croissance explosive, le département des missions a eu besoin de se remettre à niveau en développant les structures et politiques nécessaires. Ce fut là une période de maturation et d'adaptation face aux nouveaux défis. C'est au cours de cette période que le projet a dû faire face à un défi de taille face à l'effondrement économique et à la dévaluation monétaire qu'a connus l'Argentine de 2001. Néanmoins, grâce à la fidélité de Dieu, aucun missionnaire n'eut à rentrer chez lui. Au cours de la quatrième période, la maturation du département des missions (2004 jusqu'à présent) a apporté plus de stabilité. Le département a commencé à anticiper ce qui, nous en sommes persuadés, correspond à la prochaine vague de missionnaires envoyés sur le terrain. À cette fin, nous avons recruté plus de personnel, rappelé des missionnaires doyens expérimentés pour nous aider à gérer le travail administratif, ce qui nous a amenés à effectuer quelques changements et remaniements. De nouveaux postulants se sont présentés en 2008-2009, et notre groupe missionnaire compte aujourd'hui plus de 180 personnes envoyées dans plus de 65 nations.

Les clés de la période de fondation

Certains événements et décisions-clés ont eu lieu durant la période de fondation du mouvement des missions des ADA. Il est important de souligner que le Saint-Esprit avait déjà commencé à appeler des gens à la mission avant même que ne soit mis en place le département des missions. Ceci démontre l'importance d'obéir au commandement de Jésus qui nous incite à « prier le maître de la moisson d'envoyer des ouvriers dans sa moisson » (Luc 10.2). Il est essentiel de s'en rappeler pour la génération présente et à venir. Dans un second temps, le Saint-Esprit a placé un homme à la tête du mouvement. Pour qu'un mouvement prenne, il est essentiel de trouver le bon dirigeant. Malheureusement, bon nombre de départements des missions des pays en voie de développement n'ont pas réussi à se développer car ils n'avaient pas trouvé le bon dirigeant. Il a fallu que certains pays remplacent leur dirigeant pour pouvoir aller de l'avant.

Une autre décision-clé de l'ADA a été d'inciter les églises « à envoyer » plutôt qu'à « se rendre ». Une des raisons majeures qui expliquent l'échec des missions dans bon nombre d'églises d'Amérique latine est d'avoir oublié d'inciter les églises à envoyer. Le Saint-Esprit incite, depuis longtemps et aujourd'hui encore, de nombreux jeunes gens à se rendre sur les terrains du monde entier. Nous nous en réjouissons d'autant plus que nous constatons que le département des missions des ADA mise davantage sur l'objectif d'envoyer que sur celui de se rendre.

Une église doit également choisir ses tout premiers postulants avec soin. Seuls ceux qui sont prêts à partir doivent être envoyés et il ne faut, en aucun cas, chercher à aller trop vite en envoyant trop de missionnaires en même temps. Les bonnes recrues ouvriront les portes aux autres ; les mauvaises ne feraient que ralentir le bon déroulement du programme. Un département national des missions doit tout du long se montrer flexible dans son organisation et dans le choix de ses missionnaires. Il ne doit pas seulement se référer à leur expérience, mais doit s'en remettre à Dieu qui appelle ces gens. Avant, il fallait qu'un candidat missionnaire soit ordonné pour pouvoir être missionnaire, ce qui peut parfois prendre dix ans en Argentine. Accepter ceux qui n'étaient pas ordonnés a été un autre facteur-clé de la croissance du mouvement missionnaire en Argentine. Il est important de posséder une structure dans le cadre la mission ; néanmoins, cette structure doit servir les objectifs de la mission et non le contraire.

Les ADA ont opté pour le système de collecte de fonds qui demande aux missionnaires de faire le tour des églises dans le but de collecter leurs propres fonds. En Amérique latine, les églises préfèrent donner aux gens plutôt qu'aux organismes. Savoir qui ils financent les incite à donner. C'est ce que l'on appelle la « personnalisation de la mission ».

Quelques clés pour développer une vision d'envoi

Quelques conseils pour élaborer une vision d'envoi viable au sein des Églises nationales :

- Nous devons commencer par travailler avec les outils que nous avons plutôt qu'avec ce que nous espérons acquérir à l'avenir.
- Les missionnaires et dirigeants missionnaires doivent se tenir prêts à aller d'église en église pour collecter des fonds et enseigner la dynamique des missions au peuple. Commençons par les églises qui sont réceptives et, au fur et à mesure que s'ouvrent les autres, allons vers elles.
- Les dirigeants doivent créer des structures d'envoi suffisamment souples pour permettre à ceux qui sont appelés de ne pas être tentés

de se tourner vers des organismes non-AD lorsqu'ils se rendent sur le terrain.
- Créer un réseau de laïques afin de communiquer la vision à d'autres.
- Imposer aux missionnaires de se rendre dans le plus d'églises possible.
- Profiter des rencontres nationales, régionales et autres pour se faire connaître.
- Faire preuve de transparence au niveau des finances et remettre des rapports annuels à la communauté.
- Faire passer le message aux gens en organisant des tournées de missions nationales.
- S'assurer que le département des missions travaille en étroite collaboration avec les autres départements afin de promouvoir et enseigner la vision missionnaire.
- Avoir recours aux chiffres et aux statistiques pour stimuler l'Église et faire de la mission un objectif réaliste pour tous.
- Réunir autant de dirigeants que possible au sein de votre organisme missionnaire national.
- Élaborer et dispenser des cours sur la mission, notamment des cours de théologie biblique sur les missions et de principes bibliques sur le don.

Lancer le processus

Pour atteindre son but, un département des missions doit insuffler un dynamisme au mouvement. Les stratégies suivantes peuvent vous aider à susciter cet élan :
- S'assurer que le dirigeant est le bon, puis le soutenir et l'entourer des bonnes personnes.
- Prendre les devants pour endiguer la mentalité de pauvreté qui règne dans l'église. Une mentalité de pauvreté est un bastion puissant de l'ennemi dans de nombreuses églises ; nous devons nous y opposer et nous devons le vaincre.
- S'armer pour affronter et combattre la résistance qu'opposent les pasteurs en dissuadant les jeunes de répondre à l'appel à la mission.

- Combler le manque de connaissances qu'ont les pasteurs et les dirigeants par rapport aux événements dans le monde. Par exemple, de nombreux pasteurs et dirigeants ont l'intime conviction que leur pays est le plus nécessiteux de la planète. Ils n'ont pas conscience de la réalité des peuples non-atteints.

Les autres défis de la mission que nous devrons peut-être relever sont les suivants :

- Le défi de bien vouloir attendre ceux qui ne mûriront qu'une fois sur le terrain où ils s'apprêtent à se rendre. C'est comme attendre qu'un fruit de l'arbre mûrisse avant de pouvoir le ramasser.
- Le défi de développer l'unité au sein des églises.
- Le défi de rassurer les gens vis-à-vis des choses nouvelles.
- Le défi d'éprouver du découragement les premiers temps.
- Le défi d'éprouver de la jalousie face à l'essor du département des missions.
- Le défi face à l'amertume des gens qui résistent à cette vision missionnaire.

Nous qui promouvons la mission, nous devons apprendre à parler d'une voix prophétique saine et équilibrée. Le cœur pur, nous devons à la fois faire face au péché qui découle du manque de discernement face à la mission et réagir face à cela.

Organisation du département des missions des AD d'Argentine

À plusieurs reprises, on nous a demandé de décrire la façon dont s'organisait le département des ADA. Voici donc un résumé du schéma organisationnel du département des missions des ADA :

Président. Le département des missions est dirigé par un président qui exerce à plein temps. Les tâches du président ont évolué au fur et à mesure que le département s'est développé. Au début, il avait, par exemple, pour principale tâche de promouvoir le ministère et de tout organiser dans l'objectif de mettre en place un organisme performant. Mais aujourd'hui le département a pris de l'ampleur et son travail se concentre davantage sur la gestion et la formation des missionnaires.

Tâches. Les tâches du département des missions sont variées ; il doit, entre autres, préparer les ressources nécessaires pour la mission et promouvoir le projet. Il doit également collaborer avec les organismes qui envoient les missionnaires et gérer les dons et les offrandes reçus.

Offrandes. Les offrandes versées par les églises ou personnes sont généralement destinées à des personnes en particulier. Pour ce faire, leurs dons sont déposés sur un compte national centralisé des missions par l'intermédiaire de leur banque ou de Western Union. Une fois les offrandes reçues, chaque missionnaire est informé des donations versées sur le compte lié à son ministère.

Comité de mission. Le département des missions des ADA compte un comité administratif qui prend les décisions urgentes et en cours, ainsi qu'un comité de supervision plus important qui se réunit un mois sur deux pour prendre les décisions plus importantes.

Postulants. Le département des missions examine le dossier de tous les candidats qui postulent pour devenir missionnaires. Le processus peut prendre plusieurs mois et s'est développé au fil du temps dans la mesure où l'organisme qui envoie des missionnaires a lui-même évolué et progressé.

Catégories. L'ADA propose plusieurs catégories de missionnaires. Cela donne davantage de flexibilité pour répondre aux situations diverses et variées sur le terrain et offre un choix de possibilités qui leur sont propres (voir l'Appendice 5).

Diffusion. L'ADA promeut la mission de diverses façons grâce, entre autres, à la création et à la distribution de ressources pour la mission, ou bien à travers l'intervention de missionnaires et dirigeants missionnaires dans les églises lors d'occasions diverses ou au cours de retraites spirituelles. Les dirigeants missionnaires sont également présents à chaque événement national de l'église.

Affectation des missionnaires. Avant que les missionnaires ne soient affectés à un pays qui possède une Église nationale des AD, le département des missions joue le rôle d'intermédiaire pour prendre contact avec cette Église. Aucun missionnaire ne se rend sur le terrain par ses propres moyens, mais passe par la voie officielle.

Quatre modèles d'organisme d'envoi

Il existe de nombreux modèles d'organismes d'envoi. En voici quatre qui sont utilisés à l'heure actuelle :

1. L'église locale, un modèle d'envoi. Les missionnaires sont envoyés par l'église locale sans l'aide d'un organisme missionnaire. Dans certains pays, il s'agit là du seul modèle disponible. L'avantage de ce système est que le missionnaire dépend entièrement de son église locale et n'a donc aucune difficulté à réunir les fonds nécessaires pour financer son ministère missionnaire. Un inconvénient de ce système, et non des moindres, est que les pays en voie de développement ont peu de moyens, et les églises locales trop petites ont du mal à envoyer des missionnaires par leurs propres moyens. Par conséquent, les missionnaires rattachés à des petites et moyennes églises n'ont pas les moyens de partir en mission. Pour une église qui reçoit, si plusieurs églises envoient plusieurs missionnaires tous issus d'un même pays, ils parlent d'une multitude de voix pour ce pays au lieu d'une seule, ce qui peut prêter à confusion et être source d'incompréhension pour certaines Églises nationales. Nous conseillons donc aux adeptes de ce modèle de développer un réseau au sein du corps de Christ du pays qu'ils servent. Collaborer avec les autres églises qui envoient des missionnaires au sein même de leur pays d'origine facilitera l'échange de ressources et d'informations qui seront bénéfiques à tous.

2. Un département national avec système de mutualisation. Pour ce système, les églises versent à un fond commun, et ce sont les responsables de ce fond qui sont chargés de la répartition des fonds. Ce modèle est utilisé par la Convention des baptistes du Sud basée aux États-Unis. Ce système présente de gros inconvénients. Par exemple, dans la mesure où les églises s'adressent à un bureau national centralisé, elles ne connaissent pas leurs missionnaires personnellement et auront donc tendance à moins donner. En outre, pour les cultures où la corruption des organisations séculières est une pratique courante, les gens ont tendance à se méfier des fonds centralisés et refusent parfois de faire confiance à une seule personne, ou à un petit groupe de personnes, pour la gestion de grosses sommes d'argent.

3. Partenariat entre un département national et les églises dont les dons sont exclusivement réservés aux missionnaires. En ce qui concerne ce système, un organisme national qui compte un comité ou une commission est chargé du choix des postulants missionnaires ainsi que des moyens à mettre en œuvre pour les envoyer et les soutenir financièrement. Les fonds passent par le fond centralisé d'un organisme missionnaire mais, contrairement au système de mutualisation, les offrandes sont versées à des missionnaires bien ciblés. En général, un petit pourcentage (5 à 10 %) de l'offrande sert à financer le budget administratif de l'organisme. Un des avantages de ce système est que chacun peut participer et chacun des missionnaires choisis a toutes les chances de pouvoir se rendre sur le terrain. Les églises sont encouragées à soutenir les missionnaires car leurs dons sont destinés à quelqu'un en particulier et, dans un même temps, le système est responsable et structuré. Un des inconvénients de ce système est que la responsabilité du budget repose en grande partie sur les missionnaires eux-mêmes. Ils sont même tenus de se déplacer pour collecter des fonds lorsqu'ils reviennent chez eux lors d'un congé sabbatique.

4. Un département national qui travaille de pair avec les églises locales. Il s'agit d'une structure d'envoi intermédiaire qui fonctionne bien dans les pays qui possèdent des églises locales solides et tournées vers la mission. L'organisme prend des décisions, coordonne et sert d'intermédiaire avec les pays qui reçoivent, mais l'église locale prend part aux décisions et a son mot à dire sur la question. Certains pays d'Amérique latine et d'Europe ont recours à ce système. Ils possèdent un département national des missions qui permet aux églises locales de prendre part aux collectes d'informations et à certaines prises de décisions si elles le souhaitent. Cependant, ce n'est pas l'église locale qui dirige le missionnaire. Pour l'église qui reçoit, c'est le département et l'église nationale qui envoient le missionnaire et non pas l'église locale. Ce système d'envoi peut être un système intermédiaire pour les pays qui possèdent de bonnes églises locales qui doutent de l'efficacité des organismes missionnaires.

Cette liste est loin d'être exhaustive ; elle peut néanmoins servir de modèle global dans la mesure où la plupart des structures d'envoi optent pour l'un de ces systèmes.

Les avantages d'un département national des missions

Nous sommes convaincus que la mise en place de départements nationaux des missions pour mener le projet constitue un sérieux avantage dans le développement de notre mouvement des missions des AD. L'immense avantage d'une telle structure est que de nombreuses églises locales qui collaborent valent mieux qu'une seule église locale qui œuvre en solo. Autre avantage de cette structure relationnelle rattachée à un réseau confessionnel : la structure d'un mouvement religieux propose déjà de grands rassemblements, comme les réunions du Conseil général des AD, qui sollicitent et encouragent de nombreux pasteurs. Un département des missions peut se servir d'un tel réseau pour promouvoir la mission tandis qu'une structure développée par plusieurs mouvements ne possède généralement pas de réseau déjà constitué qui permette de promouvoir la mission.

Un autre point important qui vaut la peine d'être souligné est l'impact des bons résultats. Lorsqu'un mouvement missionnaire commence à produire de bons résultats, ces derniers peuvent engendrer, à leur tour, des résultats encore meilleurs qui, à leur tour, encourageront les gens à y prendre part. Grâce à ces résultats positifs qui se multiplient, l'œuvre de Dieu débouche sur ce que nous appelons une « rivière de bénédictions » qui, à son tour, permet d'échapper à « l'inondation » que pourrait causer le travail de gens sincères qui commettent des erreurs parce qu'ils travaillent tout seul.

Les fruits de la vision missionnaire

La vision missionnaire de l'Église nationale engendre de nombreux « fruits », comme par exemple :

- L'esprit de pauvreté fait place à l'esprit de générosité.
- Des personnes sont envoyées après avoir été appelées par Dieu.
- Un esprit de confiance basé sur le « nous pouvons y arriver » se propage parmi le peuple.
- Il naît au sein des églises un esprit de partage, c'est-à-dire un esprit qui encourage les gens à ne pas penser uniquement à eux, mais à leur église, à leur pays et aux autres nations.
- Le royaume de Dieu continue sa progression et Dieu achève Son œuvre.
- Les gens prennent davantage part aux prières d'intercession. (La seule façon de faire tomber le « voile islamique » est d'avoir recours à ces prières d'intercession.)

- Les bénédictions économiques et spirituelles se multiplient. Lorsqu'une église prend part à la mission, Dieu la récompense toujours de manière spirituelle et financière.

COMMENT LE RÉSEAU DES MISSIONS D'AMÉRIQUE LATINE EST VENU EN AIDE AUX PAYS « PLUS FAIBLES »

Ces dernières années, le terme *réseau* ou *réseautage* a connu un grand succès dans le monde des affaires aux États-Unis. C'est un concept très important. Par exemple, la *World Assemblies of God Fellowship* (WAGF) est un immense réseau international. Il y a quelques années de cela, un dirigeant missionnaire d'Amérique latine s'est opposé à ce terme. Je lui ai alors raconté l'anecdote suivante : il y avait, en Inde, un missionnaire des AD de Bolivie. Le département des missions auquel appartenait cet homme souhaitait également envoyer un ouvrier en Inde. Sachant cela, je les ai mis en contact avec le missionnaire en Bolivie qui, parce qu'il parlait la même langue, put leur donner des conseils en se basant sur sa propre expérience et leur communiqua les coordonnées des dirigeants de l'Église nationale d'Inde. Je n'en ai pas fait plus. Ensuite, je lui ai posé la question suivante : « Penses-tu que ce contact les ait aidés ? » « Bien sûr » m'a-t-il répondu. Alors j'ai répliqué : « C'est cela un réseau ! » Établir un réseau, c'est travailler ensemble, trouver des terrains d'entente, bâtir des ponts et travailler en bon terme avec les autres.

Sept réseaux missionnaires indispensables

Le travail missionnaire est efficace grâce aux alliances ou réseaux. Voici sept de ces réseaux-clés :

1. Dieu et le missionnaire. L'appel de Dieu est le point de départ de toute carrière missionnaire (Luc 10.2, Actes 13.2).

2. L'Église et le missionnaire. L'« appel à partir en mission » du missionnaire ne pourra s'accomplir qu'à travers l'« appel à envoyer » des Églises nationales et des églises locales (Romains 10.15).

3. L'église et le département local des missions. Chaque église a besoin d'avoir son propre département des missions libre d'agir à sa guise. En outre, les missions ne doivent pas être un simple service proposé par l'église mais en être la vision.

4. L'église et le département national des missions. Sans l'appui d'un département national des missions, seules les grandes églises pourraient prendre part aux missions internationales, et seuls les missionnaires issus de ces églises pourraient y participer. Grâce à un département des missions dynamique, chaque église, petite ou grande, pourra y prendre part, et chaque missionnaire, d'où qu'il soit, pourra agir. Par conséquent, les départements nationaux des missions et les églises locales doivent travailler en réseau à la réussite de cette alliance.

5. Les départements des missions entre eux. Nous avons beaucoup à apprendre les uns des autres, en particulier au tout début de la mise en place de la mission. Pour vous donner un exemple, les vingt Églises nationales hispanophones d'Amérique latine possèdent aujourd'hui leur propre département des missions. Treize d'entre eux n'existent que depuis moins de trois ans.

6. Le département national des missions et l'église qui reçoit. Dans de nombreux cas, c'est l'Église nationale des AD qui obtient les meilleurs résultats du pays, et ce, grâce à la Pentecôte et aux stratégies mises en place, et grâce à l'œuvre des églises nord-américaines qui travaillent avec, et même se soumettent à, l'Église nationale du pays en question. Les missionnaires nord-américains ne cherchent pas à bâtir une Église nationale dépendante. Pourtant, ces mêmes Églises nationales manquent souvent de respect à l'égard des autres Églises nationales lorsqu'elles envoient leurs propres missionnaires. En 1990, une équipe de missionnaires a été envoyée en Argentine, soutenue par une importante église des AD d'Asie. Elle a refusé de travailler directement avec les Assemblées de Dieu d'Argentine en disant : « Nous, c'est avec *l'*Église que nous voulons travailler », sous-entendant l'Église universelle. Malheureusement, en refusant de se soumettre à l'Église nationale d'Argentine et de la respecter, elle a commis de nombreuses erreurs inutiles et a échoué. À vouloir travailler avec tout le monde, elle avait fini par ne plus travailler avec personne. Il est important que les départements des missions saisissent l'importance des réseaux stratégiques et qu'ils respectent l'Église nationale existante en se soumettant à elle, et en communiquant et en travaillant avec elle.

7. Les missionnaires collaborant avec les missionnaires des autres églises des Assemblées de Dieu. Nous devons tout faire pour communiquer entre nous et ne pas travailler indépendamment les uns des autres. Il arrive parfois que des ouvriers envoyés par les Assemblées de Dieu préfèrent se soumettre à des organismes missionnaires non-pentecôtistes ou à des organismes qui ne partagent pas la même philosophie de travail plutôt que de travailler et d'être en contact avec la philosophie et la missiologie pentecôtiste des autres ouvriers des Assemblées de Dieu. Récemment, un dirigeant inter-mouvements argentin me disait : « Les Assemblées de Dieu sont le meilleur réseau au monde. Si seulement je pouvais y avoir accès, je ne chercherais même pas à aller voir autre part ou même penser que l'herbe est plus verte ailleurs. » Mais nous qui possédons « le meilleur réseau au monde » que tant d'autres nous envient, nous oublions parfois d'en profiter.

Notre réseau d'Amérique latine

En 1994, le département des missions des AD d'Argentine a commencé à établir des contacts avec les autres départements des missions d'Amérique latine. Les débuts ont été difficiles, car les organismes d'envoi craignaient de perdre leur autonomie. Nous avons donc pris soin de clarifier le fait que notre objectif n'était pas de créer un organisme missionnaire latino-américain tentaculaire. En 1997, nous avons fondé *Misiones en Conjunto* (Ensemble dans la mission). Il existe aujourd'hui deux corps missionnaires en Amérique latine, le CELAD qui compte 14 pays membres, et le CADSA qui compte 6 ou 7 pays membres. Le Brésil est officiellement membre du CADSA, mais la différence de langage limite sa participation. Nous avons donc rassemblé ces vingt pays hispanophones en un seul réseau missionnaire. Le comité a été officiellement inauguré en 1998, et Brad Waltz (d'Argentine) en a été nommé président.

Le premier rassemblement historique des dirigeants de la mission a eu lieu au Panama en avril 2000. Près de 50 dirigeants missionnaires venus de 17 pays d'Amérique latine y ont assisté. La première conférence, tout aussi historique, s'est tenue au Guatemala en mars 2001 ; y ont assisté plus de 420 délégués venus de plus de vingt pays, entre autres 12 présidents d'Église nationale et des représentants issus de 15 départements des missions de la région. Depuis, les rassemblements annuels de ce réseau réunissent plus de dirigeants à travers l'Amérique latine que n'importe quelle autre rencontre des AD. Un rassemblement a lieu chaque année et un congrès se tient tous les trois ans.

Les trois piliers de notre réseau

Notre réseau des missions d'Amérique latine repose sur trois piliers clés :

Pilier 1 : la communication. Le premier pilier comprend les mises à jour des courriers électroniques incluant les informations générales et les dernières mises à jour des dirigeants. Nous avons pour projet de mettre en place un journal électronique.

Pilier 2 : le partage des ressources. Le deuxième pilier comprend les bases de données d'information concernant les missionnaires et les contacts latino-américains, les modèles missionnaires et les ressources de formation ainsi que les peuples non-atteints.

Pilier 3 : les rassemblements de dirigeants. Des rassemblements sont menés chaque année, mais une grande conférence se tient tous les trois ans. Les rassemblements et conférences traitent des tendances et points missiologiques. Ils prônent également les réseaux qui se créent naturellement à travers les relations établies lors de ces conférences. (Vous trouverez la Déclaration sur la coopération en Amérique latine dans l'Appendice 3.)

Les défis et les clés d'un réseautage réussi

Les équipes internationales représentent un défi dans la mise en place d'un réseau de communication. On ne peut éviter les conflits entre missionnaires. Cela se vérifie pour les missionnaires d'un même pays qui œuvrent au sein d'une même mission, donc à plus forte raison lors du développement d'un réseau entre missionnaires issus de différents pays, cultures et langues pour en faire une équipe unie. Mais cela est possible. Les trois clés d'un réseautage réussi à échelle internationale sont la communication, le respect et la confiance.

Les missionnaires de pays et cultures différent(e)s ont des philosophies différentes. Pourtant, en dépit du fait que des cultures différentes ont chacune leur façon de concevoir les choses, il semblerait qu'elles partagent toutes une même philosophie fondamentale. Il est donc essentiel que les équipes missionnaires internationales élaborent une ligne de conduite philosophique fondamentale. Chaque membre de l'équipe doit, ce faisant, faire preuve d'humilité et de grâce. En outre, chaque membre doit accepter de tirer des leçons des autres. Même le plus expérimenté peut apprendre du plus novice.

Je ramène souvent des idées en Argentine des pays que je visite car, pour la plupart d'entre nous, communiquer avec les équipes internationales, c'est pénétrer en terre inconnue. C'est cela que nous craignons. Néanmoins, nous ne devons pas redouter l'inconnu mais nous tenir prêts à prendre des risques, gardant à l'esprit que les avantages à en tirer sont immenses.

Un autre défi est notre peur de l'« impérialisme spirituel ». Dans la plupart des pays, la force missionnaire dominante est celle des missionnaires occidentaux. Il arrive parfois d'éprouver une certaine crainte à travailler avec eux. De même que ces mêmes missionnaires occidentaux peuvent appréhender de travailler avec les missionnaires d'autres pays. Les missionnaires américains ont commis de nombreuses erreurs au fil des ans, mais ils ont fini par apprendre à se soumettre au leadership national. Au fur et à mesure que se développent les mouvements missionnaires des pays en voie de développement, ces derniers font peu à peu une place parmi les dirigeants. Nous devons oser collaborer avec les équipes internationales. Au sein d'une telle équipe, nous devons nous engager à nous respecter et à travailler comme des partenaires.

LE RECRUTEMENT ET LE MENTORAT DES DIRIGEANTS MISSIONNAIRES

Des dirigeants visionnaires et expérimentés, voilà la clé des organismes d'envoi solides, actifs et performants. Mais comment recruter et encadrer de tels dirigeants ? En commençant par franchir les obstacles qui les empêchent de prendre leur envol. Sept de ces obstacles sont (1) une mauvaise interprétation de la grande mission, (2) l'égoïsme, (3) l'ignorance ou le manque de savoir sur le monde, (4) un esprit indépendant, (5) un esprit mortifié, (6) un complexe d'infériorité et (7) une mentalité de pauvreté. Lorsqu'ils ne sont pas pris en considération puis surmontés, ces obstacles empêchent les dirigeants potentiels d'entendre la voix du Saint-Esprit. Avant de pouvoir être formé avec brio, un dirigeant doit franchir ces obstacles avec le soutien du Saint-Esprit et de son mentor dans la mission.

Lorsque nous cherchons à recruter de nouveaux dirigeants missionnaires, nous devons nous assurer de recruter non seulement des gens qui « se rendent sur le terrain » mais également des gens qui « envoient ». Au tout début de notre mouvement missionnaire en Amérique latine, notre problème était que le

Saint-Esprit nous avait incités à nous « rendre sur le terrain » lors d'un réveil, mais l'Église n'avait pas su donner suite à Son appel et n'avait pas formulé de « vision d'envoi » qui soit à sa hauteur.

Lorsque nous mobilisons l'Église en vue de la mission, nous devons entreprendre deux choses d'égale importance : recruter des gens pour se rendre sur le terrain et mobiliser l'Église pour qu'elle se tienne prête à envoyer. L'œuvre du Saint-Esprit est en action dans les deux cas. En Argentine, nous n'avons lancé d'appel à la mission à personne, c'est le Saint-Esprit qui s'en est chargé. En revanche, nous avons prié « le maître de la moisson d'envoyer des ouvriers pour sa moisson ». Nous appelons cela « la prière de Luc 10.2 ». Il ne fait pas de doute qu'une église orientée vers la mission engendrera des gens prêts à se rendre en mission, de même qu'une église investie de sagesse aura pour dynamique de recruter des missionnaires prêts à partir. Par conséquent, la meilleure façon d'inciter une église à se rendre sur le terrain est de promouvoir une vision d'envoi au sein de l'église.

Recruter des personnes qui seront envoyées sur le terrain

Une des premières tâches du département des missions est d'aider les pasteurs et les églises à prendre conscience de cet appel à envoyer (cf. Romains 10.14-15). Nous devons pour cela chercher à recruter des dirigeants missionnaires au sein de chaque église locale. Nous devons recruter des pasteurs qui partagent cette vision missionnaire et nous devons recruter des dirigeants locaux qui aident leur pasteur à propager cette vision. Cette étape est un processus de longue haleine.

Principes du mentorat et de l'exemplarité

Si nous voulons produire des dirigeants de la mission, nous devons leur offrir un modèle de leadership missionnel à suivre. En d'autres termes, nous devons appliquer ce que nous prêchons. Par exemple, pour engendrer des donateurs, nous devons nous-mêmes aimer donner. C'est ainsi que notre esprit du don deviendra communicatif et se propagera autour de nous. Il est difficile de briser les vieux moules de l'égoïsme qui peuvent pétrifier un peuple pendant des siècles. C'est pour cette raison que nous devrons adopter une attitude positive lorsque nous nous lancerons dans cette tâche. Nous devons porter notre attention sur ceux qui désirent changer et ne pas nous laisser décourager par ceux qui n'en ont pas envie. En outre, notre vision et notre objectif doivent être à long terme. Nous devons user de patience tout au long de cette course.

La Bible nous enseigne le principe de la semence et de la récolte (Galates 6.7-8). Si les futurs missionnaires souhaitent récolter la générosité des autres, ils doivent eux-mêmes apprendre à semer avec générosité et doivent s'y atteler dès aujourd'hui sans attendre de devenir missionnaires. Ainsi donc, ils se mettront à semer de « bonnes graines » qui produiront, un jour, une grande moisson. Les missionnaires devront également apprendre à avoir une vision de groupe, c'est-à-dire à collecter des fonds non seulement pour eux-mêmes, mais aussi pour le groupe au sens large du terme.

Recruter des dirigeants missionnaires locaux

Non seulement le pasteur doit être perçu comme un dirigeant de mission, mais il doit également avoir les capacités de recruter des dirigeants laïques locaux pour la mission. Il est celui qui inspire et doit avoir pour objectif d'insuffler une vision missionnaire au sein de son église. Néanmoins, même s'il est essentiel que le pasteur adhère à cette vision, il n'a pas forcément besoin d'en être l'instigateur principal. Un comité missionnaire local peut jouer ce rôle s'il y est autorisé.

En Argentine, le département des missions national a accepté d'endosser la responsabilité d'aller d'église en église et d'aider les dirigeants à mettre sur pied une équipe missionnaire locale. En outre, nous restons en contact avec ces dirigeants missionnaires en organisant des réunions de direction chaque mois. Une personne-clé peut, à elle seule, inspirer une vision missionnaire à une église tout entière.

Recruter des dirigeants nationaux

Développer une vision d'envoi demande non seulement un leadership local, qui comprend pasteurs et dirigeants laïques, mais également un leadership engagé à l'échelle nationale. Lorsque vous mettrez sur pied une équipe missionnaire nationale, commencez par repérer les personnes qui contribuent déjà activement à la mission au sein de leur église locale ou à l'échelle régionale. Une fois que vous aurez ciblé ces personnes, recrutez-les et proposez-leur d'intégrer un comité missionnaire ou un groupe de ressources. Elles pourront ainsi faire part de la vision aux autres pasteurs.

Il existe une multitude de façons de semer une vision missionnaire à l'échelle nationale. Par exemple, vous pouvez commencer par proposer une vision missionnaire à grande échelle en dressant la liste d'objectifs concrets et réalistes. Montrez ensuite à ces personnes comment il est possible d'y arriver. Puis rendez-vous d'église en église en promulguant cette vision et en aidant les départements des missions locaux à démarrer. Saisissez l'occasion des conférences nationales pour faire passer le mot. Préparez et distribuez au plus grand nombre des ressources attrayantes qui mettent en avant la vision missionnaire de l'Église nationale et communiquent les objectifs à atteindre. Personnalisez cette vision en demandant aux missionnaires d'aller d'église en église à travers tout le pays. Organisez chaque année une tournée missionnaire nationale qui vous permettra de faire passer le message aux églises. Cela peut se faire également par le moyen de rassemblements missionnaires dans la région. Enfin, si vous voulez inciter les églises à donner avec générosité, vous devez savoir communiquer, fournir des comptes rendus réguliers et faire preuve de transparence, et ce, quel que soit le projet.

Une voix prophétique et un cœur pur

Les dirigeants de mission doivent devenir une voix prophétique pour l'Église, la remettre en question et la mettre au défi afin qu'elle se détourne du péché et de l'égoïsme et qu'elle se soumette à Dieu. Les gens doivent avoir conscience que désobéir à la grande mission de Christ revient à commettre un péché. Cependant, lorsque ces missionnaires s'adresseront à l'Église de façon prophétique, leur cœur devra rester pur. Ils devront empêcher l'amertume et le découragement d'envahir leur cœur. Satan a souvent recours à l'amertume et au découragement pour étouffer notre vision et notre zèle. Nous devons donc rester alertes face à ces écarts car ils peuvent nous détruire et réduire au silence notre voix prophétique qui appelle le peuple de Dieu à la repentance et à l'obéissance.

Antonio Pedrozo et Brad Walz

COMMENT DES PROGRAMMES MISSIONNAIRES ÉLABORÉS PEUVENT CONTRIBUER AU MENTORAT DES PROGRAMMES MISSIONNAIRES ÉMERGENTS

Parmi les vingt pays d'Amérique latine, quatre Églises nationales des Assemblées de Dieu possèdent des programmes élaborés, six des programmes intermédiaires et neufs ont des programmes moins performants ou émergents. Un seul ne propose, pour l'instant, aucun programme. Nous avons la conviction que les quatre programmes les plus élaborés peuvent avoir des retombées sur les quinze autres. Il arrive parfois que ces retombées ne soient pas volontaires, mais parfois elles le sont.

Retombées involontaires

Un exemple de retombées involontaires est le suivant : c'est en observant les progrès missionnaires de leurs églises sœurs que les dirigeants d'Église nationale ont réalisé que « c'était possible ». Par exemple, les ADA ont franchi la barre des 100 missionnaires en 1997, ce qui a permis de venir à bout de la mentalité du « nous n'y arriverons pas » qui dominait dans la plupart des Églises nationales des AD. Des retombées semblables se sont produites en 2009 lorsque les ADA ont dépassé le million de dollars de dons. L'annonce d'une telle avancée a eu un impact sur l'ensemble de l'Amérique latine. De plus, lors des conférences missionnaires régionales, les églises offrant des programmes élaborés ont l'occasion de faire part de leurs réussites et de leurs échecs à ceux issus d'autres églises. Les dirigeants peuvent ainsi débattre autour des clés de la réussite – et des échecs missionnaires. Les rassemblements annuels, ainsi que le réseau continental actuel, permettent aux dirigeants missionnaires de rester en contact. Ce contact évolue souvent en un mentorat involontaire. En outre, les dirigeants issus de différents pays développent des liens d'amitiés qui contribuent également au mentorat missionnel.

Retombées volontaires

Le mentorat volontaire entre organismes missionnaires des AD se manifeste sous plusieurs formes à travers l'Amérique latine. Par exemple, chaque rassemblement annuel ou congrès triennal porte sur un thème choisi volontairement, thème qui a pour objectif d'inspirer et d'influencer les dirigeants missionnaires et leurs Églises nationales. Il est arrivé parfois que des programmes missionnaires novices requièrent l'intervention d'un missionnaire expérimenté pour les aider à démarrer. En 1998, l'Argentine a envoyé un missionnaire au Venezuela. Grâce à cela, les AD du Venezuela ont développé l'un des quatre programmes les plus élaborés d'Amérique latine. Elles ont, à leur tour, récemment envoyé un de leurs missionnaires au Pérou afin de permettre à l'Église nationale de développer son potentiel missionnaire.

Voici un autre exemple de mentorat missionnel volontaire organisé entre Églises nationales des AD : les séminaires de formation intensive sur une demi-journée qui se sont tenus dans les bureaux du département des missions des ADA en 2009 et 2010. Les présidents des autres départements des missions nationaux sont venus se former auprès de notre équipe et se rendre compte de notre travail de leurs propres yeux. À la fin d'un de ces séminaires, un dirigeant qui nous rendait visite a fait la remarque suivante : « J'ai appris ici des choses que je peux mettre en pratique, non seulement au sein de notre département des missions, mais également dans mon rôle de dirigeant au sein du Conseil général. »

En 2010, notre réseau missionnaire d'Amérique latine (RMAL) proposait des séminaires de formation intensive au leadership sur deux/trois jours dans un grand nombre de pays. Aujourd'hui, toutes les Églises nationales peuvent demander à ce que ce programme soit proposé dans leur pays. Ce séminaire propose des cours portant sur 15 sujets missionnels-clés. Pour chacun des séminaires, un intervenant issu de chacune de nos Églises nationales membres aborde deux ou trois sujets. Chacun des participants subventionne sa propre participation à laquelle contribuent souvent les programmes missionnaires de son propre pays. C'est ainsi une façon de semer les graines de la mission dans le champ de vision missionnaire de nouveaux pays.

Enfin un autre moyen d'encadrer la mission de façon volontaire en Amérique latine est de partir en mission stratégique. En 2003, par exemple, 14 dirigeants missionnaires latino-américains ont été envoyés en Turquie et à Chypre. Des Latino-Américains ont également pris part aux rassemblements musulmans qui ont eu lieu en 2005 et 2009. Ces rassemblements ont un impact important sur ceux qui y participent.

Tous les trois ans, le RMAL est tenu de rédiger un compte rendu et de le remettre à ses membres constituants. En 2010, nous pouvions annoncer qu'entre 2007 et 2010, toutes nos 21 Églises nationales avait reçu la visite d'un membre du comité du RMAL. L'un des objectifs de ces visites est de prêcher mais aussi d'encadrer afin de permettre aux Églises nationales d'avancer dans leur vision de la mission.

Enfin, le mentorat volontaire se manifeste lors d'événements organisés à l'échelle nationale. Chacune des Églises nationales d'Amérique latine ont donné aux membres de notre comité du RMAL l'opportunité de prendre part aux rassemblements d'Églises nationales, comme les conseils généraux ou les congrès extraordinaires.

Obstacles au mentorat

Avant de clore notre discussion sur le mentorat, voici une liste commentée des quelques obstacles qui peuvent affaiblir les effets du mentorat missionnel au sein des Églises nationales :

- *La fierté*. La fierté peut empêcher une Église nationale de tirer parti du mentorat. On pense, par exemple, à des réactions comme « nous n'avons rien à apprendre de vous ». Recevoir un soutien demande de savoir faire preuve d'humilité et d'avoir un esprit ouvert à l'enseignement.
- *Un esprit nationaliste*. Un esprit nationaliste trop prononcé peut constituer un obstacle au soutien entre églises, comme, par exemple, penser qu'« il est impossible qu'un homme de ce pays ou de cette région puisse m'enseigner quoi que ce soit ».
- *Un esprit fermé à l'enseignement*. Nous devons être capables de reconnaître que nous avons tous des choses à apprendre et que nous pouvons apprendre les uns des autres.

Nous devons tous arriver à déceler et à franchir ces obstacles si nous voulons que notre église soit davantage impliquée dans la mission.

CONCLUSION

Il y a quelques années de cela, un ami africain m'a dit : « Aujourd'hui, en Afrique, le temps n'est plus à la discussion autour de la mission mais à l'action. » Il est vrai que l'Afrique s'est étendue longuement sur le sujet des missions, mais aujourd'hui encore, il existe très peu de programmes mis en place sur le continent. Dans la plupart des cas, il semblerait que l'engagement des gens et des églises reste sommaire. On pourrait débattre sur le fait que les AD d'Afrique n'ont même pas un seul programme étranger d'envoi missionnaire. Tandis que de nombreux pays réalisent un travail actif de mission interculturelle au sein même de leurs frontières nationales, les Assemblées de Dieu d'Afrique, malgré leur potentiel, ne parviennent pas à proposer de bons programmes d'envoi missionnaire pourtant financés par des millions de dollars consacrés à la mission.

Je déclare que le moment est venu pour l'Afrique d'adopter la « théologie Nike » de la mission. La célèbre marque de chaussures de sport *Nike* est devenue célèbre grâce à son logo et à sa devise, *« Just do it ! »* (Agir, tout simplement). Il est temps pour l'Afrique d'agir, tout simplement. Démarrez avec ce que vous avez, et bâtissez à partir de là. Recrutez des dirigeants. Réveillez les églises visionnaires et tournées vers la mission. Bâtissez brique par brique, petit à petit ; il ne fait aucun doute que vous commencerez à en récolter les fruits d'ici quelques années. Vous verrez alors des missionnaires formés se rendre sur le terrain, des missionnaires envoyés auprès des peuples non-atteints dans le monde, des pays pourvus de bons programmes d'envoi missionnaire, d'autres pays ouverts à l'enseignement et des églises et des croyants offrant des dons généreux pour la mission. Mais vous devez cesser de parler et vous mettre au travail. Le monde a besoin de l'Afrique. Il est temps pour l'Afrique d'*agir, tout simplement* !

Le mentorat missionnel :
Réponse à l'article d'Antonio Pedrozo
et Brad Walz

ENSON MBILIKILE LWESYA

J'admire l'ouverture et la candeur d'Antonio Pedrozo et Brad Walz qui se dégagent de l'article intitulé « Le mentorat missionnel : Comment les Églises nationales aux projets missionnaires performants et solides peuvent-elles encadrer celles qui n'en ont pas ? ». Ils ont tenté avec objectivité de traiter du sujet du mentorat missionnel entre départements nationaux des missions en prenant exemple sur leur propre continent, l'Amérique latine. L'article de Pedrozo et Walz aborde des points importants de la mission au nombre desquels figurent une théologie de la mission, les méthodes essentielles de gestion des départements des missions, le réseautage inter-organisationnel, le leadership missionnel, etc. Je ne chercherai pas à aborder tous les sujets traités dans cet article, mais je me permettrai, en m'appuyant sur la qualité même de l'article et de son sujet, de répondre en cinq points :

1. L'Église de l'hémisphère sud et ses missions transfrontalières
2. Les dirigeants et leur rôle dans la création d'une vision missionnaire et le maintien de l'élan missionnaire
3. Trouver les bons systèmes pour mobiliser et envoyer en mission
4. Les réseaux et les missions dans le monde

5. Les organismes missionnaires impliqués dans le mentorat

L'Église de l'hémisphère sud

Au cours de ces vingt dernières années, l'Église de l'hémisphère sud s'est tellement développée que, à l'heure d'aujourd'hui, elle surpasse en nombre l'Église de l'hémisphère nord. En effet, se profile à l'horizon un chamboulement religieux, dont les conséquences sociologiques lourdes de sens dépassent tout ce que le monde a connu jusque-là. On entend beaucoup parler de la croissance rapide de l'islam, mais les chiffres démontrent que la chrétienté se développe encore plus vite, et il est surprenant de constater qu'elle se développe plus vite dans l'hémisphère sud que dans l'hémisphère nord, l'Afrique étant l'épicentre de cette croissance exponentielle[1]. D'ici quelques années, le chrétien « moyen » ne sera plus le Blanc du nord mais un Africain ou un Asiatique provenant d'une de ces mégapoles bouillonnantes du sud.

Les spécialistes et professionnels ont inventé de nouveaux termes pour décrire ce mouvement missionnaire en pleine ascension dans les territoires de l'hémisphère sud. À une certaine époque, on parlait de « missions du Tiers-Monde », terme largement adopté par les milieux politiques et ceux du développement. On l'associe historiquement aux pays du monde peu développés sur le plan économique, contrairement aux nations du bloc occidental (Premier Monde) polarisées par la politique et plus développées sur le plan économique, et les nations du bloc de l'Est (Second Monde). Pourtant, aujourd'hui, ce terme n'est plus adapté dans la mesure où la vigueur économique de certains pays du « Tiers-Monde » dépasse celle de la plupart des pays du « Premier Monde[2] ». On parle aussi parfois de « missions émergentes ». Cependant, peut-on continuer à qualifier d'émergent un mouvement qui englobe près de 30 % des forces missionnaires protestantes[3] ?

Si la locution « pays du Deux-Tiers-Monde » est mieux adaptée que « Tiers-Monde » ou « pays en voie de développement », elle n'est cependant pas utilisée couramment, en particulier hors de la sphère évangélique[4]. L'expression « Monde Majoritaire » me semble plus appropriée. Elle se réfère à l'Afrique, à l'Asie et à l'Amérique latine. « Monde Majoritaire » reflète bien le fait que la majorité de la population mondiale et des chrétiens dans le monde en sont issus[5]. Elle démontre que 83 % de la population mondiale vit dans des pays en voie de développement et que 76 % des nations dans le monde sont en voie de développement. Alan Anderson cite les chiffres avancés par Barrett et Johnson qui révèlent qu'en 2004, on comptait 1 227 millions de chrétiens en Asie, Afrique, Amérique latine et Océanie (62 % des chrétiens dans le monde) alors que les chrétiens provenant des deux continents de l'hémisphère nord (y compris la Russie) représentent seulement 38 % des chrétiens dans le monde. Voilà une preuve étonnante qui confirme le déclin du christianisme mondial en Occident au vingtième siècle. Anderson note encore que, « si les tendances actuelles suivent leur cours, d'ici 2025, 69 % des chrétiens dans le monde vivront dans le sud, et 31 % seulement dans le nord[6] ».

Ce changement démographique ne se reflète pas uniquement à travers les chiffres. La croissance du christianisme transparaît le plus souvent à travers les mouvements pentecôtiste et charismatique, et plus particulièrement au sein des groupes distincts des organismes missionnaires et des confessions « protestantes du courant principal » occidentales et « pentecôtistes nelles[7] ». La mission du Monde Majoritaire et l'Église de l'hémisphère sud sont aujourd'hui les nouveaux organismes (émergents) d'envoi missionnaire parmi les chrétiens non-occidentaux ; ils sont issus d'Afrique, d'Asie, d'Amérique latine et d'Océanie. Le mouvement missionnaire du Monde Majoritaire s'est développé à une allure incroyable. Selon certains rapports, entre 1980 et 1988, le mouvement a augmenté de 22 686 missionnaires, ce qui représente un taux annuel de 13,39 % ou 248 % en une décennie. C'est cinq fois plus que le mouvement missionnaire occidental qui n'a augmenté que de 48 % durant cette même décennie. Cette croissance en dit long sur le futur de la mission et de l'Église dans le monde[8]. L'émergence de la mission du Monde Majoritaire redéfinit les frontières des actions missionnaires et met en évidence une nouvelle catégorie de missionnaires au sein du mouvement missionnaire évangélique.

Pedrozo et Walz ne cachent cependant pas leur déception sur le fait que l'Église de l'hémisphère sud, qui possède tant de qualités et qui grandit aussi vite, n'avance pas de chiffres exacts démontrant que le mouvement missionnaire émergent de l'hémisphère sud a dépassé les pays occidentaux traditionnels en termes de nombre de missionnaires envoyés. Cette réalité est d'autant plus évidente au sein des mouvements pentecôtistes, y compris des Assemblées de Dieu. Néanmoins, une question subsiste : « Quel impact aura le christianisme de l'hémisphère sud sur celui de l'hémisphère nord ? » Aujourd'hui, le christianisme se développe dans le sud et un immense mouvement humain coordonné est en train d'avancer du sud vers le nord ; alors quelles vont en être les retombées sur la mission chrétienne ?

L'article souligne clairement que les missiologues de l'hémisphère sud débattent régulièrement autour de l'existence de ces peuples dans le monde qui sont non-atteints ou difficiles à atteindre, et que la « vision de se rendre » s'est peu à peu instaurée parmi eux. Il nous reste néanmoins à élaborer une « vision d'envoi ». Établir une théologie d'envoi au sein d'une église, c'est mettre en place le dispositif nécessaire pour trouver, choisir, former et déployer les missionnaires sur le terrain. Ce dispositif comprend une philosophie organisationnelle, une intrastructure[9], des politiques, une culture et bien d'autres choses encore. Bien que Pedrozo et Walz ne traitent pas du sujet des fondements philosophiques de la mission, il paraît évident qu'aucun projet de mission ne pourra être mené à terme si ceux qui ont une vision d'envoi n'ont aucune connaissance en termes de théologie biblique des missions.

Les dirigeants et le projet de mission

Pedrozo et Walz arrivent à la conclusion, et ce, à juste titre, que développer une « vision d'envoi » repose sur le renforcement des capacités de leadership au sein des communautés. Ils précisent qu'il arrive souvent qu'un pays soit mûr pour la moisson, mais que le bon dirigeant n'ait pas été formé, ni ne se sente prêt ou n'ait pas été choisi pour relever le défi. La création et le lancement d'un département relèvent également du domaine du leadership. Les dirigeants facilitent la création, le démarrage et la propagation de la vision missionnaire.

Non seulement les dirigeants ont la responsabilité d'initier le processus, mais ils doivent également entretenir la dynamique du projet. L'enthousiasme suscité par l'approche et la sensibilisation à la mission[10] lors des différents rassemblements *Eleventh Hour Institute* menés à travers l'Afrique est parfois retombé par la faute de dirigeants qui ne sont pas parvenus à entretenir cette dynamique. Un dirigeant parviendra à maintenir la dynamique s'il réussit à gérer le mécanisme et les systèmes d'une « vision d'envoi ». Pour ce faire, il lui faudra faire preuve de transparence financière envers la communauté de donateurs et rassurer les missionnaires envoyés quant au soutien financier de l'église. Pour pouvoir contribuer pleinement à la *missio Dei*, l'Afrique a besoin de dirigeants à la tête de structures d'envoi missionnaire performantes.

Même s'il existe une différence entre un dirigeant et un administrateur, la vie organisationnelle nous prouve qu'il n'existe pas de dirigeant à 100 % et vice-versa (Schéma 1).

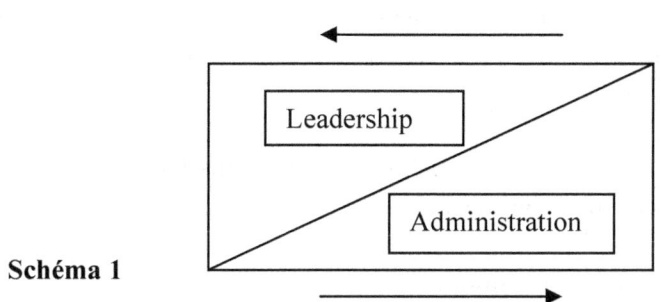

Schéma 1

Il y a, en chaque dirigeant, un côté administrateur, de même qu'il y a un côté dirigeant en chaque administrateur. Autrement dit, les dirigeants possèdent inévitablement certains talents d'administrateur de même que les administrateurs ont des talents de leadership. Ainsi, dans une équipe dirigeante, chaque membre qui la compose démontre ces deux talents à des degrés divers. En outre, les membres d'organismes possèdent également ces deux compétences, quelle que soit leur position au sein de l'organisme. Les équipes de leadership performantes comptent souvent des gens aux aptitudes de leadership et de management très diverses. Cela signifie que la force des équipes de leadership repose sur l'intervention créative à la fois des dirigeants et des administrateurs membres. Un projet missionnaire est un travail éprouvant et de grande ampleur qui exige une collaboration créative entre toutes sortes de dirigeants. Par conséquent, les dirigeants performants doivent savoir se délester de leurs points faibles et optimiser leurs atouts. Les dirigeants africains doivent impérativement prendre conscience de leurs qualités, de leurs atouts et de leurs compétences. Ils apprendront ainsi à diriger avec courage, dignité et prudence.

Pedrozo et Walz s'accordent pour dire que l'un des plus grands défis d'une vision et d'une structure d'envoi missionnaire en voie de développement est de trouver le bon leadership :

Quel que soit le pays, ne pas posséder de bons dirigeants représente une entrave au développement d'organisations auquel aspirent tant de jeunes gens et de pasteurs tournés vers la mission. Le plus grand défi pour une église qui ne possède aucune expérience dans le domaine de la mission est d'avoir des dirigeants qui la guideront dans ses tout premiers pas dans le monde de la mission. Partout dans le monde, quel que soit le pays, posséder un bon leadership accélèrerait le processus et la croissance nécessaires à une organisation d'envoi performante.

Par conséquent, une des étapes cruciales pour que la mission se développe est de trouver et former des dirigeants qui ont la mission dans le sang.

Les structures d'envoi missionnaire

Les missions ont besoin de structure pour pouvoir être menées à bien. La nature même de leurs activités exige qu'elles aient une organisation bien rodée pour que les fruits issus d'un tel projet soient bien conservés. Pedrozo et Walz décrivent quatre types d'organismes d'envoi : (1) l'église locale, (2) un département national avec système de mutualisation, (3) un partenariat entre un département national et les églises dont les dons sont exclusivement réservés aux missionnaires et (4) un département national qui travaille en collaboration avec les églises locales. Les auteurs voient ce dernier modèle qu'ils nomment « système intermédiaire » comme l'organisme de prédilection des mouvements, telles les Assemblées de Dieu, dont les églises locales sont fermement établies.

Pedrozo et Walz soulignent qu'un des facteurs-clés contribuant à la réussite des projets missionnaires est de posséder un organisme d'envoi performant. Dans cette optique, ils mettent en avant trois points-clés :

1. Tout ce qui a de la valeur prend du temps ; par conséquent, pour qu'un organisme d'envoi parvienne à maturité, il faut du temps.
2. Il est essentiel de trouver les dirigeants capables de soutenir une théologie et une structure d'envoi.
3. La plupart des pays de l'hémisphère sud en sont au premier stade ; ils doivent donc tout faire pour parvenir à maturité.

Dans la quatrième partie, les auteurs décrivent le département national des missions des AD d'Argentine comme un exemple d'organisme d'envoi en pleine expansion. Ils concluent leur troisième partie en disant que les organismes en cours de maturité qui se fixent un objectif apportent beaucoup au projet missionnaire. Un département des missions mature ne signifie pas forcément que le pays possède une vision mature de la mission, mais que le département s'en fixe l'objectif.

Les Églises nationales qui souhaitent envoyer des missionnaires hors de leurs frontières doivent impérativement élaborer une feuille de route précise concernant les infrastructures, la vision, la mission, les objectifs et les stratégies du projet. En outre, doit être instaurée une infrastructure organisationnelle qui définit les structures de gestion, l'équipe dirigeante, les bureaux, les politiques et les procédures. Par définition, une théologie d'envoi doit savoir se montrer flexible, étant constamment remaniée pour s'adapter aux besoins changeants sur le terrain. L'homogénéité d'une théologie d'envoi conditionne les pratiques missionnelles de l'Église, telles que la sensibilisation, la connaissance, la mobilisation, la sélection, la formation et le déploiement des missionnaires. Tous ces points doivent être abordés et formulés au moment de l'élaboration d'une vision d'envoi adaptée.

De nombreuses Églises nationales affiliées à l'AADA ont un département des missions, même si leurs fonctions varient de l'un à l'autre. Les actions *Eleventh Hour Institute* et *Acts in Africa Initiative*[11] ont sensibilisé l'Église à la nécessité de faire appel à la puissance du Saint-Esprit pour ses projets missionnaires. Ces deux actions missionnaires souhaitaient encourager les Églises nationales à élaborer des départements des missions opérationnels. Mais force est de constater que, aujourd'hui, la plupart des départements des missions de nos Églises nationales d'Afrique en sont toujours au stade embryonnaire et que d'autres, malheureusement, n'en portent que le nom.

Les réseaux et les missions dans le monde

Pedrozo et Walz reconnaissent l'importance des réseaux missionnaires et soulignent à quel point ces derniers peuvent aider à « bâtir des ponts, à collaborer ensemble, à trouver des terrains d'entente et à travailler en bon terme avec les autres ». Personne n'est capable de survivre seul et aucun groupe chrétien ne pourra gagner le monde entier par lui-même, d'où la nécessité des réseaux missionnaires. Les auteurs décrivent à ce propos sept types d'alliance nécessaires au travail missionnaire : (1) Dieu et le missionnaire, (2) l'Église et le missionnaire, (3) l'église et le département local des missions, (4) l'église et le département national des missions, (5) les départements des missions entre eux, (6) le département national des missions et l'église qui reçoit et (7) les missionnaires collaborant avec les missionnaires des autres églises des Assemblées de Dieu. Parmi ces alliances, les trois dernières évoquées sont très importantes, car elles ont la capacité de renforcer les diverses collaborations que nous entretenons dans le but de rassembler les dirigeants missionnaires des AD à travers l'Afrique.

Pedrozo et Walz décrivent le développement sans précédent des réseaux latino-américains. Ils énumèrent les trois piliers essentiels des réseaux missionnaires : la communication, le partage des ressources et les rassemblements de dirigeants. Les AD d'Afrique ont suivi ce même schéma pour développer des réseaux régionaux contribuant au travail missionnaire. C'est d'abord l'Action missionnaire des Assemblées de Dieu des États-Unis qui a facilité les contacts entre Églises nationales car elle possédait déjà un réseau de missionnaires répartis dans toute l'Afrique. Grâce à des rassemblements mémorables, telle la Conférence panafricaine sur la prière, ont été plantées les graines à partir desquelles allait germer une collaboration à l'échelle du continent. Une tentative de collaboration encore plus importante touchant l'ensemble de l'Afrique a eu lieu lors des réunions préparatoires de la Décennie de la moisson des années 90[12]. En 1989, à Lilongwe, les Assemblées de Dieu du Malawi ont organisé une rencontre importante de tous les présidents des Églises nationales du continent. Cette rencontre historique a donné le ton à la Décennie de la moisson. Plus tard, le Zimbabwe a, à son tour, organisé un rassemblement encore plus important de tous les pasteurs de l'ensemble du continent.

La Décennie de la moisson, programme stratégique mondial des Assemblées de Dieu, a placé l'évangélisation et la mission sur le devant de la scène. Il va sans dire que ses succès les plus marquants se sont manifestés à travers l'essor des Églises nationales qui comptent des milliers de nouvelles églises en plus à travers le continent. Durant la Décennie de la moisson, la collaboration entre les missionnaires de l'Action missionnaire des AD et les Églises nationales a contribué à l'essor de mouvements nationaux. L'Alliance des Assemblées de Dieu d'Afrique (AADA), formée au cours de la Décennie de la moisson, continue de se renforcer et de jouer un rôle influent, même si elle reste une alliance informelle entre églises et dirigeants nationaux. Les réseaux régionaux de l'AADA, qui se plient aux principes de l'Action missionnaire des

AD, se sont également développés et renforcés au fil des années. Sous la direction visionnaire du regretté John V. York, le Service Africain de Formation Théologique (aujourd'hui *Africa's Hope*), créé durant la Décennie de la moisson comme organisme de formation en collaboration avec l'Église africaine, a été à l'origine de différents projets qui sont devenus des lits de semence pour la vision missionnaire. Le SAFT a aussi mis en place les directives à suivre pour une éducation théologique de qualité et a également distribué des ressources d'apprentissage aux écoles bibliques à travers le continent. L'action *Eleventh Hour Institute* est un projet SAFT.

Même s'il n'existe aucune donnée répertoriée concernant le développement des réseaux et du travail missionnaire dans les différentes parties des Assemblées de Dieu d'Afrique durant cette époque, je suis convaincu que le Saint-Esprit a su faire preuve de créativité dans sa façon de mener le développement de la mission missionnaire en Afrique de l'Est. En 1995, une rencontre historique entre enseignants d'écoles bibliques, administrateurs et dirigeants nationaux issus du Malawi, de la Tanzanie et du Kenya s'est tenue à l'Université biblique des Assemblées de Dieu de Dodoma, en Tanzanie. Ce fut la première des trois grandes rencontres missionnaires de la région. Les deux autres ont été nommées *Leadership II* (Iringa, Tanzanie, 1997) et *Leadership III* (Limuru, Kenya, 2001). Leadership II en appelait à la mise en place du projet *Eleventh Hour Institute* et du Conseil régional des missions de l'Afrique de l'Est (CRM). C'est en 1999 que fut organisé le tout premier *EHI* à Lilongwe, au Malawi. Le *EHI* avait pour vocation de sensibiliser, mobiliser et déployer des missionnaires tandis que le CRM avait été mis en place pour contrôler la gestion des réseaux missionnaires de la région et superviser les missionnaires régionaux provenant des Églises nationales membres.

Aucune étude indépendante n'a été menée sur les retombées des projets *EHI* ; néanmoins, ce qui se raconte nous laisse à penser qu'ils ont eu un impact positif du fait qu'ils ont permis aux églises de prendre conscience de la nécessité de la mission, ont encouragé la création de départements des missions dans la plupart des Églises nationales et ont fait valoir l'utilité de l'enseignement théologique. Je n'ai non plus jamais lu de rapport d'analyse sur les activités du CRM qui semble avoir donné des résultats les trois premières années et qui a ensuite cessé son activité. On peut dire que le CRM n'ait pas parvenu à faire face aux défis culturels et nationaux qui sont apparus lors de la création de ces réseaux. Comment une Église nationale peut-elle soutenir un missionnaire qui ne fait pas partie de cette église et qu'elle n'a jamais vu de sa vie ? Le concept du CRM partait d'une bonne intention, mais ses dirigeants devaient faire beaucoup de lobbying et de formation, surtout auprès des dirigeants des départements des missions des Églises nationales de la région. Le réseau d'Amérique latine, qui ne compte que vingt nations et une seule langue principalement utilisée, avait plus de chances de s'agrandir que l'Afrique qui compte cinquante nations très diverses sur le plan ethnique, économique et linguistique. Même si des réseaux régionaux de l'AADA se développent chaque année, rédiger des comptes rendus, mener des évaluations et faire des suivis ne sont pas pour le moment considérés comme des étapes essentielles au développement d'une culture d'implantation missionnaire performante. Hélas, cette lacune se vérifie également pour d'autres projets à l'échelle du continent de l'AADA et de l'Action missionnaire des AD.

Le mentorat missionnel

Dans les deux dernières parties de leur article, Pedrozo et Walz abordent spécifiquement le sujet du mentorat missionnel. Ils traitent tout d'abord du besoin d'encadrer les dirigeants missionnaires et de la procédure à suivre, car ces derniers, disent-ils, sont la « clé pour former des organismes d'envoi solides, sérieux, matures et qui fonctionnent bien ». Ils parlent aussi du mentorat pratiqué au sein d'un réseau régional plus large. Les auteurs s'accordent pour dire que le mentorat, quel qu'il soit, exerce une influence sur les autres à travers les relations. Autrement dit, le mentorat est une expérience relationnelle à travers laquelle une personne habilite une autre personne en lui transmettant les ressources que Dieu lui a accordées[13].

Une des méthodes de mentorat consiste à coacher, et la base du coaching est l'écoute. Un excellent coaching consiste à savoir allier habilité, compassion et perspicacité. En groupes, les coachs font souvent office de conseillers qui aident les autres à se sentir en sécurité. Élément indispensable à la fois au mentorat et au coaching, le don de servir d'exemple, de modèle auquel on a envie de ressembler. Ces deux compétences sont essentielles au développement de grands dirigeants des missions, aussi bien au sein de mouvements nationaux que de réseaux régionaux. Pedrozo et Walz décrivent les AD d'Argentine comme un modèle à suivre quand ils déclarent que l'Église d'Argentine a dépassé les 100 missionnaires en 1997, et expliquent dans quelle mesure parvenir à ce jalon préliminaire a permis d'en finir avec la mentalité du « nous n'y arriverons pas » au sein de l'Église. Ils déclareront plus tard que « dépasser la barre du million de dollars d'offrandes en 2009 a également eu un impact sur le réseau régional ».

Je crois aux bienfaits du mentorat et du coaching auprès des autres, y compris des dirigeants des missions. Lors de ma ratification du leadership de l'AADA/de l'Action missionnaire des AD, j'ai proposé au comité exécutif de l'AADA de mettre en place un système plus solide de mentorat et de coaching des dirigeants des missions. Je proposais...

> ... de faire en sorte que l'implication de l'AADA et de l'Action missionnaire des AD dans le travail des Églises nationales déjà existantes découle de la volonté de travailler main dans la main avec les dirigeants africains afin de mettre en place des mouvements missionnaires plus solides qui auraient un impact sur le continent et le reste du monde (mentorat missionnel). Cela peut se manifester sous la forme d'un projet conçu pour une période précise. Ce changement de cap concernerait surtout le personnel, les infrastructures, la formation, les approches concernant la mobilisation des ressources, etc. À cet égard, nous proposerions la mise en place d'un groupe de consultants missionnaires compétents dans le domaine du développement du leadership, de l'expertise administrative et du mentorat pour habiliter les structures de direction nationales qui le souhaitent. Bien conscient du système de souveraineté qui se pratique au sein des Églises nationales, ce système fonctionnera si ce sont les dirigeants nationaux qui en font la demande[14].

Ce mentorat missionnel qui propose à la fois d'encadrer et de coacher les dirigeants de la mission dans une Église nationale précise établit sa vision missionnaire impliquant une compréhension profonde de la théologie biblique des missions. Cette idée peut paraître nouvelle pour la plupart d'entre nous, mais elle a déjà fait ses preuves dans de nombreux pays. L'Argentine, le Costa Rica, la Tanzanie, le Kenya et bien d'autres pays ont reçu l'aide de dirigeants de l'Action missionnaire des AD pour développer des organismes d'envoi au sein de leurs Églises nationales. Ainsi, la stratégie que je vous propose aujourd'hui a déjà prouvé qu'elle était réalisable et viable.

Par conséquent, une façon efficace de développer un département national des missions est de permettre à un dirigeant d'un autre pays africain ou à un missionnaire de l'Action missionnaire des AD d'agir en tant que mentor auprès du directeur, ou bien de prendre la tête du département pour trois ans ou plus. Cette personne devra, bien entendu, partager la même vision et passion et posséder les qualifications requises. Elle devra également posséder des notions de finances, avoir de l'expérience ainsi qu'une mémoire institutionnelle. En s'en tenant aux directives, le mentor a la capacité de rénover l'infrastructure d'un programme missionnaire déjà existant et d'implanter, au sein du département, une culture axée sur les résultats. Les modalités, méthodes et procédures pour la mise en place de ce projet seront traitées par des équipes de spécialistes sous la direction de l'AADA et de l'Action missionnaire des AD, ou par leurs propres réseaux régionaux respectifs. Comme je l'ai déjà précisé, l'Argentine, le Costa Rica, la Tanzanie, le Kenya et d'autres pays ont eu recours à ce système qui s'est avéré être un succès.

Il faut du temps, de la patience, de l'expérience et de l'humilité pour bâtir des organismes d'envoi performants et une administration financière responsable au sein d'un département national des missions. Le système auquel les Assemblées de Dieu ont recours pour choisir leurs directeurs des missions représente un obstacle de taille pour ce projet dans la mesure où organiser des élections en permanence implique la possibilité constante d'un changement de direction. Pedrozo et Walz notent qu'une fierté nationaliste exacerbée et le manque d'ouverture à l'enseignement peuvent entraver la mise en place de cette stratégie au sein d'une Église nationale. Parmi les autres obstacles, on relève l'absence d'une culture unifiée, une mentalité de pauvreté et le manque de sensibilisation à l'état de perdition des gens dans le monde.

Conclusions et recommandations

L'article de Pedrozo et Walz est digne de notre attention car il peut contribuer efficacement au développement des missions pentecôtistes en Afrique. Je le recommande vivement car c'est un outil d'orientation pour les dirigeants des Églises nationales et des départements des missions. En prenant appui sur l'Amérique latine en général, et plus précisément sur l'Argentine, pour traiter des différents problèmes relatifs au développement de la *missio Dei*, Pedrozo et Walz réprimandent l'Afrique sans détour pour qu'elle cesse de débattre sur la mission et commence à la mettre en œuvre. Ils appellent l'Afrique à adopter la « Théologie Nike » de la mission, lui demandant d'« agir, tout simplement ».

Prétendre que les Assemblées de Dieu d'Afrique ne proposent aucun programme missionnaire étranger d'envoi nous a d'abord semblé très exagéré. Pourtant, leur critique semble, en grande partie, justifiée, même en tenant compte du fait que les églises latino-américaines et africaines évoluent dans des contextes différents. L'Afrique est beaucoup plus variée d'un point de vue linguistique et culturel ; elle renferme également bien plus de pays, ce qui rend les réseaux missionnels entre Églises nationales beaucoup plus complexes à établir. Ils accusent également la mission africaine de ne « rien » faire. Pourtant, la vérité veut que ce qui se passe en Afrique n'est souvent pas répertorié ou, au mieux, que les informations parviennent de manière déformée aux communautés des AD. Ce manque de communication est le point faible des réseaux missionnaires des Assemblées de Dieu d'Afrique. Néanmoins, « on ne brise pas un miroir uniquement parce que l'image qu'il reflète ne plaît pas ». Les critiques de Pedrozo et Walz, mêmes dures à entendre, doivent inciter l'Église africaine à *agir, tout simplement !*

En me basant sur les explications, les conclusions et les suggestions de Pedrozo et Walz concernant la croissance et le sens que prend la mission au sein de l'Église de l'hémisphère sud, je formule les recommandations suivantes à la CAM :

1. Une collaboration entre la CAM, l'AADA et l'Action missionnaire des AD pour mettre en place un programme de mentorat missionnaire adapté au contexte, et ce, sur une période limitée dans le temps. Nous sommes clairement appelés à envoyer des missionnaires issus des Églises nationales membres de l'AADA et de l'Action missionnaire des AD proposant des programmes missionnaires d'envoi solides pour qu'ils interviennent en tant que mentors ou directeurs des missions auprès de programmes missionnaires nationaux qui, bien que démunis, sont ouverts à une telle collaboration.
2. Une collaboration entre la CAM/AADA et l'Action missionnaire des AD pour organiser une Consultation annuelle sur la mission pentecôtiste ainsi que des Congrès missionnaires tous les trois ans auxquels pourront participer l'ensemble des directeurs de département des missions et autres dirigeants missionnaires-clés.
3. J'appelle enfin les églises des AD et les départements des missions nationaux à se joindre au réseau missionnaire du continent. Pour ce

faire, ils devront présenter à la CAM des comptes rendus annuels sur leurs activités missionnaires nationales. En outre, nous devons encourager les missionnaires à nous faire part d'anecdotes qui témoignent de l'œuvre missionnaire de la Pentecôte à travers l'Afrique, tout en ayant conscience que chaque département des missions a sa propre identité et sa propre approche, que chacun vit une expérience unique et que, par conséquent, il se développe différemment, même si les réseaux aimeraient que les données soient fiables et reflètent le travail effectué tout en indiquant le taux de croissance atteint.

Une fois encore, je félicite les auteurs pour leur passion et leur analyse exacte de ce qu'une église doit posséder : à la fois la vision de se rendre et celle d'envoyer. Nous pouvons percevoir l'expérience de Pedrozo et de Walz à travers cet article, et je prie pour que ceux qui le lisent et méditent sur les nombreux sujet qui y sont abordés, *agissent, tout simplement*, avec l'aide du Saint-Esprit ! Que le Seigneur de la moisson accorde aux Assemblées de Dieu d'Afrique la grâce – Sa faveur et Sa puissance – qui leur permettra de prendre part de manière active à l'envoi de missionnaire dans le monde entier. Dans son article intitulé « L'universalisation de la Pentecôte et de la mission en Afrique », Denzil R. Miller a bien cerné ce que les AD d'Afrique allaient devoir faire pour pouvoir avancer efficacement dans la mission. Si tous les dirigeants, quel que soit leur échelon, et tous les croyants membres de nos Assemblées de Dieu à travers le continent saisissent le sens de la vision d'une église revêtue de la puissance de l'Esprit et entièrement soumise à Christ et à Sa mission, alors le monde s'en trouvera totalement « métamorphosé ».

Il insiste en profondeur sur le fait qu'« un véritable concept pentecôtiste de la mission doit proposer non seulement un concept pentecôtiste de la mission, mais également un concept missionnaire de la Pentecôte ». Cela pourrait, en effet, permettre à notre mouvement de se retrouver sur un seul et unique programme, la *missio Dei*. Il arrive souvent, et dans divers lieux, que l'on recherche et accorde de l'importance à la puissance de la Pentecôte à des fins uniquement personnelles. On se sert de la puissance de Dieu à des fins de réussite personnelle ; c'est l'occasion pour un chrétien de grimper l'échelle sociale, passant ainsi d'une vie modeste à une vie prospère, saine et heureuse. La puissance de l'Esprit devient alors, avant tout, la réponse aux maux, à la pauvreté, à la misère et aux maladies en Afrique. Miller a raison lorsqu'il dit que porter clairement l'accent sur l'objectif missionnel de la Pentecôte peut être un moyen d'établir nos priorités.

Miller nous lance ce défi lorsqu'il dit que « selon la pure tradition pentecôtiste, les Africains doivent se tenir prêts à se rendre, sans aucune réserve, là où le Saint-Esprit les envoie ». Il ne fait aucun doute que le Saint-Esprit, surintendant du travail de la moisson, souhaite envoyer les Africains à travers le monde. En revanche, le doute surgit lorsque nous nous posons la question de savoir si l'Église africaine est prête à être déployée et si elle est suffisamment préparée à affronter cette incroyable tâche inachevée.

D'autres doutes surgissent encore lorsque, nous autres Africains, nous nous pensons incapables de rivaliser avec le type de mission que proposent les missionnaires occidentaux. Admettons-le, aujourd'hui, notre base d'envoi est loin d'être aussi structurée et fructueuse que celle de nos amis occidentaux. Et cela prendra peut-être une génération entière ou plus pour forger une forte mentalité d'envoi dans le cœur de nos 16 millions de membres qui se rassemblent dans 65 000 assemblées dans 50 Églises nationales des AD d'Afrique. Mais Miller suggère de prendre exemple sur Jésus et les apôtres, et cela me remplit d'espoir. L'Afrique a les moyens de devenir une force puissante sur terre, et ce, au même titre que l'Église primitive. Les conditions sociales, politiques et économiques qui semaient le trouble au sein de l'Église primitive n'ont pas empêché la communauté pentecôtiste du premier siècle d'accomplir son mandat missionnaire, et il n'en serait en être autrement pour l'Afrique.

NOTES DE FIN DE DOCUMENT

[1] Philip Jenkins, *The Next Christendom: The Coming of Global Christianity* (NY : Oxford University Press, 2002), 217-220.

[2] Larry Pate, *From Every People: A Handbook of Two-Thirds World Missions with Directory/Histories/Analysis* (Monrovia, CA : MARC, 1989), 12

[3] Ibid., 13.

[4] Chris Wright, *What Do You Mean by the Majority World?* Disponible sur http://www.johnstott.org/CC_Content_Page/0,PTID326046%7CCHID719122,00.html, consulté le 28 février 2006.

[5] Ibid.

[6] Alan Anderson, "Towards a Pentecostal Missiology for the Majority World," *Asian Journal of Pentecostal Studies* 8:1 (2005) : 29-47.

⁷ Ibid.

⁸ Pate, 45.

⁹ L'intrastructure d'un organisme est le volet « logiciel » du système. Elle comprend aussi bien la philosophie des missions que celle de la vision, des valeurs et des pensées dominantes.

¹⁰ L'action *Eleventh Hour Institute*, une école missionnaire itinérante, a entamé son parcours dans la région des Assemblées de Dieu de l'Afrique de l'Est et a été ensuite validée par l'Alliance des Assemblées de Dieu d'Afrique (AADA) pour s'étendre sur l'ensemble du continent. Elle avait pour mission première de sensibiliser, mobiliser et former les missionnaires africains, mais son plus grand atout était d'inspirer et de sensibiliser les églises à la mission de la Pentecôte et à la responsabilité de l'Afrique dans ce domaine. Le projet de doctorat de Lazarus Chakwera avait, en partie, pour objectif d'élaborer le programme EHI et d'organiser sa toute première séance. Le Seigneur a fait appel à John V. York, alors directeur des programmes du Service Africain de Formation Théologique (SAFT), pour transmettre et communiquer cette vision missionnaire, et s'efforcer de l'intégrer aux divers projets dont il était responsable. L'Action *EHI* est donc un projet mené sous la direction du SAFT.

¹¹ L'action *Acts in Africa Initiative* a été mandatée par l'Alliance des Assemblées de Dieu d'Afrique dans le but d'encourager l'Église d'Afrique à rechercher Dieu afin que puisse avoir lieu un renouveau pentecôtiste à l'échelle du continent et que puisse se réaliser la plus grande avancée missionnaire évangélique et d'édification d'église qui ait jamais eu lieu dans l'histoire du mouvement. Denny (Denzil R.) Miller, qui est à l'origine de ce projet, est venu en Afrique avec la conviction que l'Afrique avait sa place au sein du projet missionnaire de Dieu et ne pourrait accomplir sa destinée missionnaire divine qu'en se conformant au mandat biblique selon lequel il est avant tout essentiel d'être revêtu du Saint-Esprit.

¹² Il s'agit d'un immense projet portant sur la croissance de l'Église, l'évangélisation et la mission ; projet mené par les Assemblées de Dieu au cours des années 90. À cette époque, les AD d'Afrique sont passées de 2 millions à 12 millions de membres.

¹³ Robert J. Clinton et Paul D. Stanley, (1992). *Connecting: The Mentoring Relationship You Need to Succeed in Life.* Colorado Springs, CO : NavPress, 38.

¹⁴ Extrait de cet entretien.

Tensions au cœur de la mission : les systèmes de formation théologique et les ministères de compassion au sein des missions africaines

WILLIAM KIRSCH

L'Église tente, depuis toujours, de trouver un bon équilibre entre altruisme et évangélisation. En fait, David Bosch, dans son très célèbre *Transforming Mission,* déclare que ce problème est « l'un des points les plus épineux de la doctrine et de la pratique missionnaire[1] ». La Déclaration de Lausanne, adoptée en 1974 lors du Congrès International pour l'évangélisation mondiale, comprend deux paragraphes traitant de ces deux facettes. Le paragraphe 4 intitulé « La nature de l'évangélisation » et le paragraphe 5 intitulé « Responsabilité sociale du chrétien » abordent ces deux sujets sans jamais établir de lien entre eux. Le paragraphe 6 précise que « dans sa mission de service sacerdotal, l'Église doit accorder la priorité à l'évangélisation[2] ». Nombreux étaient les missionnaires évangéliques qui, un siècle en arrière, n'accordaient que peu ou pas d'importance à ce qui n'avait pas directement trait à l'évangélisation, au point même de considérer la formation des pasteurs comme étant en dehors du périmètre de l'évangélisation. John R. Cheyne cite Philip Crows lors de la Conférence d'Islington de 1968, qui reprend les mots de R. N. Cust, un missionnaire du siècle dernier qui prétend que l'argent des missions « servait à convertir les âmes et non à développer l'intelligence[3] ».

Donc, selon la personne à qui vous aurez affaire, il est possible qu'aborder le sujet de la formation théologique vous mène au débat entre altruisme et évangélisation.

Étant donné que la relation entre le rôle de l'évangélisation et la responsabilité sociale n'a pas été clairement établie et qu'elle divise de plus en plus les différentes parties concernées par le sujet, un comité de Lausanne a été dépêché pour déterminer précisément le lien qui existait entre évangélisation et responsabilité sociale. À l'issue de ses recherches a été rédigé un article hors-série, le « *Lausanne Occasional Paper 21* »[v], qui considère l'évangélisation et la responsabilité sociale comme un véritable engagement évangélique[4]. Le comité en a profité pour expliquer pourquoi il était important d'aborder ce sujet :

> Terminer le travail inachevé de Lausanne et définir avec plus de clarté ce que signifie le terme « responsabilité sociale », à qui incombe cette responsabilité et quel rapport elle entretient avec l'évangélisation. Beaucoup craignent que plus les évangéliques s'engagent auprès des uns, moins ils s'engagent auprès des autres ; que s'ils s'impliquent dans les deux, l'un des deux en pâtira ; et surtout que l'attachement qu'ils vouent à la responsabilité sociale prendra le dessus sur leur zèle évangélique[5].

Voir le Mouvement de Lausanne pour l'évangélisation mondiale et l'Alliance évangélique mondiale tenter, déjà en 1982, de résoudre cette question m'a beaucoup encouragé. Une autre source d'encouragement a été de constater que « les objectifs de ce rassemblement ont abouti au fait que nous devons, en premier lieu, rester focalisés sur les Écritures. Nous sommes donc fermement décidés à ne laisser aucune idéologie humaine façonner nos esprits mais à nous laisser guider par la Parole de Dieu[6] ». Cela étant, en poursuivant la lecture du document pour y trouver quelques fondements théologiques, j'ai certes glané quelques indices nous menant dans la bonne direction, mais pas ce que j'appellerais « une doctrine biblique à proprement parler sur le ministère de compassion ». Cet article ne répond donc pas aux interrogations soulevées ; il n'est d'ailleurs pas supposé y répondre. Néanmoins, il nous est d'une aide précieuse, notamment grâce aux éléments qu'il nous apporte concernant la responsabilité individuelle du travail de compassion basée sur Matthieu 25 :

---

[v] Publication occasionnelle 21 de Lausanne

À travers cette description solennelle du jour du jugement, les « brebis » ou les « justes » qui sont « bénis » et reçus dans le royaume sont ceux qui, au nom de Christ, se sont rendus auprès de ceux qui avaient faim et soif, de ceux qui étaient nus et malades, étrangers ou en prison. Quant aux « boucs », qui sont « maudits » et voués au châtiment éternel, ils ont refusé de secourir, au nom de Christ, ceux qui étaient dans le besoin. Que les « frères » de Christ soient Ses disciples en général, comme le précisent d'autres passages (voir Matthieu 12.46-50 ; Hébreux 2.10-18), ou Ses messagers en particulier, comme le suggère le passage du « verre d'eau froide » (Matthieu 10.9-15, 40-42), ou même le reste des hommes dans le besoin auquel Christ s'identifie humblement, le message principal est le même. Comme le reste du Nouveau Testament nous l'enseigne, chacun sera « jugé selon ses œuvres » (par exemple, Apocalypse 20.13), et nos actions comprennent aussi bien le travail d'amour que nous aurons accompli auprès de ceux qui étaient dans le besoin que l'indifférence abjecte à leur malheur que nous aurons éprouvé. Cette épreuve de vérité démontrera si nous avons été de véritables croyants ou des incrédules.

Ces deux passages ne veulent pas dire pour autant que nous aurons mérité notre place au ciel selon nos bonnes actions. Avancer cela reviendrait à donner une interprétation personnelle des Écritures. Ils soulignent plutôt le fait que, même si seule la grâce peut nous justifier au travers de la foi, nous serons jugés en fonction de nos bonnes œuvres remplies d'amour qui auront témoigné de notre foi intérieure[7].

Même si ce document hors-série de Lausanne définit plus largement l'identité de « mes frères » de Matthieu 25, même pour les chrétiens conservateurs, il y a là matière à débattre. Une « déclaration de compassion », publiée en 2003 par le Comité exécutif de l'Action missionnaire des Assemblées de Dieu, propose ce que je pense être une explication pleine de sens :

À la lumière des Écritures, « l'un de ces plus petits de mes frères » (verset 40) renvoie, en fait, aux disciples ou autres croyants, surtout à ceux qui paient le prix pour avoir pris part à la mission de Christ qui est de prêcher l'Évangile. Matthieu 5.19 emploie le même mot (en grec, *elachiston*) pour « le plus petit dans le royaume des cieux ». Paul a aussi recours à ce même mot dans 1 Corinthiens 15.9 : « Je suis le moindre des apôtres. » Matthieu 11.11 utilise un synonyme (en grec, *micron*) pour parler du « plus petit dans le royaume des cieux ». Luc 12.32 dit : « Ne crains point, petit (*micron*) troupeau ; car votre Père a trouvé bon de vous donner le royaume. » Tous ces passages soulignent que les plus petits, dont parle Matthieu 25.40, 45, sont des croyants. En outre, le fait que ces trois Évangiles synoptiques, Matthieu 12.48-50, Marc 3.35 et Luc 8.19-21, démontrent que Jésus considérait Ses disciples comme Ses frères prouve que cette vérité est importante. Enfin, Matthieu 10.37-42 emploie un vocabulaire similaire lorsqu'il parle de nourrir ceux qui sont dans le besoin car ils prêchent l'Évangile : « Celui qui vous reçoit me reçoit… Et quiconque donnera seulement un verre d'eau froide à l'un de ces petits parce qu'il est mon disciple, je vous le dis en vérité, il ne perdra point sa récompense[8] » (vs. 40-42).

Même si ce document n'a rien contre les actes de compassion auprès des non-croyants, il démontre que notre responsabilité première est d'entretenir la foi. Ce même document souligne avec exactitude la responsabilité individuelle de chaque croyant concernant les actes de compassion :

> Les ministères de compassion doivent encourager les croyants locaux du monde entier à répondre aux besoins physiques des croyants à l'échelle locale, surtout ceux qui sont devenus pauvres pour avoir témoigné au nom de Christ[9].

Cette déclaration converge avec la stratégie de décentralisation de l'Action missionnaire des Assemblées de Dieu concernant le ministère de compassion. Celle-ci ne possède aucun organisme chargé d'accomplir des œuvres de compassion mais souligne que son réseau, qui comprend plus de 200 000 églises locales, permet d'apporter une aide à ceux qui sont dans le besoin[10].

J'ai tenté de définir les origines de la tension qui existe entre l'évangélisation et la responsabilité sociale au sein de l'Église. Je pense, en fait, que cette « tension » est un bon point de départ. Existe-t-il une tension entre les systèmes de formation théologique et les ministères de compassion ? Si oui, quelle en est la nature ? Je voudrais d'abord préciser que le terme « tension » n'est pas forcément négatif. Mon frère, qui est ingénieur civil, m'a un jour expliqué que, dans le milieu de la construction, que ce soit d'un pont ou d'un immeuble, la structure est composée de tensions structurelles qui font en sorte que ce qui est construit reste stable. Les tensions gardent deux forces opposées en équilibre. Ces deux forces opposées peuvent être, et sont souvent, complémentaires, tels les haubans et plates-formes d'un pont suspendu. L'un ne va pas sans l'autre. Les tensions peuvent être source d'équilibre.

Quel est le rapport avec l'enseignement théologique et les ministères de compassion ? L'histoire nous montre que les Assemblées de Dieu ont beaucoup apporté à la formation. Le directeur régional des AD d'Afrique, Mike McClaflin, a répété plus d'une fois que « si l'on forçait nos missionnaires à quitter l'Afrique, le dernier à partir serait un enseignant d'école biblique ». Pourtant, dans la réalité, le nombre de nouveaux missionnaires ayant suivi une formation en école biblique a baissé. En 1900, quand seul 5 % des chrétiens n'étaient pas occidentaux, cela ne posait aucun problème. Aujourd'hui, sachant que plus des deux-tiers des chrétiens ne vivent pas en Occident, le Monde Majoritaire se retrouve avec une demande accrue de formation[11]. Ces chiffres parlent donc d'eux-mêmes pour ce qui est de l'immense besoin de formation sur le continent africain. On a souvent repris les mots du docteur Tokunboh Adeyemo, dirigeant des chrétiens évangéliques d'Afrique depuis plusieurs années, qui a dit que « l'Église d'Afrique est large de plusieurs kilomètres et d'une profondeur de quelques centimètres à peine. » Il a aussi dit que « l'Afrique a été évangélisée, mais l'esprit africain n'est pas encore tombé entre les mains de Christ[12] ».

Les tensions surviennent lorsque l'on associe un besoin énorme de formation à un besoin humanitaire massif à l'échelle du continent. Nous n'avons pas besoin de connaître les Évangiles par cœur pour nous rendre compte que le ministère de Christ était empreint de compassion. Comme le soulignent les rapports de Lausanne, Matthieu 25 explique que nous serons jugés en fonction de l'étendue de notre compassion envers les besoins humains. J'ai prêché sur ce passage, et ce, très souvent. Le sujet de ma prédication portait à la fois sur le besoin de s'investir personnellement dans des projets dits « de compassion » et sur ce qui n'a de cesse de nous sauter aux yeux, réalisant que nos efforts actuels ne serviraient qu'à gratter la surface des énormes besoins humains en Afrique. Après réflexion, ma réponse a été de chercher à renforcer nos compétences à l'aide de la formation en école biblique. Renforcer nos compétences en formant plus d'ouvriers capables d'enseigner aux autres, comme 2 Timothée 2.2 nous le demande, me semble être une solution logique à la palette considérable des besoins humanitaires et religieux. Si nous ne faisons que constater les immenses besoins humains et si nous oublions de renforcer nos compétences pour y répondre, nous irons droit dans le mur.

Les hommes ont cette capacité à segmenter leur vie. J'en ai fait moi-même l'expérience lorsque je vivais en Afrique du Sud durant l'apartheid. Nous vivions sous un système où l'Église Réformée Néerlandaise arrivait souvent à justifier l'injustice.

> Certains des racistes les plus violents travaillant pour le gouvernement étaient également les membres les plus fidèles de l'Église Réformée Néerlandaise. Leur engagement envers leur communauté locale était profond, et leur dévouement envers leur famille et leurs frères chrétiens était grand. À titre d'exemple, les hommes savaient se comporter comme des maris affectueux et fidèles à la maison (et dans leur église) tandis qu'au travail, en tant que fonctionnaires de la sécurité nationale, ils proféraient de terribles menaces à l'encontre de leurs voisins noirs. Ils arrivaient à fonctionner ainsi en segmentant leur vie avec, d'une part, une sphère privée guidée par leur engagement chrétien, et d'autre part, une sphère publique où les exigences de leur foi passaient après les exigences de leur communauté raciale/ethnique et de leur patrie. Cette segmentation suffisait à justifier des actes profondément violents et non-chrétiens à l'encontre des créatures de Dieu, parfois membres du corps de Christ[13].

Tandis que nous parlons de compassion et de justice, je ne tiens pas à segmenter le ministère de compassion. Cheyne a souligné très justement que « si les agents incarnés voulaient être fidèles à l'esprit de notre Seigneur, l'Évangile devait, en premier lieu, être l'incarnation de la vie du témoin de Christ[14] ». Comme je le démontrerai plus loin, ne pas accomplir des actes de compassion au quotidien, c'est empêcher l'Église d'exprimer comme il se doit le message de Christ. J'ai la conviction que nous devons considérer les ministères de compassion et la formation théologique comme les composants d'un tout, des composants qui se complètent et se soutiennent l'un l'autre, et qui aboutiront à un ministère de plus grande qualité.

Depuis le début, l'Action missionnaire des Assemblées de Dieu s'est impliquée dans le travail de formation en territoire africain. En revanche, l'intérêt qu'elle porte pour le ministère de compassion est plus récent. Bien que cela ait toujours été l'une de ses caractéristiques, les gens étaient sur la réserve, cherchant à tout prix à éviter de tomber dans un « évangile social ».

Néanmoins, cela fait maintenant quelques années que ce ministère n'est plus stigmatisé et a été propulsé au premier rang d'un bon nombre de projets missionnaires d'églises locales[15]. Cette avancée relativement récente s'est faite non sans son lot d'appréhension de la part de nombreux fidèles. En réalité, selon JoAnn Butrin, encore à la fin des années 90, on jugeait les termes « holistiques » et « humanitaires » inappropriés pour parler des missions de l'Action missionnaire des AD (États-Unis) :

> Lorsque nos missions ont pris le parti d'attribuer des tâches relevant du domaine de la compassion à nos missionnaires, beaucoup étaient en désaccord sur la place à lui accorder. Nous ne savions pas non plus quelle place lui accorder au sein de notre missiologie. Et nous avions des opinions divisées sur la définition d'un ministère holistique. Je me souviens d'une réunion au cours de laquelle une cinquantaine de personnes avaient passé presque la journée entière à débattre sur le terme *holistique* et le sens qu'il prenait dans ce contexte. En fin de compte, il fut décidé que ce terme était trop lourd de sens et ne devrait pas être utilisé. À la place, ils choisirent l'expression « ministère à la personne ». Ce même débat eut lieu à propos du terme *humanitaire*, terme qui fut également rejeté. Ces débats eurent lieu à la fin des années 90, il n'y a pas si longtemps que cela[16].

Je pense que les Assemblées de Dieu des États-Unis se sont récemment rendues compte que ces deux composantes étaient aussi nécessaires l'une que l'autre pour avoir une vision biblique équilibrée, et qu'elles étaient en accord avec la prière de Jésus consignée dans Jean 17. Il prie que nous restions dans ce monde (verset 15). En restant dans ce monde, nous côtoyons inévitablement des gens qui ont besoin de Sa main compatissante. Néanmoins, Il prie également pour que Ses disciples soient sanctifiés par la vérité ; ce sont là Ses propres mots (verset 17). C'est pour cela que nous devons connaître Sa Parole et mettre en pratique Ses vérités, ce qui, selon moi, revient à dire que nous devons connaître ou étudier Sa Parole.

Par conséquent, quels sont les points sensibles de la tension ressentie entre l'enseignement théologique et les ministères de compassion ? Après avoir interrogé plusieurs personnes sur la tension qu'elles percevaient entre l'enseignement théologique et les ministères de compassion, je me suis intéressé à quatre domaines fréquemment cités comme points sensibles. Voici ce qu'il en est ressorti :

1. *Théologie* : L'enseignement théologique occupe une place importante en Afrique aujourd'hui. Un ministère de compassion est-il nécessaire ?
2. *Présence missionnaire :* Compte tenu des difficultés actuelles que rencontrent bon nombre de missionnaires pour réunir des fonds, financer un ministère de compassion ne devrait-il pas être secondaire par rapport à une priorité qui semble plus pressante, à savoir envoyer plus de missionnaires sur le terrain ? En outre, beaucoup de nouveaux missionnaires vont se lancer dans des projets de compassion au lieu de participer à des ministères de formation. Ce choix ne porte-t-il pas préjudice à notre travail essentiel de formation ?
3. *Priorité de financement* : Entre les ministères de compassion qui font actuellement appel à la base américaine de donateurs et le besoin considérable de formation sur le continent africain, comment trouver un équilibre entre le besoin de financer la formation théologique et l'appel écrasant des œuvres de compassion ?
4. *Moyens d'acheminement* : Comment présenter le ministère de compassion sur le continent ? Les fonds destinés au ministère de compassion devraient-ils servir également à la formation théologique et/ou l'œuvre missionnaire ?

Théologie : Le ministère de compassion doit-il être mis à l'écart afin que nous nous concentrions davantage sur la formation théologique ?

Ma première réaction à cette question a été la surprise de la voir formulée de cette manière. Pourtant, au fur et à mesure que je cherchais à savoir ce qui se cachait derrière cette question, je réalisais qu'elle méritait d'être posée car elle est le point de départ pour déterminer notre responsabilité. Cette question m'a amené à sonder les écrits bibliques de plus près afin de définir le sens de la « politique biblique standard » en termes de gestion et concernant la question du ministère de compassion. Que nous enseigne la Bible sur le moment, le lieu, la façon et l'identité de la personne à qui s'adresse la compassion ? C'est précisément le thème principal de notre étude. Une fois la base théologique établie, nous pourrons répondre facilement aux trois autres questions.

Byron Klaus a dit que « les évangéliques (y compris les pentecôtistes) ont toujours tendance à trop simplifier les questions complexes, y compris les enseignements de Jésus à propos du royaume de Dieu[17] ». Cela s'applique également à notre sujet d'étude – une question épineuse. J'ai expérimenté pour la première fois ce type de tension alors que je n'étais encore qu'un jeune missionnaire au Botswana en 1984, où je m'étais rendu pour enseigner à la *Assembly Bible School*. Je passais une bonne partie de la journée en classe avec douze étudiants motivés qui faisaient de leur mieux pour « se présenter devant Dieu comme des hommes éprouvés, des ouvriers qui n'avaient point à rougir, qui dispensaient droitement la parole de la vérité » (2 Timothée 2.15). Pourtant, une fois sorti de cette tour d'ivoire, je me retrouvais face à ce à quoi chacun d'entre nous, vivant en Afrique, faisons face, à savoir des besoins humains immenses. Une des premières expressions que j'ai apprise, c'est *Go maswe go kopa madi*, ce qui signifie « ce n'est pas bien de quémander de l'argent ». J'éprouvais là une tension entre ma raison première d'être au Botswana et le besoin humain urgent.

Cette juxtaposition n'est pas un phénomène nouveau pour l'Église. Jésus, de par Sa propre vie et Son ministère, touchait de près cette tension. En fait, le monde dans lequel vivait Jésus n'est pas si différent de celui de l'Afrique aujourd'hui :

- Un besoin humain omniprésent
- Des pauvres sans éducation
- Une élite politique et religieuse

Une autre leçon tirée lors de mon séjour au Botswana m'a fait découvrir ce que j'allais ensuite utiliser comme modèle biblique. Notre programme à l'école biblique prévoyait d'amener les élèves sur le terrain durant le week-end pour mettre en pratique ce qu'ils avaient appris en classe. Je me souviens d'un week-end en particulier au village de Molepolole. C'était un week-end d'évangélisation dans le village comme les autres : nous prêchions, prions pour les malades et invitions les âmes perdues à recevoir Jésus ou, du moins, à assister au culte du dimanche pour en apprendre plus sur les mandements de Jésus. Ce week-end-là, alors que les élèves sillonnaient le village, appelant les gens à suivre Christ, ils prièrent pour un vieil homme qui était infirme depuis des années. Cet homme fut guéri sur-le-champ. Le dimanche suivant, pendant ma prédication, la salle était comble ; il y avait même des gens qui regardaient à travers la fenêtre. Le bruit de la guérison du vieil homme avait couru à travers tout le village. Beaucoup étaient là pour constater d'eux-mêmes la réalité du miracle dont ils avaient entendu parler ; en effet, le vieil homme courait le long de l'allée ; ce matin-là, de nombreuses personnes ont donné leur cœur au Seigneur. C'est un exemple de ce que j'appelle de la « compassion en cours de route ». Alors que les élèves s'appliquaient à leur tâche qui était de toucher les brebis perdues, ils avaient prié pour ce vieil infirme, et la main compatissante de Jésus l'avait guéri.

Sur quel modèle biblique cet exemple prend-il appui ? Quel rapport existe-t-il entre notre Sauveur, qui est notre modèle, et un ministère de compassion ? Que nous disent les Évangiles à ce sujet ? Jésus a appris à Ses disciples à évangéliser en marchant à leurs côtés et en leur enseignant l'évangélisation toute-puissante qui consistait à poser la main sur ceux qui étaient dans le besoin et à les guérir. Je dis souvent à mes élèves que leur évangélisation doit toujours s'accompagner d'une prière pour les malades. Les signes et les miracles du livre des Actes se produisaient deux fois plus souvent en présence des non-croyants[18], ce qui avait un double impact, car la guérison exprime à la fois la compassion de Christ et elle est, aux yeux du non-croyant, un signe de Sa puissance. Nous remarquons que cette compassion dont a fait preuve Jésus durant Son ministère se manifestait à travers de puissants miracles de guérison.

> Bien qu'il soit exact de dire que Jésus éprouvait de la compassion et imposait les mains au paria de la société, ceux qui prônent les ministères de compassion oublient souvent d'aborder le thème des miracles. Détourner la signification des miracles au profit de la simple compassion, de l'imposition des mains et de l'assistance médicale, c'est avoir une conception erronée du sens du miraculeux qui devrait faire partie intégrante de la mission dans son ensemble[19]. « Bien entendu, la transformation chrétienne concerne aussi bien les mots que les actions et les miracles[20]. »

Je pense que le corps universitaire doit considérer le ministère de compassion comme un moyen de dispenser un enseignement évangélique de qualité à ses étudiants, au lieu de le percevoir comme une poche percée dans ses finances. Non seulement ces enseignants devraient, au moyen de la formation sur le terrain, mener leurs étudiants sur la voie d'un ministère de compassion, mais ceux qui sont impliqués dans des ministères de compassion devraient s'impliquer davantage dans la vie universitaire en proposant leurs compétences pour former les pasteurs, actuels et à venir, face aux difficultés que rencontreront leurs églises pour devenir des phares puissants au cœur de leur communauté, prenant ainsi en charge les besoins du peuple qui vit dans leurs sillons.

Dans Matthieu 22.37-40, Jésus répond à une question posée par l'un des théologiens de Son époque qui voulait savoir quel était le plus grand des commandements. Il répond : « Tu aimeras le Seigneur, ton Dieu, de tout ton cœur, de toute ton âme, et de toute ta pensée... voici le second... tu aimeras ton prochain comme toi-même. » Je prendrai appui sur ce verset comme point de départ. Je pense que nous avons des difficultés dès que nous suivons l'un de ces deux extrêmes :

1. Ne s'intéresser qu'au premier commandement en proposant simplement une définition théologique, ce qui nous donne le sentiment, en agissant ainsi, que le travail est terminé.
2. Se concentrer entièrement sur le second et occulter le premier, comme une sorte de « vertu en action » qui démontre, d'après nous, qu'en prêtant une oreille attentive aux besoins des autres, nous manifestons notre amour pour Dieu, et cela suffit bien.

Dans le passage cité précédemment, ce théologien, qui se trouvait être docteur de la loi également, a, par déformation professionnelle, demandé à Jésus de lui dire qui était son prochain. Jésus a répondu en citant la parabole du bon Samaritain dans laquelle, Il nous dit, en termes simples, que nous ne pouvons répondre aux besoins de tous, mais que nous devons répondre aux besoins de ceux qui croisent notre chemin. Le docteur de la loi avait posé cette question à Jésus parce qu'il s'attachait aux choses du monde. La réponse de Jésus nous montre que l'amour répond au besoin humain simplement du mieux qu'il peut, et c'est cela que j'appelle la « compassion en cours de route ».

Le souci avec la « compassion en cours de route », c'est que, le cœur rempli de compassion, nous devons nous attendre à prendre des chemins détournés. Lors d'une étude bien connue menée par le Séminaire théologique de Princeton en 1970, on demanda à des étudiants séminaristes d'aller prononcer un discours à l'autre bout du campus. Les instructions données aux élèves variaient. Certains pensaient qu'il s'agissait uniquement d'un discours d'orientation destinés aux nouveaux élèves, du moins c'est ce qu'on leur avait dit. À d'autres, on demanda d'enseigner un cours sur la parabole du bon Samaritain. D'autres encore apprirent qu'ils n'avaient que quelques minutes pour se préparer car le discours devait être prononcé pratiquement immédiatement. Dans le même temps, un acteur se faisant passer pour une « victime » fut placé dans une des allées du campus. L'étude a montré que le contenu du discours n'a eu aucun impact sur le sujet et sur sa décision de porter secours ou non à la victime.

Néanmoins, le délai de temps imposé aux séminaristes a joué de façon cruciale sur le fait qu'ils ne s'arrêtent pas ni ne portent secours. Au-delà du constat inquiétant que l'étudiant ne s'arrête pas pour porter secours à une victime alors qu'il s'apprête à tenir un discours sur le bon Samaritain, cette étude nous montre que, si nous voulons aider les autres comme Jésus nous a ordonné de le faire, nous devons ralentir et prendre le temps qu'il faudra pour accomplir notre mission.

Il est intéressant de noter que Jésus n'a pas ouvert d'école pour former les dirigeants de l'Église qu'Il voulait mettre en place. Il a plutôt demandé aux douze apôtres, puis aux soixante-dix, de Le suivre pour répondre aux besoins du peuple, tout en formant Ses disciples au sein de Son « école du ministère » itinérante (Marc 1.17). Le ministère de Jésus était un ministère nomade qui ne restait pas longtemps au même endroit ; Il se déplaçait pour annoncer la bonne nouvelle et pour guérir (Marc 1.38). Les méthodes et le ministère de Jésus ne plaisaient guère aux théologiens de Son époque. Nous percevons la tension dès Marc 2, quand les théologiens remettent en question la légitimité de Jésus qui pardonne les péchés du paralytique (verset 6). Ils doutaient, à juste raison, de la validité théologique de la capacité de cet homme à pardonner les péchés d'autrui, mais avaient oublié que Jésus n'était pas un homme comme les autres.

Une deuxième rencontre entre Jésus et les théologiens eut lieu peu de temps après qu'Il ait appelé un publicain à devenir Son disciple (Marc 2.14). Nous assistons là à la tension qui monte en raison du choix de Jésus. Une fois encore, les théologiens, volontairement soucieux au plus haut point d'appliquer les principes théologiques, remettent en question l'entourage qu'Il s'est choisi. En fait, Jésus voulait être auprès des malades et des pécheurs. On remarque que les seuls gens que condamna Jésus furent les pharisiens et les sadducéens. Il les condamnait surtout pour leur hypocrisie. C'étaient des hypocrites qui donnaient l'aumône aux pauvres, uniquement pour l'« apparence ». Il est facile de distinguer la sainteté de l'hypocrisie.

Quelques versets plus loin, une vague d'opinion publique semble se rallier aux théologiens car, à présent, « le peuple » remet en question la spiritualité de Jésus qui ne jeûne pas tandis que les disciples de Jean et ceux des théologiens jeûnent (Marc 2.18). Puis les théologiens mettent au défi la spiritualité des disciples de Jésus : « Voici, pourquoi font-ils ce qui n'est pas permis pendant le sabbat ? » (2.24). Je pense que nous aurons vite fait de nous perdre dans notre formation théologique si nous ne nous en tenons qu'aux mots et occultons l'esprit de la loi.

Au début de Marc 3, Jésus passe à l'offensive en s'en prenant aux théologiens. Il exprime publiquement que le besoin humain est plus important que la lettre de la loi. Il met avec insistance les théologiens face à un choix : vont-ils continuer à respecter la loi à la lettre plutôt que d'éprouver de la compassion envers une personne dans le besoin ? C'est ici une des rares fois où notre Sauveur est décrit comme en colère ; Jésus est « affligé » face à leur entêtement. C'est à partir de là que se fomente le complot visant à trahir et à tuer Jésus, car les théologiens de Son époque n'ont pas su voir le Sauveur compatissant (Messie) qui se trouvait face à eux.

Pour répondre à la question posée en premier lieu pour savoir si l'Église devrait se lancer dans un ministère de compassion alors qu'il y a un besoin urgent de formation théologique, je pense qu'il est difficile d'apporter une réponse qui ne considèrerait pas le ministère de compassion comme un point vital et nécessaire au sein du ministère d'une église. Si l'on se base sur la Parole de Dieu, il va de soi que les croyants seront jugés, du moins en partie, en fonction de leur attitude face aux besoins des autres (Matthieu 25.31-46). Par conséquent, de quelle façon cette responsabilité individuelle devient-elle la responsabilité collective de l'Église ? D'un point de vue théologique, nous devons commencer par nous poser la question suivante : « De quel modèle biblique nous inspirons-nous ? »

J'ai passé la majeure partie de ma vie adulte à suivre des formations théologiques, et mes connaissances dans le domaine du ministère de compassion sont limitées. C'est pourquoi je ne suis pas en mesure de vous parler de la diversité du travail de compassion. Pour compenser ce manque, j'ai effectué quelques recherches portant sur la doctrine du ministère de compassion. Après avoir lu plusieurs livres sur la question, j'ai remarqué que la plupart de ces ouvrages traitait des détails pratiques du ministère de compassion et non de sa doctrine. La plupart d'entre eux citent des passages fondamentaux de l'Écriture qui parlent de justice, des pauvres et des nécessiteux, mais ils ne proposent pas de doctrine fondamentale portant sur le travail de compassion. Ceux qui exercent un ministère de compassion ne sont généralement pas des érudits bibliques, non sans surprise ; ce qui ne nous pose aucun problème. Néanmoins, ceux qui possèdent les compétences pour élaborer une doctrine biblique du ministère de compassion doivent s'allier à ceux qui l'exercent afin d'établir des fondations théologiques sur lesquelles sera élaboré le travail de compassion.

J'ai cru avoir une bonne surprise en trouvant un ouvrage intitulé *Compassionate Ministry: Theological Foundations*[vi] écrit par un professeur d'une école évangélique réputée. Mais après l'avoir lu, je fus déçu de constater qu'il était empreint d'un mépris flagrant à l'égard des principes herméneutiques de base et se prononçait davantage en faveur d'une approche théologique libérale clairement subjective. L'auteur demandait au lecteur de s'engager « les pieds d'abord » au lieu de « tête en premier » et à faire preuve d'imagination pour élaborer une doctrine du ministère et permettre à notre spiritualité, issue de notre ministère, d'orienter cette doctrine :

> Ce que ce livre attend du lecteur, c'est qu'il prenne l'initiative de sauter dans ce cercle en prenant un engagement bien particulier ; un engagement envers ceux qui souffrent, un engagement envers ceux qui n'ont aucune dignité et sont traités de manière cruelle, un engagement envers les exclus de notre société, un engagement envers les victimes.

> Ce plaidoyer est différent de ceux que formulent habituellement les théologiens de nos assemblées selon la tradition de la théologie universitaire qui s'est perpétuée au cours de ces 200 dernières années. La théologie moderne, avec ses bons et ses mauvais côtés, est le produit des années Lumières, héritage de la science, gloire de la raison et des enquêtes impartiales. « Les faits, uniquement, les faits ! » Demander aux gens de prendre parti, c'est aller à l'encontre du courant général[21].

Quelle ne fut pas ma déception ! Je désirais plus que tout, voire j'avais besoin, que quelqu'un m'éclaire sur une doctrine claire et concise du ministère de compassion. À la place, je me retrouvais avec un « point de vue vu d'en bas » :

> ... les revendications théologiques ont cette manière d'être enchevêtrées et de soutenir les systèmes d'oppression de la société. Observer nos croyances du bas peut nous aider à nous détacher de cette utilisation idéologique de la foi chrétienne qui appuie et normalise les intérêts du riche et du tout-puissant et à dé-

---

[vi] Pourrait être traduit « Les Bases Théologiques du Ministère de Compassion »

montrer le manque de pragmatisme de ces revendications. Cet aperçu vu d'en bas permet donc de (1) proposer une autre définition du témoin de Christ dans les Écritures, définition qui se rapproche, sur divers plans, de l'interprétation proposée par les premiers témoins, et de (2) proposer une autre définition de l'existence humaine qui se rapproche, sur divers plans, de la vraie réalité[22].

L'auteur demande ainsi au lecteur de lui permettre d'élaborer une doctrine du ministère de compassion, non pas en se basant sur les Écritures et les principes herméneutiques fondamentaux, mais sur « un engagement antérieur auprès de ceux qui sont en grande souffrance dans le monde, et donc de ne pas regarder aux conséquences pratiques et théoriques que peut engendrer l'élaboration d'une doctrine du ministère[23] ». Puis, il adopte une approche néo-orthodoxe type en élaborant une doctrine de ministère à partir du sens existentiel de l'identité de Dieu ou de la question : « Que représente Dieu pour nous[24] ? »

Même si j'applaudis le désir de l'auteur qui cherche à définir une doctrine qui répond aux besoins de compassion du monde, j'ai la conviction que nous pouvons y parvenir sans porter atteinte aux principes herméneutiques fondamentaux ni égratigner notre loyauté à l'égard de la Parole infaillible de Dieu. Si notre enseignement théologique consiste à former au ministère, à quoi ce ministère doit-il ressembler ? Notre doctrine doit influencer, même façonner, notre pratique du ministère. C'est pourtant loin d'être toujours le cas. Les doctrines ont souvent tendance à demeurer théoriques et à ne pas passer à l'action, ce qui est pourtant l'objectif de notre enseignement théologique. Si nous voulons que notre enseignement théologique en Afrique porte ses fruits, la doctrine que nous prônons doit « aller quelque part ». Pour ceux d'entre nous qui travaillent dans l'enseignement théologique en Afrique, nous sommes d'accord pour dire que notre doctrine – une doctrine qui « va quelque part » - est liée, de façon inextricable, à la mission divine ou *missio Dei*. Si nous nous fixons pour objectif la *missio Dei*, nous devons prendre soin de définir ce que nous entendons par mission divine.

Nous devons nous poser la question suivante : « Notre pratique du ministère de compassion découle-t-elle d'une doctrine bien rodée ou nécessite-t-elle un support doctrinal ? » Je pense que ce dernier point se posera de lui-même si le premier objectif n'a pas été atteint. J'ajouterais que ce schéma ne doit pas rester figé car, une fois que notre pratique se sera appuyée sur notre doctrine, notre stratégie deviendra un lieu d'expérimentation qui aura des répercussions sur notre doctrine. C'est ainsi que je compte approcher cette « tension » abordée plus haut. Je compte non seulement aborder quelques principes théologiques qui, je pense, sont liés au ministère de compassion, mais également montrer que les idées mises en application peuvent avoir des répercussions sur notre doctrine.

Au milieu de tout cela, je tiens à garder le regard fixé sur le processus de la création, car notre Dieu créateur peut prendre notre doctrine et notre pratique et les transformer en quelque chose de nouveau qui améliore notre ministère en usant de moyens extraordinaires. Comme il se doit, la théorie éclaire la pratique de même que la pratique éclaire la théorie dans la mesure où elle forme le contexte dans lequel nous évoluons. Chacun croit en quelque chose, et ces croyances découlent de notre expérience. Personne ne saurait dire que ses croyances se sont formées dans le vide. Et ce sont nos croyances qui dirigent nos actions.

Le ministère de compassion « en cours de route »

Lorsque nous cherchons des exemples bibliques d'actes de compassion, nous nous apercevons vite que c'est « en cours de route » que les besoins humains étaient pris en main. Jésus aidait et guérissait les gens dans le besoin alors même qu'Il se rendait de lieu en lieu pour exercer Son ministère. Ce que nous montre Jésus à travers la parabole du bon Samaritain, c'est un exemple de compassion exprimée par quelqu'un qui se rendait quelque part (Luc 10.25-37). Il ne partait pas dans l'idée d'agir avec compassion mais, face au besoin devant lequel il se trouvait, il a agi ainsi ce jour-là.

Plus loin, vous remarquerez que Jésus ne répondait pas à tous les besoins qu'Il rencontrait. Pierre et Jean vaquaient à leurs occupations quotidiennes lorsqu'ils sont entrés dans le temple (Actes 3). Ils passèrent à côté d'un homme boiteux de naissance que Jésus avait probablement déjà croisé plusieurs fois. Ils ont offert de guérir cet homme au nom de Jésus, non parce que cela avait été décidé à l'avance, mais parce que cela faisait partie de leur quotidien. J'aime me dire qu'il s'agit ici de la mission divine à l'intérieur de la mission divine. Lorsque nous accomplissons le travail qu'Il nous a demandé de faire dans le cadre de la grande mission, nous employons la manière qui reflète qui nous sommes et qui est résumée dans le plus important des commandements qui pourrait être formulé ainsi :

À cause de votre amour pour Moi,
allez dans toutes les nations et faites des disciples en les baptisant,

et en leur enseignant à obéir à mes commandements,
et, ce faisant, aimez-les comme vous vous aimez vous-mêmes.

En formulant ces pensées, je me suis demandé à plusieurs reprises quelle était la plus importante des deux instructions. En fait, j'ai réécrit cette partie plusieurs fois en mettant en avant l'une, puis l'autre. Je crois que Dieu m'a aidé à comprendre qu'elles sont toutes deux essentielles et doivent s'équilibrer mutuellement :

- ***Notre mission :*** *Atteindre ceux qui sont perdus… les aider à grandir… leur enseigner à obéir*

- ***Notre méthode :*** *Démontrer l'amour de Christ… remplis de la compassion de Christ*

    Commandement : *Manière : Qui nous sommes, notre ADN, nous définit.*
    - *Aime le Seigneur de tout ton cœur*
    - *Aime les autres de manière inconditionnelle (comme nous nous aimons nous-mêmes)*

    Mission : *Méthode : Ce que nos actes, notre ARN, transmettent.*
    - *Faire des disciples (les former au ministère)   en…*
    - *les baptisant (en les intégrant dans l'Église)*
    - *leur enseignant à obéir (les aider à grandir)*[25]

J'ai le sentiment que si nous agissons à l'inverse, nous aurons tout faux. La grande mission ne nous dit pas : « Allez par tout le monde et paissez mes brebis. » Si la compassion devient notre *objectif* et la mission notre *identité*, alors nos priorités s'en trouveront inversées. La mission de Dieu se retrouvera réduite au statut de simple commandement (en faire une loi) et le commandement deviendra Sa mission (placer l'amour avant toute chose)[26]. Et nous finirons par éprouver le sentiment arrogant que, tant que nous obéissons au commandement, la mission est considérée comme remplie ; ou à l'inverse, si nous remplissons la mission, alors nous nous faisons les défenseurs du commandement. (Je pense que nous connaissons tous au moins une personne qui sait baptiser et enseigner mais qui ne sait pas manifester l'amour de Christ « en cours de route ».)

Nous pouvons schématiser cet enseignement de cette façon :

Il s'agit là d'une attitude inquiétante pratiquée de plus en plus au sein de l'Église. La manière qu'ont certains, dans l'Église, d'exprimer de la compassion fait office d'obéissance à la grande mission *et* au grand commandement. L'Église doit souligner la différence entre éprouver de la compassion et verser des dons aux pauvres. À l'esprit de certains, verser des dons aux pauvres peut remplacer le besoin de faire preuve de compassion ou encore fait office de compassion. Un croyant entend parler d'une urgence humanitaire quelque part dans le monde et décide d'agir en faisant un don pour « aider les pauvres » alors que, dans un même temps, il ignore les besoins réels de sa propre communauté. Cette attitude est loin d'être un modèle biblique.

Dans les Écritures, la compassion se manifeste directement à travers les personnes remplies de compassion à l'égard de ceux qui sont dans le besoin. Ce contact personnel, c'est comme si Jésus Lui-même les touchait. Les églises ont une tendance naturelle à devenir centrées sur elles-mêmes. Howard Snyder a dit très justement que « les membres des églises se demandent comment attirer les gens à l'Église ; les membres du royaume se demandent comme attirer l'Église dans le monde. Les membres des églises craignent que le monde ait une influence sur l'Église ; les membres du royaume font tout pour que l'Église ait une influence sur le monde[27] ».

Pour ce qui est du ministère de compassion, le plus important est l'acte individuel qui prend tout son sens à travers les relations. Cela ne veut pas dire que le ministère de compassion communautaire n'a pas sa place ; mais si c'est le moyen que le croyant utilise pour « faire preuve de compassion dans ses relations », cela peut lui donner le sentiment qu'il ou elle s'est acquitté(e) de sa tâche en ayant pris part à une action communautaire de compassion ou en ayant versé une contribution financière dans la corbeille des offrandes, ce qui le/la décharge de la nécessité d'entretenir des relations avec une personne dans le besoin ou d'entrer directement en contact avec elle. Je crois qu'une doctrine de compassion saine consiste en une implication directe du croyant dans des actes de compassion, comme si Jésus Lui-même posait Ses propres mains sur la personne en question, et à établir une relation personnelle, acte qui prend alors tout son sens.

Dans quelle mesure cet équilibre entre mission et commandement rejoint-il les pratiques de l'Église du Nouveau Testament[28] ? Les pratiques du Nouveau Testament s'apparentent-elles davantage aux collectes communautaires en faveur des besoins humanitaires, ou bien, à l'inverse, s'agissait-il de partager l'Évangile et, de temps en temps, de répondre aux besoins humains croisés en chemin ?

Dans le livre des Actes, nous trouvons trois exemples de l'Église répondant à des besoins physiques. Dans les trois cas, le besoin provenait d'un autre membre du corps de Christ (Actes 2.44-45 ; 4.32-35 ; 11.27-30). Les deux premiers sont des exemples de croyants qui partagent leurs biens avec d'autres croyants dans le besoin, afin que personne ne soit laissé en reste. Dans le troisième, Agabus annonce une famine sur l'ensemble du monde romain. Pour y répondre, les disciples d'Antioche organisent une collecte en faveur des croyants de la Judée. C'est là le premier acte de compassion répertorié des membres de l'Église après qu'ils « furent appelés chrétiens ». La particularité de cette aide est qu'elle s'organise pour anticiper un événement prophétique. Il est important de noter que ces trois exemples de l'Église primitive apportant son secours à des besoins humanitaires/de compassion concernent des croyants qui répondent aux besoins d'autres croyants.

Quelle était donc la norme dans les évangiles et le Nouveau Testament ? Comme nous l'avons dit précédemment, Jésus répondait aux besoins qui croisaient Sa route au quotidien. De la même façon, dans les épîtres, le ministère de compassion ne se manifeste pas sous la forme d'une assistance humanitaire et d'un aide au développement. Pourtant, nous trouvons plusieurs exemples de besoins rencontrés et résolus « en cours de route ». Ainsi, il apparaît que la position du Nouveau Testament sur le ministère de compassion est d'apporter une réponse immédiate et ordonnée par l'Esprit au besoin humain. Nous n'avons pas le temps de nous étendre sur la question, alors laissez-moi citer quelques exemples marquants :

- Matthieu 9.35-38 : Jésus exerçait un ministère itinérant. Alors qu'Il se rendait de lieu en lieu, Il éprouvait de la compassion pour les foules. Cette compassion était centrée essentiellement sur leur condition spirituelle déchue, et Sa façon d'y remédier était d'envoyer plus d'ouvriers.
- Matthieu 10.42 : Jésus a déclaré : « Et quiconque donnera seulement un verre d'eau froide à l'un de ces petits parce qu'il est mon disciple, je vous le dis en vérité, il ne perdra point sa récompense. » Il voulait dire que même le plus petit des dons, selon les moyens de la personne, serait récompensé.
- Matthieu 14.13-21 : Jésus, tandis qu'Il allait de lieu en lieu, a exprimé Sa compassion envers la foule en guérissant les malades et en leur donnant à manger de façon miraculeuse.
- Matthieu 15.29 : Jésus a exprimé Sa compassion en guérissant les malades tandis qu'Il voyageait de droite et de gauche. Ce qui est intéressant ici, c'est de constater que la foule avait manqué de nourriture durant trois jours avant d'être nourrie par Jésus de façon miraculeuse.
- Matthieu 20.29-34 : Jésus, qui était en route pour Jéricho, a guéri deux aveugles. Notez que, dans ce cas précis, ce sont les appels à l'aide persistants de ces hommes qui ont incité Jésus à répondre avec compassion et à les guérir.
- Marc 1.40-42 : Rempli de compassion, Jésus répondit à l'appel d'un homme atteint de la lèpre qui, à genoux, Le suppliait de le guérir.
- Marc 6.30-44 : Après que Jésus et Ses disciples aient tenté d'échapper aux gens de la foule qui les pressaient, ceux-ci les suivirent jusqu'à la mer. Jésus éprouva d'abord de la compassion à l'égard de leur condition spirituelle et décida de les instruire. Ce n'est que plus tard que Sa compassion L'amena à les nourrir de façon miraculeuse. Le pain commença à se multiplier dès qu'Il se mit à distribuer la nourriture.
- Marc 11.12-18 : Jésus purifia le temple. Je mentionne cet incident pour démontrer que Jésus ne faisait pas toujours preuve de « compassion ». Il est donc important de constater à l'égard de qui Il éprouvait ou n'éprouvait PAS de la compassion et pourquoi.

- Marc 12.41-44 : L'offrande de la veuve soulève la question suivante : « De ce fait, peut-on dire que l'Afrique donne davantage que le monde occidental ? »
- Actes 10.4 : Corneille est reconnu pour ses offrandes aux pauvres, qui sont considérées comme des « aumônes... devant Dieu ». Notez ici que ce don n'est pas forcément donné aux croyants puisque Corneille n'était pas considéré comme un croyant, mais comme un adepte du judaïsme.
- 2 Corinthiens 1.3-4 : Dieu nous réconforte *en temps* de crise au lieu de nous permettre d'y *échapper*.
- Philippiens 2.1-4 : Notre compassion doit s'inspirer de celle de Christ, qui était synonyme d'humilité.
- Colossiens 3.12 : Le peuple de Dieu est revêtu de compassion, de bonté, d'humilité, de douceur et de patience.

La compassion de Dieu est souvent liée à Sa miséricorde et à Sa justice. La miséricorde est très souvent associée au pardon des offenses et au soulagement physique. Il est important de noter que Jésus ne faisait rien tant qu'on ne Lui demandait pas miséricorde, la plupart du temps sous la forme de vibrants plaidoyers (Matthieu 9.27 ; 15.22 ; 17.15 ; 20.30–31 ; Marc 10.47-48 ; Luc 18.38-39). Luc 1.50 souligne que Sa miséricorde s'étend à ceux qui Le craignent. La parabole du bon Samaritain est un exemple de l'expression de Sa miséricorde (Luc 10.25-37). Après le récit de cette histoire poignante, Jésus dit à Ses disciples : « va, et toi, fais de même. » Plus loin, Jésus donne un autre exemple de Sa miséricorde au sein du royaume de Dieu (Luc 18.13-14). Il ne s'adressait pas au théologien qui se complaisait et était satisfait de lui-même, mais au publicain qui ressentait un besoin spirituel et implorait Sa miséricorde. Ce n'est pas clairement stipulé, mais il semblerait que ces deux hommes n'étaient pas ce qu'on pourrait appeler des « frères spirituels » ; par conséquent, nous ne pouvons dire que les actes de compassion ont toujours lieu au sein de la grande famille de la foi.

Si l'on passe en revue tous ces exemples bibliques, nous remarquons clairement que les actes de compassion et de miséricorde sont précédés d'un vibrant plaidoyer de la personne qui est dans le besoin. C'est justement parce qu'elle reconnaît ses propres besoins qu'elle peut accéder enfin à la compassion. Ceux qui travaillent avec les alcooliques et les drogués vous diront qu'il est essentiel de « soulever la question » de leur besoin. Ils cherchent ainsi à amener la personne à reconnaître son besoin de changer. Soulever la question, c'est faire en sorte qu'elle s'en sorte au plus vite avant de se blesser plus gravement. Dans des pays comme le Salvador, on a relevé que le message du salut avait engendré un « sursaut de l'Évangile ». Mener une vie chrétienne a mis fin à des pratiques pécheresses qui maintenaient les hommes dans un cycle perpétuel de défaite et de désespoir. Dans bien des cas, les victimes – surtout quand cela concerne les enfants – ne sont pas responsables de leurs propres besoins, pourtant les maux impurs de la société à laquelle ils appartiennent sont la cause de la situation injuste dans laquelle ils se trouvent. Nous devons donc garder cela à l'esprit et veiller, lorsque nous agissons avec compassion, à ne pas « éluder la question », car cela pourrait encourager les autres à conserver le même style de vie qui continue de détruire leur vie et fait perdurer leurs besoins[29].

Aujourd'hui le problème auquel l'Église se trouve confrontée concernant le ministère de compassion « en cours de route » est que nous sommes constamment « en route ». Notre village mondial continue de se rétrécir ; aujourd'hui, une catastrophe dans le monde attire tout de suite l'attention de tous au moyen des médias. Que l'on passe de la cuisine à la chambre, les journaux télévisés nous renvoient les besoins du monde en pleine figure. À l'heure actuelle, nous faisons face à des circonstances exceptionnelles qui n'existaient pas avant le vingtième siècle. Nous pouvons, d'un côté, choisir d'ignorer la situation et rester de marbre car nous ne « pouvons répondre à tous les besoins ». D'un autre côté, il est déconcertant de voir que la pratique actuelle a tendance à empêcher le donateur de s'impliquer personnellement dans les actes de compassion. En répondant à un besoin aussi lointain, nous pourrions nous sentir déchargés du poids de gérer les besoins qui sont à notre porte.

L'exemple que Christ nous donne, ainsi que celui de l'Église primitive, est un exemple d'implication personnelle dans la réponse aux besoins. Cette compassion se manifeste d'abord à travers l'acte de compassion de Christ qui est descendu sur terre pour donner Sa vie en rançon afin que ceux qui croient en Lui aient la vie éternelle. Elle se manifeste également à travers Son ministère sur terre et celui de Ses disciples. Au cours de leurs activités quotidiennes, ils s'arrêtaient souvent par compassion pour aider ceux qui souffraient. Par conséquent, que ce soit en tant qu'individus ou membres d'églises, nous devons suivre cet exemple pour exercer notre ministère de compassion. Le modèle qu'a donné Christ à travers Ses actes de compassion et celui de l'Église du Nouveau Testament sont des exemples criants qui témoignent d'une implication personnelle dans le ministère de compassion. Mais comment s'y prendre pour agir avec un maximum d'efficacité ? Byron Klaus nous propose quelques « lignes directrices concernant le domaine du social » qui peuvent s'avérer utiles. Les voici :

- Nous devons témoigner de l'amour de Dieu et aider du mieux que nous pouvons ceux qui nous entourent. Dieu attend de nous que nous rendions témoignage de Son amour.
- L'église locale est le noyau de tout ministère relatif au domaine du social.
- Nous devons nous assurer que notre ministère cible de véritables besoins. Nous ne devons pas essayer de nous mesurer aux organismes laïques. Ce serait là une perte de temps.
- Nous devons aider les gens de manière à leur apprendre à subvenir à leurs propres besoins.
- Nous devons nous rappeler que seules les choses accomplies en vue de la rédemption de l'humanité demeureront pour l'éternité[30].

En tant que pentecôtistes, puissions être des témoins remplis de l'Esprit et mener des actions de compassion dirigées par l'Esprit afin que notre témoignage soit à hauteur visible de tous. Ainsi, sera proclamé l'Évangile qui bouleverse les vies pour l'éternité, et la compassion de Christ sera connue de tous, au travers de nous, et chamboulera véritablement notre société et notre monde en usant de moyens autrement inaccessibles.

UNE PRÉSENCE MISSIONNAIRE

Étant donné les difficultés actuelles que rencontrent bon nombre de missionnaires pour réunir des fonds, financer un ministère de compassion ne devrait-il pas être secondaire par rapport à une priorité qui semble plus pressante, à savoir envoyer plus de missionnaires sur le terrain ? En outre, beaucoup de nouveaux missionnaires vont se lancer dans des projets dits « de compassion » au lieu de participer à des ministères de formation. Ce choix ne porte-t-il pas préjudice à notre travail essentiel de formation ?

PRIORITÉ DE FINANCEMENT

Entre les ministères de compassion qui font actuellement appel à la base américaine de donateurs et le besoin considérable de formation sur le continent africain, comment trouver un équilibre entre le besoin de financer la formation théologique et l'appel écrasant des œuvres de compassion ?

Dans la mesure où ces questions sont toutes deux relatives à la question du financement, j'y répondrai en même temps. Tout d'abord, si l'on en croit Hudson Taylor, aucun projet ordonné et mené par l'Esprit ne sera jamais à court de ressources financières[31]. Les missionnaires et les Églises nationales doivent avoir une mentalité d'abondance, avoir la conviction que Dieu possède suffisamment de ressources pour former les futurs dirigeants de l'Église mais également pour manifester l'amour de Christ à travers des actions de compassion envers ceux qui sont dans le besoin. Nous devons tout faire et prier avec ferveur pour que cela devienne une réalité. Il s'agit de la philosophie du *les deux/et*, et non du *soit/soit*[32]. Cela étant dit, je connais les réalités du terrain et, pour autant que je sache, aucun ministère du royaume ne bénéficie de ressources illimitées pour développer tous les programmes qui méritent tout son temps, son énergie et son attention. Par conséquent, comment choisir le domaine dans lequel investir les ressources que Dieu nous a confiées[33] ?

Peut-être le problème vient-il du fait que nous devrions mieux formuler nos besoins à notre base des donateurs. En grande partie, l'Occident ne comprend pas le modèle de formation africain. Il colle son concept de la formation théologique sur le tableau africain et le place en bas de liste des causes qui nécessitent son soutien. La plupart des programmes américains de formation théologique n'encouragent pas l'implantation et la croissance des églises tandis que, en Afrique, nos programmes de formation sont la base même de l'expansion de nos églises. De même que, aux États-Unis, vous ne trouverez que rarement les pasteurs non formés si souvent présents en Afrique.

Je pense qu'il faut prendre des mesures proactives afin d'aider l'Église d'Afrique à financer les domaines qui en ont le plus besoin. Les dirigeants doivent se faire entendre auprès des donateurs afin que ces fonds soient réorientés vers le domaine qui récoltera le plus de fruits. Le donateur qui vit à des milliers de kilomètres ignore tout des endroits qui ont le plus de besoins et qui sont les plus susceptibles de récolter des fruits. En outre, l'Église d'Afrique doit savoir donner des instructions claires sur la bonne façon de mettre en place un ministère de compassion qui n'engendre ni la dépendance, ni ne vient compromettre les projets locaux. Une façon de procéder est d'organiser des séances de renforcement des capacités sur place. La compassion « en cours de route » se concentre sur deux priorités, l'évangélisation et l'enseignement, qui fourniront aux églises grandissantes le soutien nécessaire sans négliger pour autant les besoins humains au fur et à mesure qu'ils se manifestent.

Aujourd'hui, en Afrique, nous manquons de plus en plus de pasteurs bien formés ; ainsi, nous devons nous attacher à placer les pasteurs formés et les aider à développer une vision complémentaire à celle de l'église qui les accueille. Les ressources étant limitées, nous ressentons une rivalité concernant l'utilisation des fonds entre l'énorme besoin prioritaire (des pasteurs formés) et les besoins perpétuels pressants des pauvres et des nécessiteux (Matthieu 26.11). S'ajoute à cette tension les fonds venus de l'Occident qui sont de plus en plus destinés au ministère de compassion alors que nos programmes de formation théologiques manquent cruellement de moyens pour pouvoir fonctionner à pleine capacité.

En général, l'Église occidentale a du mal à bien cerner le besoin de formation ou son importance dans le travail que font nos églises à travers l'Afrique. Ce phénomène est d'autant plus exacerbé par les images montrant les besoins du Monde Majoritaire qui passent en boucle sur les télévisions occidentales. Nous n'avons désormais plus besoin de nous rendre jusqu'au bureau de poste d'une ville africaine pour être confronté aux besoins humanitaires. On y assiste tous les soirs à la télévision, dans nos salons. Ce besoin est d'autant plus amplifié à travers les images que nous avons de nombreuses villes. Cela explique pourquoi, il y a quelques années de cela, lors d'un conseil d'administration de l'organisme *Espoir de l'Afrique*, un jeune pasteur expliqua longuement pourquoi *Espoir de l'Afrique* devait réorienter tous ses programmes vers le ministère de compassion plutôt que la formation car, disait-il, « mon peuple acceptera de verser des dons au ministère de compassion. »

L'Église occidentale considère souvent l'enseignement théologique comme déconnecté de l'objectif auquel il était destiné. Cette déconnexion est une tendance naturelle, peut-être même voulue. Les donateurs doivent savoir qu'en Afrique, nous concevons chaque programme de formation de manière à ce qu'il joue un rôle vital pour implanter et agrandir l'Église. L'Occident a peut-être oublié que, pour être pleinement efficace, l'enseignement théologique doit être étroitement lié au besoin des églises locales. En outre, les ministères de compassion ont beau plaire aux églises occidentales, s'ils ne sont pas menés de façon compétente, ils ne résoudront pas les problèmes de fond et pourraient même réduire les capacités locales au lieu de les développer. La formation est un moyen de renforcer les capacités.

Dans son ouvrage, *From the Roots Up*, JoAnn Butrin souligne que ceux qui souhaitent prendre part au ministère de compassion ne doivent pas se laisser attendrir par les nombreux besoins dont ils sont conscients, mais plutôt demander à l'Église du pays qu'ils se sentent appelés à soutenir de leur faire part des besoins les plus importants. S'ils sont prêts à se lancer dans une œuvre de compassion, comment peuvent-ils se rendre plus utiles, autrement dit, qu'est-ce qui est durable et n'engendre aucune dépendance ou ne sabote pas les projets locaux ? L'auteur utilise l'exemple d'une église occidentale qui a pour projet de bâtir un orphelinat. Voici ce que Butrin incite l'église qui reçoit à dire :

> « En fait, nous n'avons pas vraiment envie de bâtir un orphelinat pour les raisons invoquées. Nous avons d'autres idées pour aider nos orphelins et nous sommes sûrs que vous pouvez nous aider à les réaliser. » Elle pourrait ajouter : « Nous aideriez-vous à bâtir un centre d'hébergement ? » Ou bien « Accepteriez-vous de financer la construction d'une petite boulangerie pour que nos enfants apprennent à faire du pain afin de pouvoir subvenir aux besoins des familles qui recueillent les orphelins atteints du sida, etc.[34] ? »

Après avoir cité John V. York et Ivan Satyavrata concernant « les partenariats en tant qu'amitiés véritables et durables », Butrin ajoute ceci :

> On a beaucoup écrit sur la difficulté de maintenir de vrais partenariats entre les *nantis* et les *démunis*, surtout parce que c'est souvent les *nantis* qui apportent et gèrent le financement et, de ce fait, ont le pouvoir. Cela est aussi valable pour les relations missionnaires/nationales sur de nombreux points. Si l'on aborde véritablement ces relations comme des relations d'amitiés, soucieux du bien-être de l'autre, alors il y a de fortes chances pour que s'instaure plus rapidement une confiance réciproque[35].

Butrin continue en faisant quelques remarques pertinentes sur le dialogue entre donateur et bénéficiaire concernant les attentes et les besoins[36].

Dans son ouvrage, *Dead Aid*, Dambisa Moyo, diplômée de Harvard et économiste, souligne, de façon convaincante, combien l'aide reçue par l'Afrique au cours de ces années a été contre-productive[37]. Elle démontre comment, à plusieurs reprises, cette aide a court-circuité les projets locaux, rempli les poches des politiciens et a été utilisée dans des domaines qui étaient loin d'être prioritaires. Butrin observe que ces mêmes problèmes touchent les projets d'église :

> Les bâtiments... nous le rappellent et mettent mal à l'aise ceux qui se sont lancés dans des projets qui n'ont abouti à rien, comme, par exemple, des bâtiments de plusieurs étages qui, à l'origine, étaient destinés à devenir des hôpitaux, des orphelinats, des centres communautaires ou des usines. Le fonctionnement interne n'était pourtant pas compris dans le budget ou les plans de ceux qui les avaient bâtis avec tant d'ardeur. Et ils ont été laissés à l'abandon, lieux fantômes, ces monuments souvent bâtis à la mesure de l'égo de ceux qui pensaient tout savoir. Ils avaient oublié de franchir les étapes difficiles et souvent longues qui consistaient à s'interroger sur le contexte et à demander comment faire aux gens qui savent. Il ne leur est pas venu à l'idée de consulter les dirigeants locaux ni de tenir compte de ce qui émanait de la base[38].

Tout cela semble vouloir nous dire que nous avons encore beaucoup de progrès à faire. Nous devons apprendre à faire part des besoins aux donateurs occidentaux de façon plus efficace, notamment en incitant les donateurs à réorienter leurs dons vers des domaines qui produiront davantage de fruits pour le royaume de Dieu. Pour cela, nous devons mettre en place une stratégie à long terme, et non une perspective sur le court terme qui semble répondre aux besoins immédiats mais oublie les répercussions sur le long terme qui peuvent en découler. Nous devons nous armer de stratégies intelligentes qui répondront à la fois aux besoins humanitaires et à la croissance et vitalité de l'Église, car tout est inextricablement lié. Ceci nous amène au dernier point de notre étude, les moyens d'acheminement.

LES MOYENS D'ACHEMINEMENT

Comment présenter le ministère de compassion sur le continent ? Les fonds destinés au ministère de compassion devraient-ils servir également à la formation théologique et/ou à l'œuvre missionnaire ?

Une formation adaptée au contexte

Parce que les universités ont généralement tendance à soulever beaucoup de questions mais à proposer peu de réponses, permettez-moi, dès à présent, de réfléchir à des solutions possibles à la « tension théologique » qui existe entre les ministères de compassion et la formation théologique. La formation théologique est un lieu propice à la formation des futurs dirigeants au ministère de compassion ; celle-ci peut être proposée sous multiples formes innovantes. Certaines de ces formes serviront à la fois l'institution, l'élève et le ministère de compassion. Le tout est de ne pas enfermer nos programmes de formation dans des boîtes hermétiques qui ne tiennent aucun compte des besoins du continent. L'Église d'Afrique doit en permanence faire le point sur ses programmes de formation théologique en se basant sur la réalité financière et les besoins de formation de l'Église. De la même façon que nous refusons que ce soit les donateurs occidentaux qui dictent les priorités financières de l'Église d'Afrique, nous refusons également que les modèles occidentaux de formation théologique nous dictent aveuglément nos modèles africains de formation.

L'Église africaine doit se poser la question suivante : « Nos programmes de formation s'inspirent-ils du système d'instruction occidental ou du modèle biblique ? » En quoi consistait la formation au ministère dans les cercles prophétiques de l'Ancien Testament ? De quel modèle s'inspirait Jésus pour former Ses disciples ? Comment Paul encadrait-il ceux qu'il formait au ministère ? Je pense qu'une étude sur l'organisation des formations au ministère à l'époque biblique pourrait améliorer nos pratiques actuelles. C'est un domaine de la formation théologique très peu exploité aujourd'hui en raison notamment du fait que l'Église s'en remet à sa propre intuition et à ses institutions éducatives immuables qui ont pourtant du mal à survivre en Occident[39].

Le modèle biblique se base plus sur le pratique, plus sur une approche de mentorat et/ou d'apprentissage. C'est un modèle biblique fait pour l'Afrique, notamment dans le contexte de la formation, que ce soit pour une formation de niveau universitaire ou une formation moins approfondie réservée aux laïcs. Cela comblerait ainsi l'écart entre la théorie et la pratique en offrant à l'élève l'occasion de réfléchir sur le sujet tout en le mettant également en pratique. Ce modèle d'apprentissage ou cette formation en alternance viendrait contrebalancer nos méthodes actuelles d'enseignement théologique en y apportant une touche plus holistique et pratique, et étendre les capacités de formation tout en maintenant l'élève dans son contexte local. Cela accélèrerait le rythme de la formation qui se retrouve face à un grand besoin sur l'ensemble du continent.

Nous sommes actuellement en mesure de citer des exemples étonnants de ce type de formation pratiqué dans de nombreux endroits en Afrique, notamment au Kenya. Ce type de formation favorise la mise en place d'approches de la formation plus innovantes qui sont davantage en accord avec les véritables besoins auxquels font face les pasteurs qui exercent en Afrique. Cette formation pourrait ainsi proposer aux élèves de développer une micro-entreprise et/ou un ministère de compassion. Ceci est déjà proposé dans certaines écoles du continent[40].

Une approche de formation biblique pourrait allier ministère de compassion et formation théologique à travers de nouveaux moyens innovants ; ainsi, ce programme de formation serait le moyen d'enseigner et de mettre en avant ce ministère de compassion. Les ministères de compassion doivent être associés à l'Église et aux ministères de l'Église, et ce serait là une autre façon d'établir cette association. Une approche contextualisée qui cherche à répondre aux besoins humanitaires de l'Afrique et à son potentiel en développement pourrait apporter un plus à nos programmes de formation.

Dans son analyse du rassemblement Lausanne III, Allen Yeh insiste sur le besoin d'une formation théologique adaptée au contexte :

> Le Monde Majoritaire possède déjà plus de chrétiens que le monde occidental. C'est pour cela que, à part pour les régions où vivent les peuples non-atteints, ce n'est pas d'évangélisation dont nous avons besoin, mais de ressources et de formation. Une des plus importantes priorités de la mission aujourd'hui est de mobiliser des chrétiens locaux capables d'évangéliser dans leur propre contexte. Mettre en place des formations théologiques libres de toute influence de culture occidentale est difficile si l'on ne prend pas en compte le principe du contexte, un sujet qui n'a malheureusement pas été abordé lors du Congrès[41].

Chercher à établir un modèle de formation théologique adapté au contexte qui répond aux besoins humanitaires/de développement et qui propose une formation en alternance me semble être une réponse possible à la tension missionnelle qui semble exister entre la formation théologique et le ministère de compassion. La Commission d'agrément et d'accréditation, l'une des trois commissions de l'*Association for Pentecostal Theological Education in Africa*[vii] (APTEA) tout récemment fondée, a tout intérêt à faire de ce principe l'un des critères d'évaluation des écoles. Pour cela, il conviendrait d'aborder les questions suivantes :

- L'école est-elle parvenue à adapter ses méthodes de formation au contexte local ?
- Existe-il des programmes de formation en alternance qui ne s'en tiennent pas seulement à leurs principes ecclésiastiques mais préparent les élèves à faire face aux besoins humanitaires et de développement ?
- L'université aborde-t-elle le thème de la responsabilité sociale dans ses programmes d'enseignement ?
- L'école envisage-t-elle d'ajouter certains éléments de la formation qui pourraient être une source de revenus pour l'école et les futurs pasteurs ?
- En plus de former les élèves, l'école envisage-t-elle de dispenser une formation de type « faiseur de tentes » aux conjoints des élèves, formation qui pourrait servir de base au développement de la communauté ?

Formation des enseignants

Le second domaine auquel s'intéresser est celui de la formation des enseignants. L'enseignement dispensé en classe va-t-il au-delà de la simple approche scolaire ? Le corps enseignant aborde-t-il les problèmes concrets dans et en dehors de la salle de classe ? La réalité des énormes besoins de la société est-elle abordée en classe ? Pour pouvoir répondre efficacement aux besoins de la société africaine actuelle, les enseignants des écoles bibliques ne doivent pas s'en tenir aux programmes pédagogiques centrés purement sur les connaissances. Le contenu et les connaissances doivent être liés à la vie de tous les jours afin de préparer les élèves à exercer un ministère au sein d'une société plongée dans un grand désarroi. Robert Banks aborde ce point :

[vii] Pourrait être traduit *Association en faveur de l'enseignement théologique pentecôtiste en Afrique*

En plus de posséder des connaissances techniques sur le sujet traité, les enseignants doivent connaître intimement Celui qui en est le cœur et lui donne vie. Les mots utilisés ici sont importants : nous parlons de « sujets », mais souvent nous les traitons comme des objets. Seuls les enseignants qui entretiennent une relation personnelle avec Dieu pour développer leur domaine d'expertise, quel qu'il soit, seront capables de le transmettre d'une façon qui donne et qui change la vie. Leur compétence à traiter le sujet ne suffit pas ; il leur faut également s'y intéresser ! Ici, il est question de *passion*, même si sa façon d'être exprimée peut varier d'une personne à une autre[42].

Si nous voulons que notre enseignement théologique forme efficacement nos futurs pasteurs, nous devons commencer par nous intéresser aux enseignants. En tant que formateurs en théologie, « nous ne devons pas simplement *présenter* la vérité aux autres ; nous devons la *représenter*. Nous ne racontons pas la vérité dans l'espoir que les autres la comprennent ; nous la racontons de façon à les aider à la comprendre[43] ». Les compétences de l'élève dépassent rarement celles de leurs professeurs. Les enseignants de nos écoles bibliques doivent non seulement enseigner sur la compassion, mais ils doivent également l'incarner aux yeux des élèves. Je me sens personnellement touché par l'impact du nouveau programme *Teaching for Life*. Ce programme a été élaboré par le Service Africain de Formation Théologique et est aujourd'hui la Commission pour le perfectionnement et le développement du corps enseignant de l'APTEA. J'ai la conviction que cette commission continuera à former efficacement des enseignants qui, à leur tour, formeront des pasteurs qui changeront l'avenir de l'Église d'Afrique.

Une doctrine biblique du ministère de compassion

Le troisième point à aborder est l'élaboration d'une doctrine biblique du ministère de compassion. Lors de mes recherches pour trouver une doctrine du ministère de compassion, j'ai noté le peu de matière qui existait dans ce domaine d'un point de vue purement herméneutique et biblique. Cheyne traite assez bien ces questions essentielles, mais je ne qualifierai pas son approche de théologico-herméneutique. En avançant dans mes recherches, je suis tombé sur un livre qui répondait mieux à ces problèmes, car il abordait une approche qui, selon moi, était plus théologico-herméneutique[44]. Même si je n'adhère pas à toutes ses idées, il nous fait avancer dans la bonne direction. Il aborde un sujet plein de potentiel pour l'auteur africain qui écrit en tenant compte du contexte africain. L'Église occidentale a plus que jamais besoin que le Monde Majoritaire lui montre comment agir avec compassion et justice, et ce, en prenant appui sur un modèle théologique basé sur la Bible.

C'est d'ailleurs un sujet de rédaction que j'aimerais soumettre à la Commission de l'APTEA. Une bonne doctrine biblique du ministère de compassion doit s'intéresser non seulement aux textes bibliques qui traitent de la compassion et de la justice (qui semblent être la norme dans les livres traitant du ministère de compassion – comme une sorte d'approche thématique), mais également à la manière dont ils étaient abordés de manière concrète dans le Nouveau et l'Ancien Testaments.

Nos écoles ont longtemps manqué de programmes qui répondent aux problèmes humanitaires et de compassion. Nous prévoyons, en fin d'année, de publier un ouvrage intitulé *Le Développement Transformationnel et l'Église* (série Découverte). Ce livre apportera une aide précieuse aux formateurs africains qui souhaitent traiter du ministère de compassion dans le contexte africain. Étant donné l'ampleur de la crise humanitaire que connaît l'Afrique, cet ouvrage devrait rapidement devenir un cours incontournable dans nos écoles. Ce cours, associé à une application pratique du ministère holistique, nous fera avancer dans la bonne direction.

NOTES DE FIN DE DOCUMENT

[1] David J. Bosch, *Transforming Mission: Paradigm Shifts in Theology of Mission* (Maryknoll, NY : Orbis, 1991), 401.

[2] http://www.lausanne.org/covenant

[3] John R. Cheyne, *Incarnational Agents: A Guide to Developmental Ministry* (Birmingham, AL : New Hope, 1996), 23. (Copie numérique, la numérotation des pages peut être différente de la copie imprimée.)

[4] http://www.lausanne.org/all-documents/lop-21.html, Introduction.

[5] Ibid.

[6] Ibid.

[7] Ibid., 23

[8] « Déclaration de compassion », Comité exécutif de l'Action missionnaire des Assemblées de Dieu, 2003.

[9] Ibid.

[10] Les AD des États-Unis exercent une grande partie de leur ministère de compassion par l'intermédiaire de l'organisation *Convoi de l'Espoir*. Suite à la tragédie de Katrina, il y a quelques années, aux États-Unis, je suis tombé sur un article de journal qui donnait la liste de toutes les organisations qui avaient apporté leur aide à la région, ainsi que la liste des donations en dollars. De nombreux mouvements évangéliques et de courant principal étaient cités. Les Assemblées de Dieu, elles, n'y figuraient pas, même si le *Convoi de l'Espoir* était cité. La triste réalité est que la plupart des lecteurs ignorent que les AD ont fait parvenir leurs donations par l'intermédiaire du *Convoi de l'Espoir*. Les gens pensent donc que les AD ne s'intéressent pas aux problèmes caritatifs. Nous pourrions réagir à cela en disant que nous n'agissons pas pour récolter de la reconnaissance, ce qui est vrai. Néanmoins, les gens ne croient que ce qu'ils voient et, dans ce cas précis, les AD donnent l'impression de s'être désintéressées du problème.

[11] Byron Klaus, *Compassion Rooted in the Gospel That Transforms*. Document PowerPoint.

[12] Citation de Pius Tembu, secrétaire général des Assemblées de Dieu du Kenya lors des réunions inaugurales de l'APTEA, février 2011.

[13] Jamie Gates et Jon Middendorf, *Living Justice: A Revolutionary Compassion in A Broken World* (Kansas City, MO : Barefoot Ministries, 2007), 30-31.

[14] Cheyne, 24.

[15] Il est intéressant de noter que certaines églises américaines rebaptisent leurs départements des missions, supprimant le terme « missions » et le remplaçant par le terme « compassion ». J'ai récemment reçu un courrier électronique d'une église et le titre de la personne qui m'envoyait ce courrier était « responsable de compassion ». Le fait qu'un article récent de Colin Andrews dans le numéro de juin 2011 du *Evangelical Missions Quarterly*, ait pour titre, *The Death of Missions: An EMQ Symposium*, souligne cette tendance (http://www.emisdirect.com/emq/issue) 315/2533, consulté le 1er avril 2011).

[16] JoAnn Butrin, *From the Roots Up: A Closer Look at Compassion and Justice in Missions* (n.c. : Roots Up Publishers, 2010), 172-173.

[17] Klaus, document PowerPoint.

[18] Jeff Nelson, *Integral Mission and Developmental Challenges Among the Rendille People of Kenya: Association Pentecostal Perspective*. Rapport de recherche présenté par le Dr Enson Lwesya, Séminaire théologique, juin 2010, 28-29.

[19] Ibid., 8.

[20] Bryant L. Myers, *Walking with the Pour: Principles and Practices of Transformational Development* (Maryknoll, NY : Orbis, 1999 et 2006), 35.

[21] Bryan P. Stone, *Compassionate Ministry: Theological Foundations* (Marynoll, NY : Orbis, 2004), 10.

[22] Ibid., 13.

[23] Ibid., 17.

[24] Ibid., 19.

[25] Le baptême et l'enseignement sont d'égale importance dans la formation des disciples. En grec, « faire des disciples » se formule à l'impératif. Les termes « baptême » et « enseignement » étoffent la définition « faire des disciples ». Par conséquent, notre travail est loin d'être terminé quand une personne formule une confession de foi. Pour en savoir plus, référez-vous à l'ouvrage *The Bridges of God: A Study in the Strategy of Mission* (NY : Friendship Press, 1955), 13-16, McGavran. Voir aussi *Good News and Good Works,* 76-79, de Ronald Sider, qui évoque les sept différences à connaître si nous voulons montrer que l'Évangile est bien plus que le pardon des péchés.

[26] Comme stipulé dans la Déclaration de Lausanne, l'évangélisation prime sur tout le reste, ce qui semble concorder avec le message de la Parole de Dieu.

[27] Howard Snyder, *Liberating the Church* (Downers Grove, IL : InterVarsity, 1983), 161-162.

[28] Par manque de temps et d'espace, je me suis concentré essentiellement sur les exemples du Nouveau Testament. Pour en savoir plus sur l'Ancien Testament, reportez-vous à l'Appendice 6.

[29] Bien entendu, cela ne concerne pas les cas de désastres naturels au cours desquels l'Église, au nom de l'amour de Christ, peut et doit répondre aux besoins urgents et importants dans la mesure de ses moyens. Néanmoins, nous devons veiller à ce que ce besoin urgent du moment n'engendre pas une dépendance et proposer aux personnes concernées les moyens pour remédier à leur situation par elles-mêmes. Dans l'idéal, en temps de crise, l'Église doit d'abord répondre aux besoins des croyants avant d'aider toutes les personnes qui sont dans le besoin.

[30] Klaus, document PowerPoint.

[31] « Dieu pourvoira toujours à Son œuvre réalisée selon Son plan. »

[32] James C. Collins et Jerry I. Porras, *Built to Last* (New York, NY : Harper Business, 1994).

33 Ronald Sider propose un débat intéressant sur l'équilibre entre travail évangélique et ministère de compassion, dans *Good News and Good Works,* (165-171) où il traite cinq points ayant trait à la question de primauté.

34 Butrin, 115-116.

35 Ibid., 129.

36 Ibid., 130ss.

37 Dambisa Moyo, *Dead Aid: Why Aid Is Not Working and How Three Is a Better Way for Africa* (New York, NY : Farrar, Straus and Giroux, 2009).

38 Butrin, 147-148.

39 Comme l'atteste la récente proposition de fusion entre l'université *Evangel,* le *Central Bible College* (deux universités situées à Springfield, dans le Missouri) et le Séminaire théologique des Assemblées de Dieu.

40 Le Burkina Faso a des étudiants qui étudient l'agriculture et l'art du tissage. Une école au Togo forme les épouses des étudiants à la couture et à l'anglais. Ces types de programmes peuvent servir de modèles aux programmes de formation théologique dans d'autres pays.

41 Allen Yeh, *A Participants Account of Lausanne III* (Réunion trimestrielle des missions évangéliques, janvier 2011) (http://www.emisdirect.com/emq/issue-314/2502, consulté le 10 mars 2011).

42 Robert Banks, *Re-envisioning Theological Education: Exploring a Missional Alternative to Current Model* (Grand Rapids, MI : Eerdmans, 1999), 175.

43 Ibid., 174.

44 Ronald, J. Sider, *Good News and Good Works* (Grand Rapids : Baker, 1993). Sider propose une doctrine sur les ministères de compassion à la fois réfléchie, bien approfondie et extrêmement bien documentée. Il commence par exposer quatre modèles types tout en soulignant leurs points faibles. Puis il consacre le reste de son ouvrage à un cinquième modèle en décrivant les bases théologiques de ce modèle.

Les tensions au cœur de la mission en Afrique : réponse à l'article de William Kirsch

DOUGLAS LOWENBERG

Dans cette analyse, je vous propose de résumer brièvement les principales idées que développe le docteur Bill Kirsch dans l'article « Tensions au cœur de la mission ». Je développerai ensuite un débat entre Kirsch et d'autres auteurs autour de quelques questions essentielles. Enfin, je conclurai sur quelques réflexions personnelles concernant ce sujet d'actualité, source de tensions. Kirsch s'intéresse à la place du ministère de compassion au sein des programmes de formation au ministère que proposent nos écoles et nos séminaires bibliques en Afrique. Il s'intéresse particulièrement à la tension qui peut se manifester, à plus grande échelle, entre évangélisation et ministère de compassion. À travers cet article, il tente de trouver une solution à la tension qui existe entre deux ministères contradictoires en apparence ou, tout du moins, de proposer une synergie positive qui allie évangélisation et compassion, et ce, en développant une doctrine biblique du ministère de compassion que Kirsch appelle « le thème principal de notre étude ». Il met également l'accent sur le manque d'ouvriers missionnaires et la place que ces derniers occupent actuellement au sein des formations (théologiques) proposées en écoles bibliques, mais parle également de ceux qui sont rattachés au ministère de compassion. Puis il traite des ressources financières provenant de l'Occident, notamment des Assemblées de Dieu (États-Unis), et largement suffisantes pour répondre aux besoins urgents de ces deux domaines, qu'il s'agisse du financement du personnel des écoles bibliques ou du sponsoring des projets liés au ministère de compassion. Enfin, Kirsch propose des stratégies pour intégrer la formation au ministère de compassion aux programmes scolaires et pratiques de nos écoles bibliques.

BREF RÉSUMÉ

Une doctrine biblique du ministère de compassion

Kirsch affirme avec raison qu'il est essentiel de prendre appui sur les Écritures pour pouvoir développer une doctrine biblique du ministère de compassion. Lorsqu'il passe les textes au crible, l'exégète doit chercher à comprendre l'objectif de l'auteur biblique qui l'a inspiré à rédiger le texte, et à comprendre le sens que ce dernier avait pour le public de l'époque. Lorsque le sens et l'objectif du texte sont expliqués au public d'aujourd'hui, le message inspiré que Dieu voulait transmettre à un public particulier à une époque et un contexte précis doit pouvoir s'adapter à notre contexte historique, culturel, matériel et spirituel actuel sans être édulcoré, supprimé ou amplifié. Réunir ces textes nous permettra d'élaborer une doctrine qui ensuite viendra étoffer les pratiques approuvées par Dieu et en harmonie avec le sens des actions décrites dans les Écritures.

La doctrine biblique du ministère de compassion de Kirsch s'inspire de trois textes tirés de l'Évangile de Matthieu : 25.31-46, notamment le verset 40, (la parabole des brebis et des boucs), 22.37-40 (les grands commandements, aimer Dieu et son prochain) et 28.18-20 (la grande mission qui consiste à faire de toutes les nations des disciples, μαθητεύσατε πάντα τά ἔθνη)[1]. Kirsch réitère la conclusion des auteurs de la Déclaration de Lausanne qui stipule que « Matthieu 25 explique que nous serons jugés en fonction de l'étendue de notre compassion envers les besoins humains ». Il souligne la nécessité d'une approche *les deux/et* pour pouvoir comprendre qu'aimer Dieu revient à aimer l'autre tel qu'il est et comme soi-même : « Elles sont toutes deux essentielles et doivent s'équilibrer mutuellement. » En une synthèse unique, il allie les grands commandements à la grande mission et déclare : « À cause de votre amour pour Moi, allez dans toutes les nations et faites des disciples en les baptisant, et en leur enseignant à obéir à mes commandements, et, ce faisant, aimez-les comme vous vous aimez vous-mêmes. »

Selon lui, qui nous sommes, notre comportement, notre identité, notre ADN, s'inspire du plus grand des commandements : nous « aimons Dieu et les hommes ». Notre compassion est un produit dérivé de la compassion de Christ et découle de notre être. Nous démontrons l'amour de Christ à travers notre amour inconditionnel envers les autres. D'un autre côté, notre mission, notre méthode, notre grande mission, est de toucher les brebis perdues en annonçant le message de l'Évangile et en faisant des disciples par le biais de la formation. Si je comprends bien Kirsch, la compassion, c'est qui nous sommes ; la mission, c'est ce que nous faisons.

Les deux facettes de la manière et de la mission, de qui nous sommes et ce que nous faisons, des grands commandements et de la grande mission se réalisent simultanément à travers ce que Kirsch appelle « la compassion en cours de route ». En nous approchant de ceux qui sont perdus, nous faisons preuve de compassion face au besoin humain. En route vers les peuples non-atteints, nous prenons des détours pour aller vers ceux qui ont besoin de notre compassion.

La doctrine biblique du ministère de compassion de Kirsch demande une implication personnelle de la part des chrétiens dans des actes de compassion, à l'inverse de ceux qui donnent aux nécessiteux en se tenant à bonne distance. Plutôt que d'un don hypocrite, lointain et aseptisé, il est essentiel que les donateurs, que ce soient des particuliers, des églises ou des compagnies, aient un contact direct et relationnel avec ceux qui manifestent le besoin de recevoir de la compassion. Il déclare ainsi que « l'église doit souligner la différence entre éprouver de la compassion et verser des dons aux pauvres ».

Des ouvriers impliqués dans la formation théologique et le ministère de compassion

En citant une expression souvent reprise de Mike McClaflin, directeur régional de l'Action missionnaire des AD en Afrique, Kirsch écrit : « Si l'on forçait nos missionnaires à quitter l'Afrique, le dernier à partir serait un enseignant d'école biblique. » Kirsch, de même que ses lecteurs, s'efforce de concilier cette priorité avec la réalité qui veut que les Assemblées de Dieu (États-

Unis) misent depuis peu sur le ministère de compassion aux dépens de la formation théologique des pasteurs africains. Il cite JoAnn Butrin, directrice régionale des ministères de compassion de l'Action missionnaire des AD, qui sous-entend le fait que remettre en question les projets humanitaires et holistiques des Assemblées de Dieu et de l'Action missionnaire des AD serait politiquement incorrect.

Si je fais un calcul rapide des effectifs missionnaires de l'Action missionnaire des AD au Kenya, sur les 17 cellules familiales, quatre sont employées à plein temps dans le ministère de formation des pasteurs de notre université et de notre séminaire bibliques. L'Action missionnaire des AD ne possède aucun enseignant à plein temps à l'Université biblique d'Addis-Abeba ou à l'Université biblique des Assemblées de Dieu (Dodoma, Tanzanie). Il fut un temps où la Faculté de théologie des Assemblées de Dieu (FATAD) à Lomé, au Togo, ne comptait pas moins de huit familles qui enseignaient à plein temps. Aujourd'hui, il en reste deux. Il est difficile de donner une description précise et de définir clairement les tâches des missionnaires car il arrive souvent qu'ils aient à tout concilier, mais il est évident que le nombre de personnes employées dans le ministère de formation a fortement diminué alors que le nombre de ceux qui rejoignent le ministère de compassion a considérablement augmenté. McClaflin devrait peut-être revoir sa formule : « Si l'on forçait nos missionnaires à quitter l'Afrique, les enseignants d'école biblique seraient déjà partis. »

Grâce à Dieu, une foule d'enseignants africains compétents et doués a été mobilisée pour enseigner dans nos écoles bibliques sur l'ensemble du continent. Que ce soit avec ou sans la contribution d'enseignants issus d'autres pays, la formation théologique avance à un rythme soutenu. Néanmoins, les ministères de compassion autochtones semblent reposer davantage sur les ouvriers et les fonds étrangers que sur la formation théologique.

Des fonds suffisants pour soutenir la formation théologique et les ministères de compassion

Kirsch cite Hudson Taylor, missionnaire de la moitié du dix-neuvième siècle en Chine et fondateur de la Mission à l'Intérieur de la Chine, qui disait que « Dieu pourvoira toujours à Son œuvre réalisée selon Son plan ». Kirsch affirme que les ressources issues de l'Occident sont abondantes et suffisantes pour financer la formation des pasteurs et les ministères de compassion. Néanmoins, les fonds sont limités et ne peuvent répondre à l'ensemble des besoins humanitaires et éducatifs du continent. Son article nous incite à adopter une mentalité d'abondance et à ne pas être jaloux ou en concurrence vis-à-vis des donations destinées aux ministères de compassion ou de formation, ou de ceux qui développent ces ministères[2]. Kirsch a raison lorsqu'il dit que les AD des États-Unis ne comprennent ni les méthodes ni les objectifs de la formation en Afrique. Nous devons arriver à expliquer clairement les objectifs des écoles bibliques et des séminaires de formation ainsi que l'impact profond qu'ont les élèves diplômés sur l'Afrique.

Il recommande aux écoles bibliques d'Afrique qui intègrent des formations théologiques et de compassion dans leurs programmes de lancer un appel de fonds à l'Occident, fonds qui permettront de financer à la fois la formation et le ministère de compassion. Enseigner les grands commandements et la grande mission dans nos écoles bibliques est un moyen de rassurer les donateurs qui n'ont pas conscience de la viabilité et de l'impact sur le long terme que peuvent avoir des pasteurs formés, autochtones et sensibles à la culture locale sur l'église et sur leur environnement économique et social.

Kirsch fait référence à l'impact des donateurs sur les stratégies et les projets du personnel dirigeant et local de l'Action missionnaire des AD, ainsi que sur les dirigeants et les pasteurs des églises. La plupart du temps, ceux qui financent les projets décident où et comment l'argent sera dépensé. Les donateurs versent de l'argent en se basant sur leur vision des choses, leurs fardeaux et leurs émotions qui ne coïncident pas toujours avec les priorités des Églises nationales. Tandis que nous nous trouvons à un tournant de l'histoire, les fonds occidentaux continuent d'affluer vers l'Afrique, mais les Occidentaux ont tendance, par tradition culturelle, à répondre aux besoins tels qu'ils les ressentent et versent des dons aux ministères de compassion qui exposent des images crues de personnes affamées et malades qui gisent dans les rues.

Un peu plus loin dans cette analyse, nous reviendrons sur l'importance du soutien financier autochtone des ministères de compassion. La mission et l'Église nationale doivent, toutes deux, éviter de commettre, une nouvelle fois, l'erreur commise par les premières missions évangéliques et pentecôtistes qui reléguaient les ministères interculturels, notamment ceux qui visaient les groupes non-atteints, au seul domaine de la mission. De même que les Églises nationales et les missionnaires doivent mener tous deux un travail apostolique d'évangélisation et d'enseignement auprès des peuples non-atteints d'Afrique, ils doivent également financer et participer tous deux au ministère de compassion[3].

Intégrer la formation au ministère de compassion dans les programmes des écoles bibliques

La solution pour apaiser la tension qui existe entre la formation théologique et le ministère de compassion est d'enseigner ces deux matières dans nos écoles. Kirsch incite les établissements scolaires à proposer une formation au ministère de compassion, formation susceptible d'aider les églises locales à se rapprocher de leur communauté pour y avoir davantage d'impact. Il est essentiel que les enseignants bibliques développent leur propre doctrine biblique de compassion, en sachent davantage sur les différentes voies du ministère de compassion et sachent les mettre en avant auprès de leurs élèves. L'église locale a la capacité d'alléger les besoins humanitaires. Les élèves ont besoin non seulement d'une formation en théologie et sur les devoirs du pastorat, mais également d'une formation qui leur permet de répondre aux besoins humains, physiques et réels. « Nous devons considérer le ministère de compassion et la formation théologique comme un tout. » Kirsch propose que ce type de formation se déroule sous forme de système en alternance qui permettrait à l'élève de suivre des cours à l'école sur une période de temps limitée de manière à pouvoir continuer à travailler à plein temps pour l'église locale, à expérimenter de façon concrète le travail auprès des pauvres, à en apprendre plus sur la création de micro-entreprises et les programmes de « faiseurs de tentes » et à allier la théorie à la pratique. D'un côté, les enseignants bibliques doivent davantage s'informer sur le ministère de compassion et, d'un autre, ceux qui contribuent au travail de compassion doivent faire part de leurs compétences aux élèves des écoles bibliques afin de faire avancer le travail de formation.

DÉBAT SUR LES TENSIONS AU CŒUR DE LA MISSION AVEC UN PUBLIC PLUS ÉLARGI

Dans cette partie de l'analyse, je vous propose d'élargir le dialogue à plusieurs auteurs qui nous offriront leur point de vue sur les quatre sujets principaux abordés dans ce résumé.

Une doctrine biblique du ministère de compassion

Le Mouvement de Lausanne a permis de rapprocher le concept de l'évangélisation et celui du ministère de compassion, comblant ainsi l'écart qui existait entre eux ; pourtant l'interprétation qu'il propose de Matthieu 25.40 concernant le verre d'eau froide donné en Son nom à l'un de ces petits ne fait pas l'unanimité. La plupart des commentateurs s'accordent à dire que le « plus petit » est celui qui vit dans la pauvreté et l'oppression, les chrétiens en général qui souffrent ou les représentants apostoliques de Jésus envoyés dans des zones réfractaires à l'Évangile qui sont martyrisés en raison de leur témoignage. Joe Kapolyo conclut en disant qu'il est inutile de choisir entre ces trois. « Nous sommes appelés à répondre aux besoins humains, car c'est à cela que sert l'amour[4]. »

D. A. Carson n'est pas d'accord avec Kapolyo. Il déclare : « Lorsque les gens répondent à ses disciples, ou 'frères', et se rallient à leurs souffrances et désarrois, ils se rallient au Messie qui s'identifie à eux (v. 45). Les véritables disciples s'aiment les uns les autres et servent avec compassion le plus petit des frères... Chassons de notre esprit l'idée que la Bible ne s'intéresse ni au pauvres, ni aux opprimés (Deutéronome 15.11 ; Matthieu 22.37-40 ; 26.11 ; Galates 2.10). Mais nous nous éloignons du cœur de nos préoccupations ici[5]. » Il semblerait que Matthieu ait insisté sur la parabole de Jésus pour encourager les missionnaires autochtones, non pas les Paul, les Pierre ni les Apollos, à honorer leur appel qui est de proclamer avec foi l'Évangile à toutes les nations, réceptives et réfractaires, et dont la réponse à cet appel serait déterminante pour leur destinée éternelle.

Craig Keener apporte un autre point de vue sur l'Évangile de Matthieu quand il indique que ce livre renferme « une somme considérable d'informations sur la mission auprès des gentils[6] ». Il est possible, bien qu'incertain, que Matthieu ait écrit à l'église d'Antioche qui était composée de Juifs et de gentils (Actes 11.19-21). En plus de la ségrégation religieuse et culturelle qui régnait entre Juifs et gentils, il semblerait que le massacre des Juifs par les légions romaines entre 66 et 70 après J.-C. ait approfondi le gouffre et accru l'animosité entre les deux[7]. Il semblerait que les premiers missionnaires chrétiens se soient heurtés à l'hostilité des Juifs et des gentils, et aient enduré la faim, la soif, le sans-abrisme, la nudité, la maladie et la prison.

Ils ont dû supporter l'adversité comme leur Seigneur, tout en ayant conscience que les hommes et les peuples seraient jugés pour leur attitude face à l'Évangile et à ses messagers. « On traite Jésus de la même manière que l'on traite ceux qui Le représentent[8]. » J'en conclus que ce texte ne peut servir de preuve pour le ministère de compassion aux yeux de tous ceux qui sont dans le besoin.

Miriam Smith, missionnaire au Kenya, nous propose une approche holistique de la mission qui associe les paroles aux actions et aux signes[9]. Elle écrit :

> [Évangéliser] signifie partager la bonne nouvelle à travers ma vie tout entière : par mes paroles, mes actions et au moyen de signes et de miracles. Mes paroles ne sont pas les seuls témoins ; il y a aussi ma façon de vivre, mes actes d'amour, mon sacrifice pour les autres et le pouvoir du Saint-Esprit qui agissent à travers moi et qui prouvent la présence et la puissance de Dieu[10].

John V. York a écrit : « Nous arrivons à savoir la direction que prend la mission de Dieu en observant la manière dont elle se termine. Il y aura 'une grande foule, que personne ne pouvait compter, de toute nation, de toute tribu, de tout peuple, et de toute langue' (Apocalypse 7.9)[11]. » Il ajoute ensuite :

> Les missionnaires ne doivent jamais perdre de vue la déclaration suivante de Christ : « je bâtirai mon Église » (Matthieu 16.18). Je suis convaincu qu'il s'agit d'une déclaration déterminante dans le cadre de la stratégie missionnaire. Depuis l'établissement de l'Église, les ministères de Christ sont étendus au monde... Le point de départ pour la mission est tout simplement l'extension de l'église locale à son environnement immédiat pour ensuite s'étendre à la terre tout entière... Ne pas avoir de programme d'implantation d'églises, ou de cellules de croyants, est une sorte de trahison par rapport à la mission de Dieu[12].

Tandis que, pour Kirsch, répondre aux besoins humains en agissant avec compassion découle de qui nous sommes et non de ce que nous faisons, York considère « la compassion et les besoins humains » comme une catégorie qui se range sous l'étiquette plus large de la mission[13]. York appelle l'Église à répondre aux souffrances humaines avec pour objectif d'apporter un changement important aux conditions de vie des communautés locales et de bâtir des églises, c'est-à-dire transformer les gens de l'intérieur et de l'extérieur.

Kirsch considère que « la compassion en cours de route », celle que l'on croise sur la route de notre évangélisation, est une réponse naturelle et spontanée aux besoins humains et rejoint la manière dont Jésus et l'Église primitive répondaient aux besoins des nécessiteux. En route vers la croix, Il a répondu avec compassion aux souffrances spirituelles et physiques de ceux qui L'entouraient. Cela étant, Jésus agissait ainsi afin que les hommes reconnaissent Sa souveraineté et entrent dans Son royaume spirituel, le royaume de Dieu, qui n'était pas de ce monde[14]. Faisant route vers la croix, Il n'a pas eu le temps de dialoguer avec les prosélytes grecs qui posaient des questions[15]. En route pour donner Sa chair comme pain de vie, Il n'a pas distribué plus de miches de pain pour satisfaire la faim de la foule incrédule[16]. En route vers le lieu qui allait prouver qu'Il était l'Égal de Dieu, Il s'est arrêté à la piscine de Béthesda et a guéri un homme invalide et a laissé une grande multitude de malheureux à leur sort[17]. En outre, la compassion en cours de route de Jésus s'est manifestée sous forme de signes surnaturels (multiplication des pains et des poissons, guérison de maladies et de maux, et délivrance de démons) et non pas comme nous répondons, nous, en distribuant de la nourriture, en creusant des puits, en construisant des réservoirs, en bâtissant des églises et des centres d'hébergements, en distribuant de la nourriture et en plantant des arbres Moringa.

L'Église primitive a suivi l'exemple de Jésus pour ce qui est des paroles, des actions et des signes, mais elle a aussi cherché à atténuer les souffrances par le moyen de ses ainés intègres et remplis de l'Esprit qui distribuaient les dons volontaires, les dons de sacrifice, les dons qui n'avaient rien de surnaturel, aux croyants principalement[18]. Le ministère de compassion se devait d'être irréprochable par rapport au ministère de la Parole de Dieu. Un groupe de personnes qualifiées, autres que les apôtres qui prêchaient la Parole de Dieu, avait été choisi pour gérer la distribution. Ainsi, « le nombre des disciples augmentait beaucoup » (Actes 6.7)[19]. Il est important de relever que l'on déposait les contributions généreuses provenant des croyants au pied des apôtres qui les distribuaient à quiconque était dans le besoin ; ainsi donc, il n'y avait aucune personne dans le besoin parmi eux[20]. Et apparemment, aucun don ne finissait dans les poches des apôtres qui pouvaient dire : « Je n'ai ni argent, ni or ; mais ce que j'ai, je te le donne »[21].

La grande différence entre l'approche de la doctrine de compassion de Kirsch et celle de l'Église primitive est qu'il en appelle à l'implication personnelle et directe pour répondre aux besoins humains. À l'époque, les représentants que l'on jugeait dignes de confiance transmettaient les fonds des nantis aux démunis. Aujourd'hui, les postmodernistes veulent vivre leur propre expérience, veulent voir et constater d'eux-mêmes[22]. À l'heure actuelle, de nombreux Occidentaux ont adopté l'approche postmoderne qui se veut empirique, participative et accorde un grand intérêt à l'image[23]. Ils sont élevés avec ces valeurs et disposent de fonds qui leur permettent de voir et d'approcher les nécessiteux, le temps d'une implication directe sur le court terme. Ce faisant, ils brûlent d'importantes ressources que ceux qui sont déjà sur le terrain pourraient utiliser à meilleur escient. Malheureusement, comme cette tendance ne va pas en s'atténuant, il est essentiel de travailler avec ceux qui viennent constater les besoins afin de pouvoir réellement saisir l'ampleur des besoins et la nécessité de financer durablement les ministères susceptibles de changer les choses et de préparer les hommes à l'éternité.

Des ouvriers impliqués dans la formation théologique et le ministère de compassion

Nous manquons considérablement d'ouvriers dans les champs qui ne sont pas encore moissonnés[24]. Qu'il s'agisse d'ouvriers issus de l'étranger ou d'enseignants locaux pour nos écoles qui forment ceux qui servent l'Église et la société, nous avons besoin d'eux. York disait très justement que « les églises nationales attendent des missionnaires qu'ils puissent faire ce qu'ils n'ont pas encore la capacité de faire[25] ». Reste à combler une immense carence en enseignants missionnaires et en conseillers dans le domaine du ministère de compassion qui suivent la direction du Saint-Esprit et qui, pourvus d'une fonction apostolique, œuvrent au développement du royaume de Dieu. Ceux qui possèdent des compétences multiples comme former et servir devraient organiser leur temps de sorte à pouvoir pratiquer les deux. Nous devons informer et encourager les donateurs à soutenir les deux facettes du ministère. Pour pouvoir régir le fonctionnement de nos écoles et des projets dits « de compassion », doit être mise en place une équipe dont l'esprit n'est pas compétitif, et ce, afin que nos églises s'établissent, grandissent et transforment les esprits, les mentalités, les émotions et le corps de nos communautés.

Des fonds suffisants pour soutenir la formation théologique et les ministères de compassion

Adopter une approche holistique pour mener un ministère d'évangélisation nous demande de répondre aux besoins physiques et spirituels du peuple ; pourtant, cet aspect plus visible et plus urgent en apparence rapporte plus de fonds que les projets d'évangélisation et d'implantation d'églises qui ne prennent pas en compte le côté empathique du ministère. C. Gordon Olson exprime son inquiétude en disant : « Même s'ils répondent à un besoin bien réel, les projets de développement courent toujours le risque de détourner les ressources de la mission de leur fonction première : l'évangélisation En effet, on a tant de fois mis de côté ou refoulé l'évangélisation au sein de ces projets qu'il est essentiel de vérifier en permanence qu'elle y a bien sa place[26] » (voir l'Appendice 8).

Alan Johnson nous fait part de son inquiétude concernant le foisonnement des projets de nos frères occidentaux qui empêche l'Église d'évangéliser 40 % de la population mondiale, c'est-à-dire les moins atteints et les non-atteints[27]. Les gens imaginent que l'Église ne fait que de la mission et que tous les chrétiens sont des missionnaires. En outre, tout ce que fait l'Église pour aider les gens et améliorer leurs conditions de vie est considéré comme d'égale importance. Il est essentiel de remettre en question et d'examiner toutes ces hypothèses à travers le filtre apostolique.

L'esprit occidental est tellement influencé par le postmodernisme que les jeunes générations ont pour réflexe de s'en remettre aux images qu'elles voient et ressentent. Leonard Sweet avance que l'impression postmoderne que l'on se fait du monde repose sur l'image et non sur les paroles[28]. Les photos, les images et les médias ont davantage d'influence sur leurs réflexions, leurs actions et leurs contributions que les pensées littéraires et verbales qui se dégagent d'un livre, d'un discours ou d'une prédication.

La réalité économique mondiale actuelle impacte lourdement les revenus de nombreuses familles occidentales. Même si la dîme se maintient, il faut s'attendre à une baisse des nouvelles contributions. Et même s'il est important d'entretenir une « mentalité d'abondance », les ministères missionnaires et autochtones doivent assimiler l'idée selon laquelle les fonds issus de sources extérieures ne sont pas illimités. Néanmoins, il existe une base de donateurs en plein développement dont les ressources n'ont pas encore été exploitées comme il faut en Afrique. L'Église africaine, son leadership et la communauté des affaires chrétiennes, qui compte de plus en plus de membres, doivent être encouragés à prendre part aux projets de formation théologique et de compassion. Même les plus pauvres peuvent donner, telle l'église de Macédoine qui, malgré sa grande précarité, savait faire preuve de générosité[29]. Une église autochtone robuste aura la force de gérer ses propres dons destinés au ministère de compassion, tout comme elle pourra se diriger elle-même, s'évangéliser et subvenir à ses propres besoins.

Intégrer la formation au ministère de compassion dans les programmes des écoles bibliques

Le leadership de l'Église nationale en coopération avec l'administration et le corps enseignant des écoles locales bibliques doivent refaire le point sur leur déclaration de mission en s'appuyant sur le ministère holistique de la mission. Si leur conception théologique comporte les trois points que décrit Johnson, alors leur programme de formation doit refléter ces valeurs et préparer les étudiants à évangéliser les peuples non-atteints et à bâtir des églises dans des endroits non-atteints jusqu'alors ; à bâtir et à consolider des églises parmi les peuples qui possèdent déjà une église ; et à prendre part au ministère de compassion qui soulage les souffrances, promeut la justice et aide les gens à vivre une vie saine. Pour parvenir à cela, quelques modifications au niveau des cours, des manuels et des enseignants peuvent s'avérer nécessaires.

Toutes ces modifications doivent se laisser guider par la vision et la mission de l'école qui doivent s'inspirer de la mission de Dieu (*missio Dei*). Les équipes dirigeantes de l'école biblique africaine auront à lutter contre les influences des donateurs locaux et étrangers, les philosophies et méthodes éducatives occidentales et les commissions fédérales d'études supérieures d'Afrique qui tenteront de détourner les écoles à leurs propres fins.

QUELQUES RÉFLEXIONS PERSONNELLES POUR CONCLURE

En tant qu'Occidentaux, nous avons tendance à créer des dichotomies erronées qu'il nous faut sérieusement revoir. Notamment la distinction entre foi et projets, paroles et actions, être et agir, l'amour de Dieu et l'amour des autres, l'amour des autres et l'amour de soi, le domaine physique et le domaine spirituel, le monde naturel et le monde spirituel[30]. Qui nous sommes ne peut se distinguer de ce que nous faisons. Comme l'amour se manifeste sous forme d'actions issues de Celui qui remplit nos vies, nous aimons Dieu et le peuple ; nous rendons témoignage de Christ à ceux qui nous entourent ; nous servons les hommes, surtout ceux qui appartiennent au royaume et qui sont dans le besoin ; et nous obéissons au commandement du Saint-Esprit qui nous dit d'aller vers ceux qui n'ont pas encore été atteints. On note néanmoins quelques bifurcations dans la façon de procéder. C'est Dieu qui, par Sa grâce, guérit les hommes, mais guérir à travers un miracle et guérir grâce à la médecine proviennent de deux sources de puissance différentes. Soulager les souffrances d'un corps malade et briser un système injuste source d'oppression et d'esclavage, ce n'est pas la même chose que de voir une personne lavée des ravages du péché et délivrée du pouvoir avilissant de Satan et des démons au nom de Jésus. Même si nous devons prendre soin et aimer les hommes dans leur intégralité (corps, âme et esprit), et ce, de tout notre être, nous devons toutefois prendre conscience de la fugacité de cette vie et de ce corps ; ni l'un ni l'autre ne sont éternels.

Jésus est descendu sur terre pour des questions d'éternité mais, en cours de route, Il a exprimé Sa compassion en faisant des miracles. À Sa naissance, un messager venu du ciel a dit qu'Il S'appellerait Jésus car Il était destiné à sauver les hommes de leurs péchés[31]. Il est venu chercher et sauver ce qui était perdu[32]. Il a dit qu'Il était descendu sur terre dans un but bien précis qu'Il a assumé jusqu'au bout en mourant sur la croix[33]. Il a dit que l'Évangile du royaume serait prêché dans le monde entier pour servir de témoignage à toutes les nations et qu'un jour viendrait la fin[34]. Il a ordonné à Ses disciples, tout âge confondu, de faire des nations des disciples, d'aller, de baptiser et d'enseigner[35]. De Sa naissance à Sa glorification comme Roi des rois et Seigneur des seigneurs, Sa mission première était de réconcilier les pécheurs avec Dieu, de leur donner la capacité de vivre une vie juste et de les préparer pour leur destination éternelle.

Quel que soit le lieu géographique ou culturel et quel que soit le ministère que nous exerçons, notre objectif et notre mission ultime doivent être en harmonie avec les Siens : aimer les hommes signifie vouloir et faire ce qu'il y a de mieux pour eux, quel qu'en soit le prix et sans rien attendre en retour. Le plus bel acte d'amour est de les préparer à rencontrer Dieu et à se libérer de ce péché qui les emprisonne. Ensuite, mon amour va m'inciter à essayer d'améliorer leur qualité de vie personnelle et globale. C'est ce qu'on appelle *les deux/et*.

Nous avons conscience du fait que ni Jésus, ni l'Église primitive, ni nous ne pourrons guérir tout le monde ici-bas et ne pourrons réparer les injustices et venir à bout des oppressions. Toute chose nouvelle est vouée à l'eschaton. Nous devons nous rappeler que ceux qui auront accepté Jésus comme leur Seigneur et Sauveur iront au ciel, et que leur corps infirme et décharné sera instantanément et entièrement guéri ; la corruption, l'oppression et l'injustice seront loin derrière eux et ils découvriront la vie, la paix et toute la splendeur de la présence revigorante de Dieu. Les pécheurs les plus obstinés qui ignorent la vérité qui leur a été offerte, et ce, quelle que soit leur condition physique, connaîtront la colère de Dieu pour l'éternité[36]. En attendant ce jour, nous proclamons l'Évangile, guidés par l'Esprit, auprès de tous ceux qui croisent notre chemin, par nos paroles, nos actions et des signes, en menant une vie consacrée au service et à la compassion, apprenant à nous exprimer, vivant au milieu des pauvres et des brebis perdues, faisant face aux systèmes mauvais et injustes, afin que le Roi et Son royaume s'établissent au cœur de chaque peuple.

Notre projet missionnaire prioritaire est d'ordre apostolique : il s'agit d'apporter la bonne nouvelle du royaume aux peuples encore non-atteints afin de bâtir des églises qui seront autonomes dans leur gestion, leur financement, leur évangélisation (au sein de leur propre peuple et groupe linguistique), leur mission (auprès de peuples différents du leur), leur doctrine (pour qu'évangéliser, adorer et exprimer leur foi soient en accord avec leur culture tout en s'inspirant de la Bible) et leur entraide (les communautés de croyants partagent avec les pauvres et les nécessiteux, tout en donnant la priorité aux croyants). Les dirigeants chrétiens d'Afrique doivent collaborer avec les missionnaires de sorte à établir l'Église, et ce, en s'engageant dans tous les aspects de la vie de l'église et en s'assurant que cette collaboration n'empêche pas les saints autochtones de gagner en maturité et à l'Évangile de s'étendre.

L'Action missionnaire des AD repose sur quatre piliers : évangéliser, s'implanter en bâtissant de nouvelles églises, toucher les autres à travers le ministère de compassion et enseigner dans le but de faire des disciples et de préparer les futurs dirigeants à répondre aux besoins de l'Église de Dieu. Existe-t-il un fil conducteur entre ces quatre piliers ?

C'est d'abord la fonction apostolique qui les lie entre eux. Alan Johnson relève trois courants de missions : implanter et développer des églises dans des régions et parmi les peuples où d'autres églises existent déjà, faire part de son intérêt de chrétien pour les nécessiteux et s'attacher à annoncer l'Évangile aux peuples non-atteints où il n'existe actuellement aucun mouvement religieux[37]. Il recommande à tous les missionnaires de fusionner ces trois paradigmes en vue de l'accomplissement de la grande mission.

Le Manifeste de Brackenhurst, rédigé à l'issu d'une rencontre territoriale du personnel de l'Action missionnaire des AD en Afrique de l'Est et dans le bassin de l'océan Indien, énonce clairement l'engagement des missionnaires envers huit valeurs fondamentales : (1) demeurer en Christ, (2) servir en nous basant sur la méthode apostolique, (3) innover, (4) travailler en partenariat, (5) vivre en équipe, (6) continuer d'apprendre tous les jours, (7) transformer le corps, l'esprit et l'âme des gens et (8) vivre selon la Pentecôte[38]. Ces valeurs fondamentales font partie d'un nouveau projet en Afrique de l'Est appelé *Live Dead*, dont l'objectif est de bâtir une Église autochtone parmi les peuples non-atteints d'Afrique de l'Est, grâce aux missionnaires de l'Action missionnaire des AD et à leurs méthodes innovantes pour atteindre les brebis perdues[39].

L'Église et ses centres de formation dissiperont alors les tensions de la mission car elles répondront, à la fois de façon holistique et sacrificielle, au dernier commandement de Christ en offrant son peuple et ses ressources pour transformer les conditions humaines et spirituelles de ceux qu'ils croisent sur la route menant vers les peuples non-atteints, apportant avec eux la bonne nouvelle de la souveraineté de Christ et de Son royaume qui est déjà maintenant mais pas encore.

NOTES DE FIN DE DOCUMENT

[1] Kirsch cite de nombreuses références bibliques dans son article ; trois d'entre elles nous semblent être les plus fondamentales pour élaborer sa doctrine biblique du ministère de compassion.

[2] Stephen R. Covey, dans *Principle-Centered Leadership* (New York, NY : Simon & Schuster, 1992), 44-45, explique qu'une mentalité d'abondance, c'est « penser que tout le monde est gagnant ». Plutôt que de manquer d'assurance et de saisir tout ce qui passe car les ressources sont limitées, Covey dit que chacun doit

avoir conscience de sa propre valeur, reconnaître les mérites des autres, avoir la conviction qu'il y en aura assez pour répondre aux besoins de chacun et chercher à ce que tous, ministères et personnes, puissent en tirer profit.

[3] Pour en savoir davantage sur la définition du travail apostolique, lire *Apostolic Function in 21st Century Missions* d'Alan R. Johnson (Springfield, MO : AGTS, 2009), 66-72. Le travail apostolique est comme une lentille à travers laquelle les missionnaires se voient et développent leur identité et leur tâche. Lorsqu'ils œuvrent en tant qu'apôtres, ils s'engagent à proclamer l'Évangile, à fonder et à diriger les nouvelles églises au sein de tous les peuples du monde entier, en particulier là où il n'y a ni église ni chrétien.

[4] Joe Kapolyo, « Matthieu » dans *Africa Bible Commentary* (Tokunboh Adeyemo, éd. ; Nairobi : Word Alive, 2006), 1164.

[5] D. A. Carson. *Matthieu* (EBC ; Grand Rapids, MI : Zondervan, 1995), 522.

[6] Craig S. Keener, *Matthieu* (IVPNTCS ; Downers Grove, IL : InterVarsity, 1997), 29.

[7] Ibid., 33. Les premiers manuscrits de Matthieu ont été découverts à Antioche, ce qui laisse à penser que Matthieu a rédigé son évangile pour les croyants de là-bas afin de consolider leur foi en Jésus le Messie et de les encourager à répandre le message au-delà des barrières culturelles, géographiques et ethniques afin de faire de toutes les nations des disciples. Antioche fut la première grande église missionnaire (Actes 13.1-3).

[8] Ibid., 361.

[9] Bryant L. Myers, *Walking with the Poor: Principles and Practices of Transformational Development* (Maryknoll, NY : Orbis, 2006) utilise le même paradigme : parole – action – signe.

[10] Miriam Smith, *Holistic Worldview and Witness* (article présenté au Comité consultatif du Manifeste de Brackenhurst, Nairobi, Kenya, le 4 octobre 2010), 13.

[11] John V. York, *La Mission à l'Ère de l'Esprit* (Springfield, MO : Logion, 2000), 293.

[12] Ibid., 294.

[13] Ibid., 303.

[14] Jean 18.36

[15] Jean 12.20-27

[16] Jean 6.25-66

[17] Jean 5.1-18

[18] Par exemple, voir Actes 2.44-47 ; 4.32-35 ; 6.1-7 ; 11.29-30 ; 2 Corinthiens 8.1-15 ; Galates 6.10

[19] Actes 6.2, 4, 7
[20] Actes 4.34-35
[21] Actes 3.6
[22] Voir Actes 11.30 ; 2 Corinthiens 8.16-21
[23] Leonard Sweet, *Post-Modern Pilgrims: First Century Passion for the 21st Century Church* (Nashville, TN : Broadman and Holman Publishers, 2000.
[24] Matthieu 9.37-38
[25] York, 298.
[26] C. Gordon Olson, *What in the World is God Doing?* 4e éd. (Cedar Knolls, NJ : Global Gospel Publishers, 1998), 336.
[27] Johnson, *Apostolic Function*, 13. Il indique que 40 % de la population mondiale n'a aucun contact, ou bien est en contact très limité, avec un témoin de l'Évangile.
[28] Sweet
[29] 2 Corinthiens 8.2
[30] Johnson, 66, écrit : « Le ministère apostolique a rarement recours à des images montrant les nécessiteux et les marginaux pris en charge, ce qui est assez révélateur de notre tendance occidentale à distinguer la sphère 'spirituelle' de la sphère 'physique/sociale'. » Certaines de ces dichotomies ont des origines historiques et théologiques, comme, par exemple, le changement de doctrine occidentale qui a eu lieu au début du vingtième siècle et qui consistait dès lors à prêcher un évangile social, à nier l'inspiration de la Parole de Dieu et à en appeler à un moratoire des projets de mission évangélique. Ce sujet est hors propos ici. Mais pour en savoir plus, lire *Christian Relief and Development: Developing Workers for Effective Ministry* d'Edgar J. Elliston, éd. (Dallas, TX : Word, 1989).
[31] Matthieu 1.21
[32] Luc 19.10
[33] Jean 12.27-28
[34] Matthieu 24.14
[35] Matthieu 28.19-20
[36] Romains 1.18-20 ; 2.5
[37] Johnson, 8.
[38] Dick Brogden et Greg Beggs, éd., *Le Manifeste de Brackenhurst* (document rédigé lors de la réunion sur les missions stratégiques en Afrique de l'Est/dans le bassin de l'océan Indien, Brackenhurst, Kenya, 2-7 janvier 2011).
[39] Greg Beggs, article intitulé *Live Dead: Vision Strategy* (Nairobi, le 20 avril 2011).

Appendice 1
Résolution appelant à la création de la « Décennie de la Pentecôte »
[Adoptée par l'Alliance des Assemblées de Dieu d'Afrique lors de son assemblée générale, le 5 mars 2009, à Johannesburg, Afrique du Sud]

ATTENDU QUE l'Alliance des Assemblées de Dieu d'Afrique (AADA) s'est officiellement engagée à s'impliquer dans la mission par la puissance du Saint-Esprit ;

ATTENDU QUE l'AADA a démontré son engagement en créant la Commission de l'Action missionnaire pour inspirer, faciliter et coordonner l'action missionnaire (2000) ainsi que l'action *Acts in Africa Initiative* de manière à inspirer et à promouvoir un réveil pentecôtiste sur l'ensemble du continent (2004) ; et

ATTENDU QUE nos églises dans toute l'Afrique sont prêtes à recevoir le vent frais de l'Esprit avec des millions de nos membres baptisés du Saint-Esprit et prêts à prendre part à la mission ;

L A ÉTÉ RÉSOLU QUE l'Alliance des Assemblées de Dieu d'Afrique qualifiera la prochaine décennie (2010-2020) de « Décennie de la Pentecôte ».

IL EST EN OUTRE RÉSOLU QUE, pendant la Décennie de la Pentecôte, l'AADA invitera l'ensemble de ses Églises nationales membres à promouvoir un réveil pentecôtiste au sein de leurs assemblées, et ce, dans le but d'animer l'Église de la puissance nécessaire en vue d'une plus grande action d'évangélisation, d'implantation d'églises et de participation missionnaire ; et

IL EST EN OUTRE RÉSOLU QUE le dimanche de Pentecôte (septième dimanche après Pâques) sera proclamé « Journée de célébration de la Pentecôte » dans chacune de nos 50 000 (et plus)[viii] églises en Afrique et que, ce jour-là, chaque pasteur sera encouragé à prêcher sur le baptême du Saint-

---

[viii] Au moment de la publication de ce livre, le nombre des églises des Assemblées de Dieu en Afrique s'élevait à 65 000.

Esprit et sur la mission et à prier pour ceux qui désireront recevoir le Saint-Esprit.

IV EST EN OUTRE RÉSOLU QUE les Assemblées de Dieu d'Afrique se fixeront comme but de voir 10 millions de nos membres baptisés du Saint-Esprit pendant la Décennie de la Pentecôte.

Dr Denny Miller
Directeur
Acts in Africa Initiative

Appendice 2
Quelques faits marquants de Vision 5:9
Décembre 2010

À l'heure actuelle, on compte

- 2 221 PMNA au sein desquels nous cherchons à implanter des églises d'ici 2025.
- 214 PMNA regroupant au moins 100 000 personnes devant être engagés d'ici 2012.

Récapitulatif des Peuples musulmans non-atteints (PMNA)

	Août 2010	Déc. 2010
Peuples musulmans non-atteints	2 227	2 221
PMNA comptant au moins 100 000 personnes (ou plus)	703	699
Non-engagés	214	214
Engagés	489	485
Indéterminé	0	0
PMNA comptant moins de 100 000 personnes	1 524	1 522
Non-engagés	1 187	1 189
Engagés	337	333
Indéterminé	0	0

Définitions

Bloc d'affinité : Larges groupements de peuples liés par une parenté linguistique, historique et culturelle, et généralement indigènes à une zone géographique déterminée.

Groupements de peuples : Regroupement plus restreint de peuples au sein d'un bloc d'affinité, souvent avec un nom ou une identité commun(e), mais séparés les uns des autres par les frontières politiques, le langage ou les schémas migratoires.

Peuple : Regroupement plus restreint au sein d'un groupement d'individus qui, à leurs yeux, partagent une identité commune.

Engagement : Les quatre éléments suivants doivent être présents pour qu'un peuple musulman soit considéré comme étant véritablement « engagé » :

1. un effort novateur d'implantation d'églises sur place.
2. un engagement à travailler en utilisant le langage vernaculaire et en tenant compte de la culture.
3. un engagement au profit d'un ministère à long terme.
4. semer la Parole en vue de l'émergence d'un mouvement d'implantation d'églises (MIE).

Appendice 3
DÉCLARATION SUR LA COOPÉRATION EN AMÉRIQUE LATINE
Notre façon d'agir les uns envers les autres à travers le réseautage

ATTENDU que l'Église de Christ est UNE, mais comprend une diversité de membres, et que les thèmes de la coopération et de l'unité sont souvent repris dans les milieux ecclésiastiques en Amérique latine, nous devons adhérer à une unité biblique qui rend témoignage au monde (Jean 17) mais permet à ses nombreux membres d'agir en toute liberté (1 Corinthiens 12.12) et répond à l'appel de notre Seigneur sans toutefois perdre notre identité et notre philosophie missionnaire pentecôtiste.

Ce que N'EST PAS la coopération à nos yeux :

1. Un organisme administratif international unique
2. Une seule église des Assemblées de Dieu d'Amérique latine ou un seul organisme missionnaire latino-américain.
3. En tant que membres des Assemblées de Dieu, nous abandonnons notre identité ou notre philosophie du travail pour satisfaire les demandes des autres mouvements missionnaires.
4. Soumis à la pression de la communauté ecclésiastique, nous implantons des églises nationales et locales indépendantes des autres églises nationales et locales des Assemblées de Dieu.

Ce QU'EST la coopération pour nous :

1. Un moyen de communiquer entre nous, de soutenir et de respecter les autres mouvements missionnaires du Corps de Christ, même lorsqu'ils travaillent différemment de nous.
2. Respecter l'Église nationale des Assemblées de Dieu déjà en place dans un pays et ne pas chercher à fonder plusieurs Églises nationales des Assemblées de Dieu dans un seul pays et/ou peuple. (Par exemple, une seule Église nationale des Assemblée de Dieu du Brésil,

une seule Église nationale des Assemblées de Dieu de Corée, une seule Église nationale des Assemblées de Dieu du Nigéria, etc.)
3. Unir les efforts missionnaires des Assemblées de Dieu dans divers pays dans le but d'établir, de développer et de soutenir une Église nationale des Assemblées de Dieu sur le terrain tout en encourageant le développement de divers ministères missionnaires, étant donné que la diversité des dons de Dieu servent à l'édification de l'œuvre nationale.
4. Encourager la communication entre les divers départements et organismes missionnaires d'Amérique latine et du monde entier, tout en respectant l'autonomie de chaque nation.

PAR CONSÉQUENT, attendu que les Assemblées de Dieu ont toutes la même doctrine et philosophie, et que les défis que doit relever le monde sont grands, nous devons réaliser à quel point il est urgent pour les départements/organismes missionnaires des Assemblées de nos pays de collaborer en tirant profit des ressources, des contacts et des expériences des uns et des autres.

DE MÊME, attendu que bon nombre de peuples non-atteints n'ont toujours pas d'Église nationale, mais que, dans le même temps, plusieurs Églises nationales sont déjà établies sur plusieurs terrains de missions, Églises que ceux qui viennent d'autres pays doivent respecter, nous devons nous associer aux autres efforts des Assemblées de Dieu mis en œuvre dans le pays d'accueil afin d'établir l'Église nationale, et, lorsqu'une Église nationale existe déjà, notre objectif missionnaire doit être de l'affirmer et de la soutenir.

Appendice 4
Ensemble dans la mission :
Séminaire de formation intensif pour les dirigeants missionnels
(Traduit de l'espagnol : *Misiones En Conjunto*)

Thème : Le leadership missionnaire du 21e siècle, de la négligence à la diligence : comment devenir un leadership missionnaire efficace

Objectif : Dispenser une formation missionnaire de base aux dirigeants

Au nombre des participants devraient figurer :
1. Les membres du département des missions
2. Les promoteurs des missions
3. Les responsables de l'Église nationale
4. Les directeurs d'école biblique ainsi que les enseignants chargés de la formation missionnaire dans les écoles bibliques
5. N'importe quel dirigeant potentiel intéressé

Durée : 20-30 heures, selon la situation et les besoins du pays

Intervenants : Membres de la Commission des missions en Amérique latine

Au programme du séminaire et de la formation :

1. Le profil d'un dirigeant missionnaire
2. L'organisation et la progression des missions des Assemblées de Dieu en Amérique latine et dans le monde entier
3. La déclaration des bases théologiques fondamentales des missions
4. L'organigramme des divers départements des missions en Amérique latine et les responsabilités de chacun de leurs membres
5. L'importance d'avoir, et de consigner dans un manuel, une philosophie et des principes de base pour votre département des missions
6. Comment organiser un département qui servira les églises et les missionnaires

7. La mise en place de programmes de soutien pour votre département des missions (futurs missionnaires, promoteurs nationaux, intercesseurs, « vision missionnaire pour les enfants », etc.)
8. Les stratégies de la mobilisation missionnaire (promouvoir et former une multitude de promoteurs)
9. Obtenir les fonds nécessaires pour les missions et enseigner sur les promesses de foi
10. Les ressources de la formation missionnaire
11. Les divers usages de la technologie dans l'exercice et la promotion des missions
12. Les défis de la tâche d'évangélisation du monde entier
13. Le soin pastoral et la prise en charge des missionnaires par l'église locale et le département des missions
14. Des buts, des plans et des projets à court et à long terme
15. Comment procéder à une évaluation de votre département des missions : Où en êtes-vous aujourd'hui ? Quels sont les changements qui s'imposent ? et Quels sont vos projets à court et à long terme ?

** D'autres thèmes pourront être traités à la demande du département des missions bénéficiaire de la formation

Appendice 5
Les catégories de missionnaires

CATÉGORIES DE MISSIONNAIRES
Pays d'Amérique latine – 2010

TYPE DE CATÉGORIE	RELATION ÉCONOMIQUE	PÉRIODE D'AFFECTATION SUR LE TERRAIN	PÉRIODE DE DÉPUTATION DE RETOUR AU PAYS	CONDITIONS ÉMISES PAR L'ÉCOLE DES MISSIONS	OBSERVATIONS
NOMMÉ À PLEIN TEMPS	Pris en charge à 100 % par le pays d'origine	3 ans, 4 ans possibles sur demande	6-12 mois	Remplies pendant la période de députation	
MISSIONNAIRE EN FORMATION	Pris en charge à 100 % par le pays d'origine	3 ans premier mandat	6-12 mois	Remplies pendant la période de députation	Premier mandat : sous la surveillance d'un mentor. Ensuite : nommé à plein temps
COURT TERME	Pris en charge à 100 % par le pays d'origine	1 an, renouvelable une 2ᵉ année	6 mois	Remplies avant le départ	Sous la surveillance d'un missionnaire
PASTEUR MISSIONNAIRE	Peut être soutenu en partie par l'église locale qu'il dirige	5 ans, puis renouvelable par la suite	Flexible selon les besoins et la situation	Remise à niveau au moins une fois tous les 5 ans	Doit être soumis au DNM et pas uniquement au pays d'accueil
SOUTIEN MINISTÉRIEL	Peut être soutenu en partie par l'église locale qu'il dirige	5 ans, puis renouvelable par la suite	Flexible selon les besoins et la situation	Remise à niveau au moins une fois tous les 5 ans	Doit être dans le ministère à plein temps sans aucun emploi séculier
DOUBLE VOCATION	La majorité du soutien financier issue de l'activité professionnelle	5 ans, puis renouvelable par la suite	Flexible selon le poste occupé et la situation	Remise à niveau au moins une fois tous les 5 ans	Bien qu'il ne dépende nullement du pays d'origine, il peut parfois bénéficier de quelques offrandes
PEUPLES ETHNIQUES PRÉSENTS DANS LE PAYS	Peuvent être soutenus par diverses églises	En cours, selon les besoins	Flexible selon la situation	Remise à niveau au moins une fois tous les 5 ans	Demeure dans son pays d'origine mais exerce au sein d'un(e) autre culture/groupe ethnique

Appendice 6
La Miséricorde et la Justice dans l'Ancien Testament
William Kirsch

Dans l'Ancien Testament, la miséricorde et la justice semblent généralement associées à la réponse de l'homme à Dieu et parfois même à ce que l'on ne fait pas. Exode 33.19 fait valoir la souveraineté de Dieu en ces termes : « je fais grâce à qui je fais grâce, et miséricorde à qui je fais miséricorde. » Ce passage est repris dans Romains 9.14-15, où il semble faire allusion à une miséricorde spirituelle, et non physique, à travers le salut. Bien que cela puisse paraître arbitraire, nous savons, d'après ce que nous enseignent les Écritures, que la réaction de Dieu à l'égard des hommes est basée sur la réaction des hommes à Son égard. Deutéronome 13.17 laisse entendre que la miséricorde sert d'abord et surtout à répondre au plus grand besoin de l'Humanité, à savoir son péché. Ce même sentiment est également évoqué dans d'autres passages (Deutéronome 30.3 ; 32.36 ; Juges 2.18 ; 2 Rois 13.23 ; 2 Chroniques 30.9 ; Néhémie 9.19, 27-28 ; Ps. 51.1 ; 77.9 ; 102.13 ; 103.4 ; Ésaïe 4.1 ; Jonas 3.9-10 ; 4.1).

Nous trouvons d'autres exemples dans l'Ancien Testament :

- Demander miséricorde pour les péchés et non pour la guérison physique (Ps. 90.13)
- La miséricorde tant spirituelle que physique (Ps. 116.5 ; 119.77, 156)
- La situation physique basée sur l'obéissance (Ps. 135.14)
- La nature miséricordieuse de Dieu à l'égard de tous les hommes (Ps. 145.9 ; Lamentations 3.32)
- Le désir de Dieu de manifester Sa miséricorde à l'égard de ceux qui espèrent en Lui (Ésaïe 30.18)
- Les enfants d'Israël bénéficient de la miséricorde de Dieu lorsqu'ils Lui obéissent (Ésaïe 49.10-15 ; 51.3 ; 54.7-8, 10 ; 60.10 ; 63.7, 15 ; Jérémie 12.15 ; 30.18 ; 31.20 ; 33.26 ; 42.12 ; Ézéchiel 39.25 ; Osée 2.19 ; 11.8 ; 14.3 ; Michée 7.19).

- Dieu n'a aucune compassion pour le mal (i.e., for Babylon : Ésaïe 13.19 ; Jérémie 21.7).
- Dieu n'a aucune compassion pour le peuple d'Israël lorsqu'il se rebelle contre Lui (Ésaïe 27.11 ; Jérémie 13.14 ; 15.6 ; Ézéchiel 9.5 ; 16.5 ; Osée 13.14 ; Amos 1.11 [pour les idolâtres]).
- Nous devons faire preuve de compassion en n'opprimant pas notre prochain (Zacharie 7.9-10).

D'habitude, la justice est considérée comme un moyen d'empêcher quelqu'un de profiter des autres et non comme un encouragement à aider celui ou celle qui est dans le besoin. Cela s'applique tout particulièrement aux pauvres, aux opprimés, aux orphelins, aux veuves et aux étrangers. Ainsi, la justice constitue donc généralement un avertissement à l'encontre de ceux qui exploitent les autres au lieu d'une injonction d'aider ces derniers à se dépêtrer d'une situation injuste. À savoir cependant qu'il est important de défendre la cause des victimes de l'injustice (Ésaïe 1.16-17).

Appendice 7
[Lettre d'accompagnement de la résolution appelant à la création de la Commission de l'Action missionnaire de l'AADA]

Le 1er décembre 1999

Pasteur Charles Osueke
Président, Alliance des Assemblées de Dieu d'Afrique
P. O. Box 395
Enugu, État d'Enugu
Nigéria, Afrique occidentale

Cher(s) pasteur Osueke et membres du comité exécutif de l'AADA :

Nous vous saluons dans le nom puissant de Jésus !

Nous sommes convaincus que vous, nos frères en Christ, en vous associant à chacun d'entre nous et à bon nombre d'autres personnes, vous sentez interpelés par l'action évidente du Saint-Esprit qui encourage les églises d'Afrique à jouer un rôle dynamique dans l'accomplissement de la grande mission. Il s'agit là d'un moment décisif pour l'Église d'Afrique. Selon Son dessein, Dieu lance un appel retentissant aux églises d'Afrique pour que, comme jamais auparavant, elles prennent leur place dans l'histoire de la longue avancée de l'œuvre missionnaire.

Soucieux de donner suite à l'action manifeste de l'Esprit de Dieu, nous, soussignés, nous permettons de présenter la résolution ci-jointe au bureau exécutif de l'AADA à des fins de réflexion solennelle et de considération réfléchie, nous l'espérons, lors de votre prochaine réunion prévue en janvier 2000 à Lomé, au Togo. La résolution plaide en faveur de la création d'une Commission de l'Action missionnaire (CAM) de l'AADA. Dans notre résolution, nous proposons que la CAM de l'AADA serve à faciliter et à coordonner l'ensemble des efforts missionnaires des Assemblées de Dieu sur l'ensemble du continent.

Vous constaterez que notre proposition est des plus simples. Nous prions que sa simplicité puisse contribuer au déploiement, et ce, le plus rapidement possible, des efforts nécessaires à la création de la CAM de l'AADA. Nous espérons que le bureau exécutif de l'AADA accordera son accord provisoire, en attendant l'agrément définitif de l'Assemblée générale de l'AADA qui se tiendra à Indianapolis en août 2000.

Je vous prie d'agréer, messieurs, nos salutations les plus respectueuses.

Donald Tucker	John York	John Ikoni
Secrétaire exécutif de l'AADA	Directeur du SAFT Nigéria	Secrétaire général
Sponsor de la résolution	Sponsor de la résolution	Sponsor de la résolution

Appendice 8
RÉSOLUTION
[Appel à la création de la Commission de l'Action missionnaire]

L'œuvre missionnaire a été entreprise par les églises africaines il y a déjà plusieurs décennies. Cependant, aujourd'hui, nous notons un progrès considérable quant à la reconnaissance mondiale de la grande mission comme le mandat assigné à l'Église dans le monde entier, y compris l'Afrique. Plusieurs Églises nationales au sein des Assemblées de Dieu ont développé des programmes spécifiques de missions et cherchent à mettre en œuvre des plans d'action. De même, la charte de l'AADA contient une déclaration d'intention de prendre part d'une manière active à la planification et à l'exécution des efforts missionnaires internationaux issus d'Afrique pour le continent africain et tout autre pays, et ce, selon la direction divine.

IL EST DONC RÉSOLU que la COMMISSION DE L'ACTION MISSIONNAIRE de l'AADA, ci-après dénommée CAM/AADA, soit créée avec les objectifs suivants en vue…

1) Donner la priorité aux efforts d'évangélisation des peuples qui jusque-là n'ont pas encore été atteints par les Églises nationales d'Afrique et mettre l'accent sur les besoins suivants :
   a) Rechercher la nature des peuples africains non-atteints ainsi que les endroits où se situent.
   b) Fournir des statistiques et des informations exactes et utiles sur les peuples non-atteints aux organismes missionnaires de l'Église nationale en Afrique.
   c) Confier la responsabilité principale des missions auprès des peuples non-atteints aux Églises nationales intéressées et prêtes à s'acquitter de leur tâche d'ici le mois d'août 2000.
   d) Tracer une courbe des progrès d'évangélisation des peuples africains non-atteints.
   e) Imprimer du matériel approprié pour soutenir les efforts missionnaires mandatés.

2) Coordonner les efforts missionnaires, qu'ils soient nouveaux ou déjà existants, sur l'ensemble du continent à travers les activités suivantes comme un service réservé aux Églises nationales d'Afrique :
   a) Entretenir une base de données des efforts missionnaires en cours sur l'ensemble du continent et ceux prévus pour plus tard.
   b) Fournir une liste officielle de tous les missionnaires des Assemblées de Dieu représentant les Églises nationales des Assemblées de Dieu, y compris leur lieu de mission, leur ministère et la durée de leur service.
   c) Servir de forum de discussion, de planification stratégique, de prise de décision et de résolution de conflits en ce qui concerne l'affectation du personnel missionnaire des Églises nationales sur l'ensemble du continent.

3) Encourager la création et la fonction des départements régionaux des missions, selon les divisions géographiques de la liste officielle des régions de l'AADA (5 actuellement) dans les buts suivants :
   a) La mise en œuvre en cours du concept de formation missionnaire de l'Institut de la Onzième Heure (*Eleventh Hour Institute*) dans chaque région du continent et dans chacun des pays qui en ont fait la demande, et ce, en collaboration avec le SAFT en tant qu'organisme principal exerçant cette fonction. La CAM/AADA doit en priorité créer un emploi du temps concernant la mise en œuvre du programme de l'Institut de la Onzième Heure.
   b) Le développement d'un effort de recherche de la part de l'AADA insistant principalement sur les efforts missionnaires à travers le monde, sans cependant s'y limiter.

PROPOSITIONS PARTICULIÈRES

1) Cinq membres de la Commission doivent être choisis et désignés par le Comité exécutif de l'AADA pour s'acquitter des fonctions mentionnées ci-dessus.
2) Les membres de la Commission serviront sous la direction du Comité exécutif de l'AADA et seront à son entière disposition. Le comité fixera la durée de leur mandat.

3) Le courrier électronique doit être utilisé comme une source de contact permanent, réduisant ainsi les déplacements et par conséquent les dépenses.
4) Deux membres sans fonction déterminée de la Commission doivent être ajoutés aux cinq délégués désignés, un issu du Comité exécutif de l'AADA et l'autre du SAFT.
5) Les membres de la Commission doivent être choisis et confirmés dans leur fonction durant la réunion du Comité exécutif de l'AADA en janvier 2000. La validation de leur mandat sera officialisée en août 2000, lors de l'Assemblée générale qui se tiendra à Indianapolis.

Appendice 9
Commission de l'Action missionnaire
de l'Alliance des Assemblées de Dieu d'Afrique

CONSTITUTION

La Charte de l'Alliance des Assemblées de Dieu d'Afrique (AADA) contient une déclaration d'intention de prendre part d'une manière active à la planification et à l'exécution d'efforts missionnaires internationaux au sein du continent africain et dans le monde entier. C'est dans le cadre de l'accomplissement de cette intention que la Commission de l'Action missionnaire de l'AADA a été formée.

ARTICLE I : Nom
Commission de l'Action missionnaire de l'AADA, ci-après dénommée CAM/AADA.

ARTICLE II : Mandat
A. Le mandat clair de la CAM/AADA, consigné dans les documents officiels de l'AADA, consiste à faciliter et à encourager les actions missionnaires de nos Églises nationales partout en Afrique, et ce, par tous les moyens possibles au nombre desquels devront figurer, de façon non limitative, le développement des informations, les actions de promotion et la coordination à l'échelle continentale, régionale et/ou nationale. Un des objectifs prioritaires du mandat de la Commission sera d'entreprendre et de maintenir des efforts de formation en missiologie sur l'ensemble du continent et à chaque niveau de l'Église en s'appuyant sur les principes utilisés dans le cadre de l'Institut de la Onzième Heure (*Eleventh Hour Institute*).
B. Un document intitulé *Focus on Mandate* [Pleins feux sur le mandat] sera rédigé comme un addenda à cette constitution afin de servir de schéma procédural officiel de l'accomplissement du mandat de la CAM/AADA et d'assurer la mise en valeur du but de la Commission.

ARTICLE III : Composition
- A. La CAM/AADA sera composée :
  - D'un représentant de chaque région administrative, géographique ou linguistique à même de servir dans la structure de l'AADA.
  - D'un représentant sans fonction particulière du Comité exécutif de l'AADA.
  - D'un représentant sans fonction particulière du Service Africain de Formation Théologique (SAFT).
- B. Adhésion
  - Des représentants régionaux de la CAM/AADA seront nommés par la structure régionale de l'AADA et ratifiés par le Comité exécutif de l'AADA.
  - Des représentants sans fonction particulière seront nommés par l'institution qu'ils représentent et ratifiés par le Comité exécutif de l'AADA.

ARTICLE IV : Mandats
- A. Le mandat de chacun des membres de la CAM/AADA sera de quatre ans, indéfiniment renouvelable.
- B. Chaque poste vacant sera pourvu de façon temporaire par le Comité exécutif de l'AADA jusqu'à ce qu'un remplaçant officiel puisse être nommé par l'organisme de l'AADA touché par la vacance.
- C. Une position peut devenir vacante en raison de la démission ou de la révocation d'un membre. Le Comité exécutif de l'AADA se réserve le droit de renvoyer un membre en raison de son inactivité, de son manquement à ses responsabilités et autres raisons valables officiellement portées au registre par le Comité exécutif de l'AADA.

ARTICLE V : Réunions
- A. Les réunions seront convoquées au moins une fois par an ou plus selon les besoins. Pour limiter les dépenses, les activités de la CAM/AADA seront menées le plus possible au moyen des médias électroniques (téléfax, e-mail, etc.).
- B. Les questions soulevées par la Commission et soumises à un vote ou à un consensus nécessiteront une participation aux 2/3 des membres de ladite Commission. Un quorum peut être atteint soit par la pré-

sence physique des membres soit par une participation via des moyens électroniques.
C. Un(e) secrétaire de séance, choisi(e) parmi et par les membres de la Commission, tiendra un registre écrit des délibérations, des décisions et des activités de la CAM/AADA.
D. Les frais de déplacement et autres dépenses associés au travail des membres individuels de la Commission seront à la charge de la région ou institution représentée.
E. Tous les trimestres, des résumés écrits des activités de la Commission seront présentés au Comité exécutif de l'AADA. Les rassemblements en séance officielle de la CAM/AADA donneront lieu à la rédaction de procès-verbaux qui seront, par la suite, envoyés au Comité exécutif de l'AADA et à toute partie concernée selon les exigences de la CAM/AADA ou selon ce qu'elle jugera nécessaire.

ARTICLE VI : Leadership
A. Un président sera choisi par les membres de la Commission ; son rôle consistera à faciliter les rencontres et les communications au profit de l'œuvre de la Commission.
B. Un(e) secrétaire de séance sera choisi(e) par les membres de la Commission ; son rôle consistera à entretenir et à diffuser les comptes rendus trimestriels et les procès-verbaux officiels, ainsi qu'à se charger de la correspondance écrite selon son attribution.
C. Un trésorier peut être choisi en référence à l'Article VII, Paragraphe C.

ARTICLE VII : Finances
A. Le mandat de la CAM/AADA, tel que le stipulent les documents officiels de l'AADA, insistera sur le développement des informations, les actions de promotion et la coordination. En temps utile, la Commission pourra effectuer une collecte de fonds destinée au financement des efforts missionnaires, à savoir cependant que la collecte de fonds ne relève pas du mandat initial de ladite Commission. Toutefois, la Commission pourra conseiller et aider les Églises nationales à mettre sur pied des campagnes de collecte de fonds.
B. Les ressources financières nécessaires au bon déroulement des activités de la Commission seront tributaires des dons des églises membres,

des institutions partenaires se préoccupant du développement de l'action missionnaire de nos Églises nationales ou de la trésorerie de l'AADA en fonction des ressources disponibles.
C. Pour permettre à la CAM/AADA de se concentrer sur son mandat avec le moins d'interruptions possible, au tout début, les affaires financières de la Commission seront gérées par le trésorier du Comité exécutif de l'AADA. En temps opportun, un trésorier sera nommé parmi les membres de la Commission.
D. Des rapports financiers réguliers concernant la CAM/AADA seront ajoutés aux rapports financiers du Comité exécutif de l'AADA jusqu'à ce qu'il soit décidé d'établir une procédure de rapports à part des finances de la CAM/AADA.

ARTICLE VIII : Amendements
A. Les amendements à la Constitution pourront être proposés par les membres de la Commission, les membres du Comité exécutif de l'AADA ou tout autre membre votant de l'AADA.
B. Tout amendement nécessitera un vote aux 2/3 des membres votants de l'AADA lors de toute assemblée dûment convoquée.

ARTICLE IX : Cessation d'activité
A. Les activités de la CAM/AADA prendront fin sur décision officielle du Comité exécutif de l'AADA et après que la décision aient être ratifiée par les membres de l'AADA.
B. Tout excédent de biens et de fonds de la CAM/AADA deviendra la propriété de l'AADA une fois la cessation d'activité intervenue.

Appendice 10
Liste des participants à la Consultation des missions pentecôtistes

Zebulon Alulu, Kenya
Uche Ama, Nigéria
Greg Beggs, Kenya
Dick Brogden, Soudan
Gaylord Brown, Malawi
Lazarus Chakwera, Malawi
Lawrence Chipao, Malawi
Edward Chitsonga, Malawi
Michael Dissanayeke, Sri Lanka
Scott Hanson, Tanzanie
Ken Krucker, États-Unis
Bill Kirsch, États-Unis
Bill Kuert, Kenya
Doug Lowenberg, Kenya
Enson Lwesya, Malawi
Jackson Mbuthia, Kenya
Bob McCully, Soudan
Denzil R. Miller, États-Unis
Bill Moore, États-Unis
Jeff Nelson, Kenya
Peter Njiri, Kenya
Peter Nuthu, Kenya
Antonio Pedrozo, Argentine
Weston Sambo, Tanzanie
Randy Tarr, Sénégal
Pius Tembu, Kenya
Jim Thacker, États-Unis

Collaborateurs

Uchechukwu Ama

Uchechukwu (Uche) Ama est directeur de l'Évangélisation et de la Mission de l'Alliance des Assemblées de Dieu de Centrafrique. Avant cela, il a occupé la fonction de secrétaire du mouvement de la *Décennie de la Moisson* des Assemblées de Dieu du Niger (1990-2000). Il a aussi servi en tant que coordinateur national pour la recherche et l'information (1992-2002) et directeur national de la planification et du ministère des projets pour les Assemblées de Dieu du Nigéria (2202-2010). Il fait aujourd'hui partie de l'équipe de l'action *Acts in Africa Initiative*.

Richard Brogden

Dick Brogden est à la tête des équipes d'implantation d'églises de l'Action missionnaire des Assemblées de Dieu en Afrique de l'Est. Cela fait 19 ans qu'il travaille parmi les musulmans d'Afrique. Lui et sa famille ont fondé le Centre chrétien de Khartoum et d'autres actions missionnaires au Soudan, comme *Aslan Associates, Nile Valley Academy, Asian Center for Education, Tea and Things Women's Educational Centers* et *Educational Development Organization of Sudan* (*EDOOS*). Brogden a publié quatre ouvrages, rédigé des volets pour plusieurs anthologies et écrit pour la revue *International Journal of Frontier Mission*.

Lazarus M. Chakwera

Le docteur Lazarus Chakwera est président des Assemblées de Dieu du Malawi. Il est connu en Afrique et ailleurs pour être un missiologue passionné et pragmatique. Il a dirigé la création de l'Institut de la Onzième Heure (*Eleventh Hour Institute*) et en a été le président fondateur. Il fait partie de plusieurs conseils missionnaires et éducatifs comme, par exemple, l'Association mondiale des Assemblées de Dieu (secrétaire), l'Alliance des Assemblées de Dieu d'Afrique (président), l'Association en faveur de l'Enseignement Théologique Pentecôtiste en Afrique (président) et le Séminaire Théologique Panafricain (président). Il est le fondateur et pasteur principal de l'église *International Christian Assembly* à Lilongwe, au Malawi. Il est l'auteur d'ouvrages comme *Reach the Nations*, *Islam and Animism* et *Advanced Studies in the Biblical Theology of Missions*.

William Kirsch

Le docteur William (Bill) Kirsch est à la tête d'Espoir de l'Afrique (*Africa's Hope*), une organisation qui vient en aide à plus de 200 internats et écoles bibliques à travers l'Afrique. Il a été doyen de l'établissement *Cape Theological Seminary* à Cape Town, en Afrique du Sud, et a enseigné et dirigé l'université *Assembly Bible College* de Gaborone, au Botswana. Bill occupe actuellement le poste de dirigeant de l'Action missionnaire des AD au Gabon et se déplace beaucoup sur l'ensemble de l'Afrique pour collaborer avec les écoles, enseigner et mener des séminaires de formation sur le leadership. Il est l'auteur du livre, *Pentateuque*.

Douglas Lowenburg

Le docteur Douglas Lowenburg est directeur et doyen du Centre des études supérieures d'Afrique de l'Est à Nairobi, au Kenya, ainsi que membre du corps enseignant non-résident du Séminaire théologique panafricain. Il a enseigné le ministère interculturel à l'université *North Central University* à Minneapolis. Lui et sa femme, Corrine, ont été missionnaires au Burkina Faso et en Éthiopie où il dirigeait l'établissement *Addis Ababa Bible College*. Durant leur séjour en Afrique, ils se sont impliqués dans le travail de formation dans les universités chrétiennes et les séminaires. Ils ont également œuvré en tant que pasteurs en Éthiopie, au Togo et au Kenya.

Andrew Mkwaila

Andrew Mkwaila est un pasteur agréé des Assemblées de Dieu du Malawi. Il occupe actuellement la fonction de pasteur de la mission à l'église *Cornerstone Church* (Assemblées de Dieu) à Okemos, dans le Michigan. Il travaille également pour *Help for the Harvest*, une organisation chrétienne qui œuvre pour sensibiliser les églises locales au ministère missionnaire. Précédemment, il a également fondé et dirigé une église à Lilongwe, au Malawi. Il est titulaire d'une maîtrise d'études interculturelles (2009) obtenue à *All Nations Theological Seminary*, et prépare un doctorat en missiologie au *Fuller Theological Seminary*.

Enson Mbilikile Lwesya

Le docteur Enson Lwesya est directeur de la Commission de l'Action missionnaire de l'Alliance des Assemblées de Dieu d'Afrique. Il est également à la tête de l'université *All Nations Theological Seminary* à Lilongwe, au Malawi, et est pasteur à l'église *International Christian Assembly* dans la même ville. De 2001 à 2007, Lwesya dirigeait et enseignait à l'école théologique des Assemblées de Dieu à Lilongwe. Il se déplace beaucoup à travers l'Afrique, enseigne dans les Instituts de la Onzième Heure et intervient lors de conférences de l'action *Acts in Africa*. Lwesya est l'auteur de quatre ouvrages, *Dreaming Your Future, Flames of Fire, Leading Christian Organizations* et *Why Africans Fail to Lead*.

Denzil R. Miller

Le docteur Denzil (Denny) R. Miller est directeur de l'action *Acts in Africa Initiative*, une organisation accréditée par l'Alliance des Assemblées de Dieu d'Afrique pour coordonner le projet « Décennie de la Pentecôte » des Assemblées de Dieu d'Afrique (2010-2020). Il se déplace beaucoup à travers l'Afrique pour enseigner et prêcher lors de conférences sur la mission et le leadership. Il est l'auteur de plusieurs ouvrages et a rédigé et enseigné des cours universitaires sur le travail du Saint-Esprit dans la vie des croyants et au cœur de la mission. Ses ouvrages s'intitulent *Power Encounter, In Step with the Spirit, Empowered for Global Mission, The Kingdom and the Power, The Spirit of God in Mission: A Vocational Commentary on the Book of Acts* et *Teaching in the Spirit*.

Antonio Pedrozo

Antonio (Tony) Pedrozo est un membre exécutif du département des missions des Assemblées de Dieu d'Argentine et le représentant régional de l'Afrique et de l'Asie. Après leur affectation par les Assemblées de Dieu d'Argentine en 1994, lui et sa femme, Millie, ont servi en tant que missionnaires au Zaïre et au Tchad. Ils ont, entre autres, travaillé auprès de réfugiés rwandais, bâti des églises et mené des formations au pastorat. Lors de leur séjour au Tchad, Pedrozo a créé la première station de radio FM chrétienne nommée *la Voix de l'Espoir*. Au cours de ses missions, il a également été amené à user de ses compétences d'infirmier praticien.

Brad Walz

Brad Walz est président du département des missions des Assemblées de Dieu d'Argentine, devenu l'organisme missionnaire le plus important d'Amérique latine et comptant plus de 150 missionnaires envoyés dans 35 pays. En 2009, le département est devenu le premier organisme missionnaire d'Amérique latine à passer la barre des 1 million de dollars d'offrandes récoltées sur une année calendaire. Walz est aussi président du Réseau latin des missions des AD, « Misiones en Conjunto » (Ensemble dans la mission) et président de la Commission de l'Action missionnaire de l'Association mondiale des Assemblées de Dieu.

Autres ouvrages de la Décennie de la Pentecôte disponibles aux Éditions AIA :

Proclamer la Pentecôte : 100 plans de prédication sur la puissance du Saint-Esprit

Experiencing the Spirit: A Study of the Work of the Holy Spirit in the Life of the Believer

You Can Minister in God's Power: A Guide for Spirit-filled Disciples

pour en savoir plus, tapez
www.DecadeofPentecost.org

©2014 AIA Publications
Acts in Africa Initiative
580D W. Central Street
Springfield, MO 65803
E-mail: ActsinAfrica@agmd.org

www.ingramcontent.com/pod-product-compliance
Lightning Source LLC
Chambersburg PA
CBHW061639040426
42446CB00010B/1493